章丘方言志

钱曾怡　主编
高晓虹　　著

齊魯書社

本研究得到北京语言大学校级科研项目“章丘方言研究”（06YB14）以及北京语言大学青年自主科研支持计划资助项目(中央高校基本科研业务费专项资金资助）“基于汉语方言地图集语料库的方言语音特征量化比较研究（09JBT06）”的资助

出版说明

山东方言具有丰富的特色，在汉语发展中影响深广，历来受到相关学者的注意。改革开放以来，山东方言研究有了更大的发展，取得了显著的成绩。除去相继出版了济南、曲阜、长岛、临清、莒县等多个县市的方言志和《山东省志·方言志》、《山东方言研究》、多种方言词典以及针对当地方言指导各地人民学习普通话的教材以外，还发表了各种各样的调查报告和研究性论文。

本丛书是上述成果的重要组成部分，出版以来，受到同行学者的高度重视，国内外已有多篇文章专题评介，至于被列为参考书目、被引用的内容更是不计其数。这套丛书规定有大体统一的编写体例，要求在有限的字数内最大限度地记录方言事实、突出方言特点。在布点上，力求能够照顾到山东方言各区片的平衡，能够全面反映山东方言的整体面貌。

学术著作出版难，加以方言学著作排版难，又受到读者面的限制，本丛书的出版所经历的坎坷自不待言，但是我们还是得到了有识之士多方面的关心和支持。由衷感谢语文出版社、齐鲁书社、吉林人民出版社、中国文史出版社、时代文艺出版社！还要特别感谢罗福腾同志，虽然已经离开母校，却仍然始终如一地记挂着这套丛书的组稿、编撰、出版等等诸多事宜。

本丛书由已故著名语言学家李荣先生写序，谢谢李老师！

惟有继续坚持求实探新的精神，争取达到更高的质量要求，才是对上述支持者的最好的回报。我们将尽力！

钱曾怡

2010 年 8 月改定于山东大学

序

山东的方言研究工作，从 50 年代的方言普查起，一直做得不错。1982 年，山东方言研究会成立。1984 年 9 月，《山东省方言调查提纲》出版。这几年的工作进展顺利，已写成三十五种方言志和一部《山东人学习普通话指南》。

《山东人学习普通话指南》已由山东大学出版社出版[①]，颇受读者欢迎。书中罗列山东话语音、词汇、语法的特点，指出山东人学习普通话的要点，叙事详明，切合实际，充分反映出山东方言研究的水平。这里就字音和句法选些例子来说。

一般的说，山东话和北京话声韵调的对应关系相当整齐。可是有些地方有些字音对应关系与众不同，学习时要个别记忆。书中（110～113 面）《山东人容易读错的字》举出一百五十一个字，现在转录十九个字：

	山东有些方言	北京话
猫	阳平	阴平
他	上声	阴平
放假的“假”	上声	去声
泥腻鸟	m-	n-

① 钱曾怡主编,曹志耘、罗福腾、武传涛编著，1988 年 9 月第 1 版第 1 次印刷。

忘望	m-	w-
族	c-	z-
缩所森	sh-	s-
蛇	-a	-e
做	-u, -ou	-uo
农	-u	-ong
龙垄	-iong	-ong
倾	-iong	-ing
横	-un, -ong	-eng

刚才说的一百五十一个字是就全省方言立论，要个别记忆的字各地多寡不同。山东各地教学普通话，不妨把那一百五十一个字检查一遍，把本地要注意的字都摘出来，分别造成句子反复练习，预计会有效果。

平常都说汉语方言之间，尤其是官话方言之间，语法的差别不大。其实就山东方言而言，句法颇有特色，《山东人学习普通话指南》（196～210 面）一共举了五项，现在只转录一项比较句的例子。青岛、烟台、威海、潍坊、淄博、新泰等大片地区最常见的比较句用“起”字，跟北京话对比如下：

青岛等地方言	**北京话**
一天强起一天	一天比一天好
一天热起一天	一天比一天热
他长得不高起我	他长得不比我高
	他长得没我高
这本书不好看起那本	这本书不比那本好看
	这本书没那本好看
论手艺他不差起你	论手艺他不比你差
全班儿没聪明起他	全班没有比他再聪明的了

我不知道起你？（反问）　我不比你知道吗？

这种成套格式的对比，对语言教学（包括推广普通话）很有参考价值。

近年来，全国各地都在编地方志，语言调查为国情调查的重要内容之一，方言志为地方志不可缺少的部分。山东已写成的方言志可分为两类，一类十万字左右，可以作为单行本出版；一类字数在两万到五万之间，可以作为方志的一部分或单独出版。我只看过其中两部的稿本。总的印象是体例符合方言志以记录事实为主的原则，并且报告了一些新鲜的事实，水平跟《山东人学习普通话指南》差不多。各地发行的方言志日渐增加，方言志的出版还是不容易。好在山东省各地区、市、县已经筹措了一些出版费，《山东方言志丛书》即将陆续问世，令人欣慰。是为序。

李　荣

1989年春

目　录

第一章　绪　言

一　地理人口简况

章丘市位于山东省中部偏西北，济南市区东 50 公里处，北纬 36°25′～37°09′，东经 117°10′～117°35′之间。西邻济南市历城区，东连淄博市周村区、淄川区、博山区，南交泰安、莱芜市，东北与邹平县接壤，西北隔黄河与济阳县相望。南北长 70 公里，东西宽 37 公里，总面积 1855 平方公里。

章丘地处泰沂山区北麓，与华北平原接壤，长城岭绵延于南，长白山矗立于东。地势自东南向西北倾斜。自南向北依次为山区、丘陵、平原、洼地，分别占全市总面积的 30.8%、25.9%、30.7%和 12.6%。最高峰为南部的鸡爪顶，海拔 924 米；最低处系北部辛寨乡朱家洼一带，海拔 15 米。境内山地多在南部、东南部，主要山脉有双峰山、三平山、鸡爪顶、四鸡山、九顶山、胡山、长白山等，有大小山头 2547 座，海拔高程 200～800 米，总面积 523.29 平方公里。境内大部分地区属小清河水系，东南部少数山区属大汶河水系，主要河流有黄河、小清河、绣江河、东西巴漏河、漯河、巨野河等。主要湖泊有白云湖、芽庄湖，平均水资源总量 5.7 亿立方米，其中可利用量为 4.43 亿立方米。

章丘市治明水，城区面积23.5平方公里。市辖22个乡镇，其中镇14个，乡8个，办事处85个，行政村908个，自然村1035个。全市总人口989000余，其中少数民族7000余人，通用汉语进行交际。

二　历史沿革

近几年发掘的“小荆山”、“西河”遗址证明，早在8000多年前章丘境内即有人类繁衍生息。商代，东、北部为蒲姑国。商末，西部为谭国（都今龙山镇城子崖）。春秋时期，先后为谭国和齐国诸侯封地赖邑、宁邑、台邑、崔邑。战国，属田齐。秦，属济北郡。西汉，属青州部济南郡（治东平陵城）。汉景帝四年（前153年）首次置县，称阳丘（治回军镇，今绣惠镇回村）等。东汉时，中部为阳丘县，北部为菅县、虢县，南部为土鼓县。后阳丘、虢县并入东朝阳县。魏晋时期，东朝阳县属乐安国。南北朝刘宋改东朝阳县为朝阳县，属齐郡。北齐，废朝阳县置高唐县（治回军镇）。北齐天保七年（556年），高唐县迁治女郎山（章丘山）南建城。隋开皇十六年（596年），“以博州亦有高唐，改为章丘县”，取县北山章丘为名，章丘县名始于此。唐贞观元年（627年），属河南道齐州济南郡。宋、金，属济南府。元，属山东东路西南道济南路总管府。明、清，皆属济南府。民国初，属岱北道。民国三年（1914年），改属济南府。1945年8月，划为章丘、章历两县，属泰山专区。1950年4月，两县划归淄博专区。1953年9月，章历县并入章丘县（治旧章丘县城，今绣惠镇驻地），划归泰安专区。1958 年 8 月，县治迁明水。同年 11 月，泰安专区撤销，属济南市。1961 年 5 月，泰安专区恢复，又划归泰安专区。1979 年 1 月，复属济南市。1992 年 8 月，撤章丘县设章丘市（县级）至今。

三　方言概况

在李荣（1985）的分区中，章丘方言属于官话方言的冀鲁官话区，在山东方言的分区（钱曾怡等 1985）中，处在西区方言的西齐片内。

章丘方言具有山东方言西齐片的共同语音特点：

1．“袄、安”等字的声母读[ŋ]。

2．“肉、人、褥、软”等字的声母读[l]。

3．“责、策、色”等字的韵母读[ei]。

4．“街、解、鞋”等字的韵母读[iɛ]。

5．去声为低降调。

6．次浊入声字归去声。

此外，章丘方言还有一些自己的语音特点，列举如下：

1．有独立的入声调。古清声母入声字在章丘方言中自成一调，如“一 i^{44}、八 pa^{44}”，有少数舒声字也读入声调，如“坡 $p^{h}ə^{44}$、区 $tɕ^{h}y^{44}$”。

2．不分尖团，古精见组声母今细音韵母字都读舌面音声母[tɕ $tɕ^{h}$ ɕ]，如：尖=肩 $tɕiã^{213}$，青=轻 $tɕ^{h}iŋ^{213}$，箱=香 $ɕiɑŋ^{213}$。

3．古代的知彻澄、庄初崇生、章昌船书禅三类声母字，今章丘方言只读一套声母[tʂ $tʂ^{h}$ ʂ]，相较于北京话这条规律更整齐。比如下列字，北京话声母为[ts tsʰ s]，而章丘方言无一例外地读成[tʂ tʂʰ ʂ]：淄邹责泽择测策册森涩色。

4．古日母字，章丘方言读[l]和[ɭ]两个声母。止摄开口三等字“儿尔而耳饵二”和臻摄开口三等入声字“日”读[ɭ]声母，其余的读[l]声母，与来母字相同，如：热=乐 $lə^{21}$，肉=漏 lou^{21}。这一点常被当地人看做章丘方言的标志性特征。当地有句俗语，叫做“章丘人厚嘴唇，分不清日热肉和人”，说的便是这一点。

5．古蟹止摄的合口来母字，北京话读[lei]，章丘方言则统统读为[luei]，如“雷 $luei^{55}$、垒 $luei^{55}$、泪 $luei^{21}$”。

6．北京话用儿化的方式表达“小”的概念以及喜爱的感情色彩，而章丘方言则采用变韵的方式，举例如下：伴 $pã^{21}$→$pɛ^{21}$老～儿；边 $piã^{213}$→$piɛ^{213}$ 一～儿。

章丘方言总体上来说，内部语音差异不大，主要是与其他县市交界的乡镇口音略有差异，如西北部的黄河乡，南部山区有“南山腔”，与莱芜方言近似，这些地方没有入声调，古清入字多归阴平。

章丘方言存在新派和老派的区别，主要也是表现在清入字的归调上，老派大多数古清入字形成独立的入声调类，新派古清入字改归上声。详见第二章。

四　标音符号

本志采用国际音标标音，所用音标及有关符号如下：

（一）辅音表

发音方法 \ 发音部位			双唇	唇齿	舌尖前	舌尖中	舌尖后	舌面前	舌根
塞音	不送气	清	p			t			k
塞音	送气	清	p^h			t^h			k^h
塞擦音	不送气	清			ts		tʂ	tɕ	
塞擦音	送气	清			ts^h		$tʂ^h$	$tɕ^h$	
鼻音		浊	m			n		ȵ	ŋ
边音		浊				l	ɭ		
闪音		浊							
擦音		清		f	s		ʂ	ɕ	x
擦音		浊							
半元音		浊		ʋ					

（二）舌面元音图

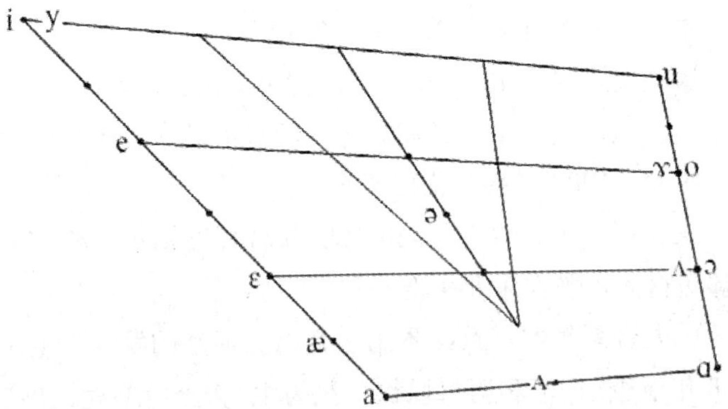

舌尖元音：ɿ（舌尖前不圆唇）ʅ（舌尖后不圆唇）

（三）声调符号

本志声调调值采用五度标记法，用 5、4、3、2、1 五个数字分别表示相对音高的高、半高、中、半低、低。单字调的调值标在音标的右上角，变调值在单字调之后，中间加“-”。轻声音节调值记为“0”。例如：冬天 $tuŋ^{213-13}t^hiã^{213}$、日头 $ɭə^{21}t^hou^0$。

（四）其他符号

ø，零声母符号。

一，在音标或汉字下，表示该字音特殊。

-，在音标或汉字后面，表示末音节韵母拖长。

~，在音标上表示元音鼻化。

〈〉，表示两字合音，如〈一个〉。

五 发音合作人

本志材料主要来自以下三位发音人：

康诵奎，男，生于 1930 年。初中文化。世居明水镇。

徐仁凤，女，生于 1939 年。没有上过学。相公庄镇郝庄村人。1982 年移居张店至今。

宋金行，男，生于 1940 年。教育程度初小。相公庄镇郝庄村人。曾在东北生活一年。

三人音系基本一致。本志字音以康诵奎的发音为主，1996 年调查。词汇和语料以徐仁凤为主，宋金行补充，2007 年、2009 年调查。

入声部分还有如下发音人，年龄为 1996 年调查时的年龄：

钱胜云，男，33岁，中专，黄河人。

孙宗仁，男，28岁，中专，高官寨新传辛人。

晋广印，男，40岁，初中，辛寨辛庄人。

刘玉梅，女，25岁，初中，辛寨干刘人。

范玉冬，女，25岁，初中，水寨西范人。

李庆霞，女，19岁，初中，刁镇旧军人。

袁红梅，女，25岁，初中，白云湖苏家码头人。

赵厚德，男，54岁，大专，绣惠人。

孙德荣，男，70岁，相公庄孙家庄人。

刘香莲，女，23岁，初中，相公庄凤林人。

韩登才，男，49岁，大专，党家韦陀人。

董传凤，女，19岁，初中，党家小董家人。

路广军，男，26岁，本科，龙山大城后人。

袁延丽，女，20岁，初中，明水四盘人。

田克湘，男，49岁，大专，枣园北毕人。

仇延玲，女，18岁，初中，枣园下河人。

张烨，女，18岁，初中，普集龙华人。

张继清，男，56岁，中专，普集祖营坞人。

蔡远海，男，23岁，初中，山后寨小冶人。

刘叶春，女，21岁，明水李家埠人。

郑丽，女，23岁，官庄郑家人。

孟祥立，男，30岁，中专，曹范孟张人。

苗广征，男，28岁，大专，文祖人。

李鹏飞，男，22岁，中专，阎家峪人。

吕有会，男，30 岁，大专，垛庄西车厢人。

邢月花，女，22 岁，初中，垛庄东圣水泉人。

于梅，女，22 岁，初中，阎家峪石匣人。

康静，女，18 岁，高中，明水人。

石绍杰，男，23 岁，中专，明水人。

于仁霞，女，29 岁，中专，明水人。

杜爱玲，女，33 岁，明水人。

孙爱红，女，40 岁，明水人。

蒋钦刚，男，40 岁，明水人。

王绍厚，男，41 岁，明水人。

康诵敏，男，44 岁，明水人。

李爱云，女，58 岁，明水人。

康在惠，男，58 岁，明水人。

	开口呼											
	ɛ				ə				ɔ			
	阴	上	去	入	阴	上	去	入	阴	上	去	入
p		摆	拜		波	跛	簸	拨	包	宝	报	
p^h		排	派		破	婆	破	泼	抛	跑	炮	
m		买	卖		摸	魔	沫		②	毛	帽	
f						佛				否		
ʋ	歪	蛙	外		窝	我	饿	恶				
t	呆	歹	带						刀	岛	到	
t^h	胎	抬	太				特		掏	桃	套	
n		奶	耐						孬	脑	闹	
l		来	赖			惹	热		捞	老	涝	
ts	栽	宰	在						遭	枣	造	
ts^h	猜	才	菜				测		操	曹	肏	
s	腮		赛				色		骚	嫂	扫	
tʂ	斋		寨		遮	蛰	这	褶	招	找	赵	
$tʂ^h$	钗	柴			车	扯	撤		抄	吵		
ʂ	筛		晒		赊	舌	社		梢	勺	邵	
ɭ						儿	二					
tɕ												
$tɕ^h$												
ȵ												
ɕ												
k	该	改	盖		哥	阁	个	搁	高	稿	告	
k^h	开	凯			科	可	课	壳		考	靠	
ŋ	哀	蔼	碍		俄	鹅	饿	阿	爊	熬	傲	
x	咳	海	害			合	贺	喝	蒿	豪	号	
ø												

	开口呼											
	ei				ou				ã			
	阴	上	去	入	阴	上	去	入	阴	上	去	入
p	杯	白	倍	笔					班	板	办	
p^h	坯	陪	配	拍					潘	盘	盼	
m		梅	妹							满	慢	
f	飞	肥	废						翻	烦	饭	
ʋ	威	伟	喂						弯	完	万	
t				德	兜	陡	豆		丹	胆	蛋	
t^h					偷	头	透		贪	谈	叹	
n			内							南	难	
l						楼	肉			蓝	烂	
ts		贼		则		走	揍		簪	攒	赞	
ts^h							凑		餐	蚕	灿	
s				塞	搜	叟			三	伞	散	
tʂ		宅		窄	周	肘	皱		沾	展	站	
$tʂ^h$				拆	抽	愁	臭		掺	馋		
ʂ		谁		色	收	手	瘦		山	闪	善	
ɭ												
tɕ												
$tɕ^h$												
ȵ												
ɕ												
k				格	钩	狗	够		肝	敢	干	
k^h				客	抠	口	扣		堪	砍	看	
ŋ					欧	藕	怄		安	俺	按	
x				黑	齁	猴	后		鼾	寒	汗	
ø												

	开口呼											
	ə̃				ɑŋ				əŋ			
	阴	上	去	入	阴	上	去	入	阴	上	去	入
p	锛	本	笨		帮	绑	棒		崩		蹦	
pʰ	喷	盆				旁	胖		烹	朋	碰	
m	闷	门	闷			忙			懵	猛	梦	
f	分	粉	粪		方	房	放		风	冯	凤	
ʋ	温	稳	问		汪	亡	忘		翁		瓮	
t					当	党	当		灯	等	凳	
tʰ		③			汤	唐	烫		熥	疼		
n		恁			囊	攮	齉			能	弄	
l		人	认			狼	让		扔	冷	楞	
ts					脏		葬		增		赠	
tsʰ					仓	藏	蹭			曾	蹭	
s					桑	嗓	丧		僧			
tʂ	真	疹	镇		张	掌	丈		蒸	整	郑	
tʂʰ	深	陈	趁		昌	常	唱		撑	成	秤	
ʂ	森	婶	肾		伤	赏	上		生	绳	胜	
ɭ												
tɕ												
tɕʰ												
ȵ												
ɕ												
k	根	哏			缸	港	杠		庚	梗	更	
kʰ		肯			康	扛	炕		坑			
ŋ	恩		摁		肮	昂						
x	很	痕	恨		夯	杭			哼	衡	横	
ø												

	齐齿呼											
	i				ia				iɛ			
	阴	上	去	入	阴	上	去	入	阴	上	去	入
p	屄	比	闭	毕								
pʰ	批	皮	庇									
m		米	蜜									
f												
ʋ												
t	低	敌	地	滴								
tʰ	梯	题	替	踢								
n												
l	④	李	力			俩						
ts												
tsʰ												
s												
tʂ												
tʂʰ												
ʂ												
ɭ												
tɕ	鸡	挤	记	积	家	贾	嫁	夹	街	解	介	
tɕʰ	妻	齐	气	七	卡	卡		掐				
ȵ		泥	腻				娘					
ɕ	西	洗	细	息	虾	霞	下	瞎		鞋	蟹	
k												
kʰ												
ŋ												
x												
ø	医	移	亿	一	丫	牙	亚	鸭	挨	矮		

	齐齿呼											
	iə				iɔ				iou			
	阴	上	去	入	阴	上	去	入	阴	上	去	入
p		别		憋	标	表	摽					
p^h				撇	飘	瓢	票					
m			灭			苗	妙				谬	
f												
ʋ												
t	爹	碟		跌	刁	屌	掉		丢			
t^h				铁	挑	条	跳					
n												
l		劣	猎			疗	料		溜	刘	六	
ts												
ts^h												
s												
tʂ												
$tʂ^h$												
ʂ												
ʅ												
tɕ		姐	借	节	交	铰	叫		揪	九	旧	
$tɕ^h$		茄	妾	切	敲	桥	翘		丘	求		
ȵ	捏		聂			鸟	尿			牛	拗	
ɕ	些	斜	谢	歇	消	小	笑		修		秀	
k												
k^h												
ŋ												
x												
ø		爷	夜	噎	腰	咬	药		优	有	又	

	齐齿呼											
	iã				iə̃				iɑŋ			
	阴	上	去	入	阴	上	去	入	阴	上	去	入
p	鞭	扁	变		宾		鬓					
p^h	偏	谝	片		拼	品	聘					
m		棉	面			民				棉		
f												
ʋ												
t	颠	点	电									
t^h	天	田										
n												
l		脸	练			林	吝			凉	亮	
ts												
ts^h												
s												
tʂ												
$tʂ^h$												
ʂ												
ɭ												
tɕ	尖	减	见		金	紧	近		江	讲	酱	
$tɕ^h$	千	钱	欠		亲	芹			枪	墙	呛	
ȵ		年	念							娘		
ɕ	先	咸	线		心	寻	信		香	想	向	
k												
k^h												
ŋ												
x												
ø	烟	眼	燕		音	引	印		央	羊	样	

	齐齿呼				合口呼							
	iŋ				u				ua			
	阴	上	去	入	阴	上	去	入	阴	上	去	入
p	冰	饼	病			补	布	不				
p^h	乒	平			铺	普	铺	扑				
m		明	命			亩	木					
f					麸	服	富	福				
ʋ												
t	丁	顶	定		都	读	杜	堵				
t^h	厅	停			凸	土	兔	秃				
n						奴	怒					
l		领	另		撸	鲁	路					
ts					租	祖	做					
ts^h					粗		醋	促				
s					苏	俗	素	速				
tʂ					猪	主	住	竹	抓	爪		⑤
$tʂ^h$					初	锄	处	出		浞		
ʂ					梳	鼠	树	叔		耍		刷
ɭ												
tɕ	京	景	净									
$tɕ^h$	清	请	庆									
ȵ		拧	宁									
ɕ	星	形	姓									
k					姑	古	顾	骨	瓜	寡	褂	剐
k^h					枯	苦	裤	哭	夸	垮	跨	刮
ŋ												
x					呼	胡	户		花	滑	话	
ø	英	赢	硬		乌	五	物	屋				

	合口呼											
	uɛ				uə				uei			
	阴	上	去	入	阴	上	去	入	阴	上	去	入
p												
pʰ												
m												
f												
ʋ												
t					多	夺	剁		堆		对	
tʰ					拖	驼	唾	脱	推	腿	退	
n						挪						
l					烙	罗	洛			雷	泪	
ts						昨	坐	作	堆	嘴	最	
tsʰ					搓	矬	错	撮	催		脆	
s					梭	锁			尿	随	岁	塞
tʂ	拽	跩	拽			浊		桌	追		缀	
tʂʰ	揣		踹					戳	吹	垂		
ʂ	衰	甩	帅			所		说	摔	水	睡	
ɭ												
tɕ												
tɕʰ												
ȵ												
ɕ												
k	乖	拐	怪		锅	果	过	郭	规	鬼	贵	
kʰ		㧟	快		科	括	课	磕	亏	葵	愧	
ŋ												
x		怀	坏		劐	火	货	霍	灰	回	慧	
ø												

	合口呼											
	uã				uə̃				uɑŋ			
	阴	上	去	入	阴	上	去	入	阴	上	去	入
p												
pʰ												
m												
f												
ʋ												
t	端	短	段		墩	懂	顿					
tʰ		团			吞	屯	褪					
n		暖										
l		软	乱			轮	润					
ts	钻	纂	攥		尊							
tsʰ	窜		篡		村	存	寸					
s	酸		蒜		孙							
tʂ	专	转	赚			准			庄	噇	壮	
tʂʰ	穿	船	串		春	纯			窗	床	创	
ʂ	拴		涮				顺		双	爽		
ɭ												
tɕ												
tɕʰ												
ȵ												
ɕ												
k	官	管	灌		闺	滚	棍		光	广	逛	
kʰ	宽	款			昆	捆	困		筐	狂	况	
ŋ												
x	欢	缓	唤		昏	魂	混		慌	黄	晃	
ø												

	合口呼				撮口呼							
	uŋ				y				yə			
	阴	上	去	入	阴	上	去	入	阴	上	去	入
p												
pʰ												
m												
f												
ʋ												
t	东	董	动									
tʰ	通	同	痛									
n		农	弄									
l		荣				吕	绿				略	
ts	宗	总	纵									
tsʰ	葱	从										
s	松	㞞	宋									
tʂ	终	肿	众									
tʂʰ	充	虫	冲									
ʂ												
ɭ												
tɕ					居	局	句	菊	⑥	绝		脚
tɕʰ					蛆	取	趣	曲		瘸		缺
ȵ						女						
ɕ					虚	徐	序	宿	靴	学		雪
k	公	巩	共									
kʰ	空	孔	控									
ŋ												
x	轰	红	横									
ø					淤	鱼	玉				月	约

	撮口呼											
	yã				yɔ̃				yŋ			
	阴	上	去	入	阴	上	去	入	阴	上	去	入
p												
pʰ												
m												
f												
ʋ												
t												
tʰ												
n												
l										龙		
ts												
tsʰ												
s												
tʂ												
tʂʰ												
ʂ												
ɭ												
tɕ	捐	⑦	倦		军	菌	俊			迥	粽	
tɕʰ	圈	全	劝		皴	群			倾	穷		
ȵ												
ɕ	宣	选	旋		熏	损	讯		兄	熊	诵	
k												
kʰ												
ŋ												
x												
ø	冤	园	院		晕	云	运		拥	永	用	

说明：

① ta^{213}　～煮煮。疑为“多”。

② mɔ^{213}　超过：坐车坐～了。

③ tʰã^{55}　鼓出：～倒个大肚子。

④ li^{213}　用食指和拇指夹住树枝等往下拉，使树叶掉落：～柳叶。

⑤ tʂua^{44}　刨：～地。

⑥ tɕyə^{213}　挠，抓（皮肤）：别～破唠。

⑦ tɕyã^{55}　骂：小小的孩子，光知道～人。

二　连读调

连读调是以单字调为基础的，即不同单字调的组合。在章丘方言中，不管是两字组还是三字组，都有变调和不变调两种情况。因此，这里采用“连读调”而不采用“连读变调”的说法。

（一）两字组

章丘方言老派共有 4 个单字调，可有 16 种两字组连调组合。其中，上声与入声为前字时，连读调相同而合并，实际有 12 种连调类型。

章丘方言两字组连读调表

后 前	阴平 213	上声 55	去声 21	入声 44
阴平 213	（1）13+213	（2）213+55	（3）13+21	（4）13+44
上声 55	（5）55+213	（6）55+55	（7）55+21	（8）55+44

后 前	阴平 213	上声 55	去声 21	入声 44
去声 21	（9）21+213	（10）21+55	（11）21+21	（12）21+44
入声 44	（5）55+213	（6）55+55	（7）55+21	（8）55+44

12 种连调类型中，后字均不发生变调，前字发生变调的只有 7 种，主要在前字是阴平和入声的组合里。不过，仅产生一种新的调值 13。可以看出，章丘方言的两字组连读调比较简单。分别举例如下：

（1）阴平+阴平 213+213→13+213

蜂窝 fəŋ$^{213-13}$ʋə^{213}　　灯芯 təŋ$^{213-13}$ɕiə̃^{213}

干亲 kã$^{213-13}$tɕʰiə̃^{213}　　晕车 yə̃$^{213-13}$tʂʰə^{213}

（2）阴平+上声 213+55（不变）

天河 tʰiã^{213}xə^{55}　　山顶 ʂã^{213}tiŋ^{55}

方塘 fɑŋ^{213}tʰɑŋ^{55}　　浇水 tɕiɔ^{213}ʂuei^{55}

（3）阴平+去声 213+21→13+21

耕地 tɕiŋ$^{213-13}$ti^{21}　　蜂蜜 fəŋ$^{213-13}$mi^{21}

锅盖 kuə$^{213-13}$kɛ^{21}　　抓药 tʂua$^{213-13}$iɔ^{21}

（4）阴平+入声 213+44→13+44

方桌 fɑŋ$^{213-13}$tʂuə^{44}　　弯尺 ʋã$^{213-13}$tʂʰʅ^{44}

瘀血 y$^{213-13}$ɕiə^{44}　　沙发 ʂa$^{213-13}$fa^{44}

（5）○上声+阴平 55+213（不变）

贼星 tsei^{55}ɕiŋ^{213}　　好天 xɔ^{55}tʰiã^{213}

水坑 ʂuei^{55}kʰəŋ^{213}　　洋灰 iɑŋ^{55}xuei^{213}

○入声+阴平 44+213→55+213

插秧 tʂʰa$^{44-55}$iɑŋ^{213}　　屋山 u$^{44-55}$ʂã^{213}

铁锅 tʰiə$^{44-55}$kuə^{213}　　脚心 tɕyə$^{44-55}$ɕiə̃^{213}

出丧 tʂʰu$^{44-55}$saŋ^{213}　　发烧 fa$^{44-55}$ʂɔ^{213}

（6）○上声+上声 55+55→（不变）

打雷 ta^{55}luei^{55}　　杂粮 tsa^{55}liaŋ^{55}

河崖 xuə^{55}iɛ^{55}　　凉水 liaŋ^{55}ʂuei^{55}

○入声+上声 44+55→55+55

屋梁 u$^{44-55}$liaŋ^{55}　　锡壶 ɕi$^{44-55}$xu^{55}

夹袄 tɕia$^{44-55}$ŋɔ^{55}　　磕头 kʰuə$^{44-55}$tʰou^{55}

摔瓦 ʂuei$^{44-55}$ʋa^{55}

（7）○上声+去声 55+21（不变）

平地 pʰiŋ^{55}ti^{21}　　水库 ʂuei^{55}kʰu^{21}

马路 ma^{55}lu^{21}　　锄地 tʂʰu^{55}ti^{21}

○入声+去声 44+21→55+21

出虹 tʂʰu$^{44-55}$tɕiaŋ^{21}　　屋潲 u$^{44-55}$ʂɔ^{21}

出嫁 tʂʰu$^{44-55}$tɕia^{21}　　骨架 ku$^{44-55}$tɕia^{21}

发面 fa$^{44-55}$miã^{21}　　节气 tɕiə$^{44-55}$tɕʰi^{21}

（8）○上声+入声 55+44（不变）

五谷 u^{55}ku^{44}　　米尺 mi^{55}tʂʰʅ^{44}

打铁 ta^{55}tʰiə^{44}　　小雪 ɕiɔ^{55}ɕyə^{44}

○入声+入声 44+44→55+44

一宿 i$^{44-55}$ɕy^{44}　　七一 tɕʰi$^{44-55}$i^{44}

节约 tɕiə$^{44-55}$yə^{44}　　一百 i$^{44-55}$pei^{44}

（9）去声+阴平 21+213（不变）

背阴 pei^{21}iə̃^{213}　　大街 ta^{21}tɕiɛ^{213}

地瓜 ti^{21}kua^{213}　　菜花 tsʰɛ^{21}xua^{213}

（10）去声+上声 21+55（不变）

潲雨 $ʂɔ^{21}y^{55}$　　上栏 $ʂɑŋ^{21}lã^{55}$

麦芒 $mei^{21}ʋɑŋ^{55}$　　大米 $ta^{21}mi^{55}$

树皮 $ʂu^{21}p^{h}i^{55}$　　柿饼 $ʂʅ^{21}piŋ^{55}$

（11）去声+去声 21+21（不变）

大堰 $ta^{21}iã^{21}$　　地蛋 $ti^{21}tã^{21}$

被套 $pei^{21}t^{h}ɔ^{21}$　　磅秤 $pɑŋ^{21}tʂ^{h}əŋ^{21}$

（12）去声+入声 21+44（不变）

化雪 $xua^{21}ɕyə^{44}$　　大叔 $ta^{21}ʂu^{44}$

大雪 $ta^{21}ɕyə^{44}$　　六一 $liou^{21}i^{44}$

前字是阴平和入声的两字组前字多发生了变调，而前字是上声和去声的都不变调。其中，前字是入声的两字组变得与前字是上声的两字组调值一致。为便于比较，我们找到了若干组后字同音、前字声母韵母相同的字组，比较如下（上声在前，入声在后）：

（1）在阴平前

时 $ʂʅ^{55}$≠失 $ʂʅ^{44}$　　时针 $ʂʅ^{55}tʂə̃^{213}$＝失真 $ʂʅ^{44-55}tʂə̃^{213}$

喜 $ɕi^{55}$≠吸 $ɕi^{44}$　　喜烟 $ɕi^{55}iã^{213}$＝吸烟 $ɕi^{44-55}iã^{213}$

（2）在上声前

除 $tʂ^{h}u^{55}$≠出 $tʂ^{h}u^{44}$　　除名 $tʂ^{h}u^{55}miŋ^{55}$＝出名 $tʂ^{h}u^{44-55}miŋ^{55}$

河 $xə^{55}$≠喝 $xə^{44}$　　河水 $xə^{55}ʂuei^{55}$＝喝水 $xə^{44-55}ʂuei^{55}$

罚 fa^{55}≠发 fa^{44}　　罚球 $fa^{55}tɕ^{h}iou^{55}$＝发球 $fa^{44-55}tɕ^{h}iou^{55}$

（3）在去声前

止 $tʂʅ^{55}$≠织 $tʂʅ^{44}$　　止步 $tʂʅ^{55}pu^{21}$＝织布 $tʂʅ^{44-55}pu^{21}$

十 $ʂʅ^{55}$≠湿 $ʂʅ^{44}$　　十度 $ʂʅ^{55}tu^{21}$＝湿度 $ʂʅ^{44-55}tu^{21}$

浮 fu^{55}≠福 fu^{44}　　浮力 fu^{55}li^{21}＝福利 fu$^{44-55}$li^{21}

（4）在入声前

起 tɕʰi^{55}≠七 tɕʰi^{44}　起笔 tɕʰi^{55}pei^{44}＝七笔 tɕʰi$^{44-55}$pei^{44}

十 ʂʅ^{55}≠失 ʂʅ^{44}　　十足 ʂʅ^{55}tɕy^{44}＝失足 ʂʅ$^{44-55}$tɕy^{44}

以上例子中，“＝”前后的字组都是完全同音的。

（二）三字组

章丘方言的4个单字调，可以有64种三字组连调组合。从三字的组合关系来看，大多为1+2型和2+1型，其中“1”为单音节词，“2”指双音节词，“2”的内部遵循两字组连调规律。如前所述，双音节连读调主要是前字为阴平和入声时变调，三字组也是这样，当前字和中字位置为阴平或入声时，可能会发生变调。当“1+2”的“1”、“2+1”中“2”的末字是入声时，一般会变同上声，如“织手套＝纸手套”，“编织袋”的“织”与“编纸袋”的“纸”同音；而当这两个位置的字是阴平时，一般不发生变化，如“黄花菜”与“花菜”的“花”是不同的，前者不变调，后者变调。

64种组合中，有的例词多，有的例词很少，只能找到1+2型，或只找到2+1型。列举如下：

（1）平+平+平

收音机 ʂou$^{213-13}$iə̃^{213}tɕi^{213}　　开飞机 kʰɛ^{213}fei$^{213-13}$tɕi^{213}

（2）平+平+上

蜂窝煤 fəŋ$^{213-13}$ʋə^{213}mei^{55}　　花椒盐儿 xua$^{213-13}$tɕiɔ^{213}iɛ^{55}

山东省 ʂã$^{213-13}$tuŋ^{213}ʂəŋ^{55}　　开飞船 kʰɛ^{213}fei^{213}tʂʰuã^{55}

（3）平+平+去

花椒树 xua$^{213-13}$tɕiɔ^{213}ʂu^{21}　芭蕉扇 pa$^{213-13}$tɕiɔ^{213}ʂã^{21}

穿衣镜 tʂʰuã$^{213-13}$i^{213}tɕiŋ^{21}　招生办 tʂɔ$^{213-13}$ʂəŋ^{213}pã^{21}

（4）平+平+入

中秋节 tʂuŋ$^{213-13}$tɕʰiou^{213}tɕiə^{44}

（5）平+上+平（不变）

三伏天 sã^{213}fu^{55}tʰiã^{213}　三九天 sã^{213}tɕiou^{55}tʰiã^{213}

拴马桩 ʂuã^{213}ma^{55}tʂuɑŋ^{213}

（6）平+上+上（不变）

青龙桥 tɕʰiŋ^{213}luŋ^{55}tɕʰiɔ^{55}　双眼皮 ʂuɑŋ^{213}iã^{55}pʰi^{55}

（7）平+上+去（不变）

花鼓戏 xua^{213}ku^{55}ɕi^{21}　松紧带 suŋ^{213}tɕiə̃^{55}tɛ^{21}

翻洋片 fã^{213}iɑŋ^{55}pʰiã^{21}　班主任 pã^{213}tʂu^{55}lə̃^{21}

（8）平+上+入（不变）

睁眼瞎 tʂəŋ^{213}iã^{55}ɕia^{44}　新毛笔 ɕiə̃^{213}mɔ^{55}pei^{44}

（9）平+去+平

观世音 kuã$^{213-13}$ʂʅ^{21}iə̃^{213}　鸡蛋清 tɕi$^{213-13}$tã^{21}tɕʰiŋ^{213}

栽地瓜 tsɛ^{213}ti^{21}kua^{213}　批地基 pʰi^{213}ti^{21}tɕi^{213}

新大衣 ɕiə̃^{213}ta^{21}i^{213}　开汽车 kʰɛ^{213}tɕʰi^{21}tʂʰə^{213}

（10）平+去+上

单立人 ta$^{213-13}$li^{21}lə̃^{55}　鸡蛋黄 tɕi$^{213-13}$tã^{21}xuɑŋ^{55}

挖地槽 ʋa^{213}ti^{21}tsʰɔ^{55}

（11）平+去+去

高射炮 kɔ$^{213-13}$ʂə^{21}pʰɔ^{21}　单干户 tã$^{213-13}$kã^{21}xu^{21}

非正式 fei^{213}tʂəŋ^{21}ʂʅ^{21}

（12）平+去+入

鸡蛋壳 tɕi$^{213-13}$tã^{21}k^{h}ə^{44}

（13）平+入+平

西北风 ɕi$^{213-13}$pei$^{44-55}$fəŋ^{213}　铅笔刀 tɕ^{h}iã$^{213-13}$pei$^{44-55}$tɔ^{213}

收割机 ʂou$^{213-13}$kuə$^{44-55}$tɕi^{213}　新铁锅 ɕiə̃^{213}t^{h}iə$^{44-55}$kuə^{213}

（14）平+入+上

铅笔盒 tɕ^{h}iã$^{213-13}$pei$^{44-55}$xə^{55}　钢铁厂 kɑŋ$^{213-13}$t^{h}iə$^{44-55}$tʂ^{h}ɑŋ^{55}

新铁门 ɕiə̃^{213}t^{h}iə$^{44-55}$mə̃^{55}

（15）平+入+去

沙发垫 ʂa$^{213-13}$fa$^{44-55}$tiã^{21}　编织袋 piã$^{213-13}$tʂʅ$^{44-55}$tɛ^{21}

钢笔帽 kɑŋ$^{213-13}$pei$^{44-55}$mɔ^{21}　掏鸭蛋 t^{h}ɔ^{213}ia$^{44-55}$tã^{21}

（16）平+入+入

西北角 ɕi$^{213-13}$pei$^{44-55}$tɕyə^{44}　三角尺 sã^{213}tɕyə$^{44-55}$tʂ^{h}ʅ^{44}

周黑鸭 tʂou^{213}xei$^{44-55}$ia^{44}

（17）上+平+平

洗衣机 ɕi^{55}i^{213}tɕi^{213}　炒猪肝 tʂ^{h}ɔ^{55}tʂu$^{213-13}$kã^{213}

（18）上+平+上（不变）

火车头 xuə^{55}tʂ^{h}ə^{213}t^{h}ou^{55}　养鸡场 iɑŋ^{55}tɕi^{213}tʂ^{h}ɑŋ^{55}

白开水 pei^{55}k^{h}ɛ^{213}ʂuei^{55}　凉开水 liɑŋ^{55}k^{h}ɛ^{213}ʂuei^{55}

耩高粱 tɕiɑŋ^{55}kɔ^{213}liɑŋ^{55}　小清河 ɕiɔ^{55}tɕ^{h}iŋ^{213}xuə^{55}

（19）上+平+去

黄花菜 xuɑŋ^{55}xua^{213}ts^{h}ɛ^{21}　火车站 xuə^{55}tʂ^{h}ə^{213}tʂã^{21}

堂兄弟 t^{h}ɑŋ^{55}ɕyŋ$^{213-13}$ti^{21}　老花镜 lɔ^{55}xua$^{213-13}$tɕiŋ^{21}

（20）上+平+入

主心骨 tʂu^{55}ɕiə̃^{213}ku^{44}　皮沙发 p^{h}i^{55}ʂa$^{213-13}$fa^{44}

买铅笔 mɛ^{55}tɕʰiã$^{213-13}$pei^{44}

（21）上+上+平（不变）

美人蕉 mei^{55}lã^{55}tɕiɔ^{213}	打油诗 ta^{55}iou^{55}ʂʅ^{213}
朝阳花 tʂʰɑŋ^{55}iɑŋ^{55}xua^{213}	洋油灯 iɑŋ^{55}iou^{55}təŋ^{213}
手提箱 ʂou^{55}tʰi^{55}ɕiɑŋ^{213}	老红军 lɔ^{55}xuŋ^{55}tɕyə̃^{213}

（22）上+上+上（不变）

白云湖 pei^{55}yə̃^{55}xu^{55}	洗脸水 ɕi^{55}liã^{55}ʂuei^{55}
守财奴 ʂou^{55}tsʰɛ^{55}nu^{55}	门枕石 mə̃^{55}tʂə̃^{55}ʂʅ^{55}
打火石 ta^{55}xuə^{55}ʂʅ^{55}	老虎钳 lɔ^{55}xu^{55}tɕʰiã^{55}
抬头纹 tʰɛ^{55}tʰou^{55}ʋə̃^{55}	打草稿 tɔ^{55}tsʰɔ^{55}kɔ^{55}
小河崖 ɕiɔ^{55}xuə^{55}iɛ^{55}	南河崖 nã^{55}xuə^{55}iɛ^{55}

（23）上+上+去（不变）

赶牛道 kã^{55}ȵiou^{55}tɔ^{21}	白果树 pei^{55}kuə^{55}ʂu^{21}
毛桃树 mɔ^{55}tɔ^{55}ʂu^{21}	泥瓦匠 ȵi^{55}ʋa^{55}tɕiɑŋ^{21}
城隍庙 tʂʰəŋ^{55}xuɑŋ^{55}miɔ^{21}	土改队 tʰu^{55}kɛ^{55}tuei^{21}
皮手套 pʰi^{55}ʂou^{55}tʰɔ^{21}	小米饭 ɕiɔ^{55}mi^{55}fã^{21}

（24）上+上+入（不变）

重阳节 tʂʰuŋ^{55}iɑŋ^{55}tɕiə^{44}	水平尺 ʂuei^{55}pʰiŋ^{55}tʂʰʅ^{44}
买烤鸭 mɛ^{55}kʰɔ^{55}ia^{44}	

（25）上+去+平（不变）

礼拜天 li^{55}pɛ^{21}tʰiã^{213}	缝纫机 fəŋ^{55}lə̃^{21}tɕi^{213}
人造丝 lə̃^{55}tsɔ^{21}sʅ^{213}	烤地瓜 kʰɔ^{55}ti^{21}kua^{213}

（26）上+去+上（不变）

写字台 ɕiə^{55}tsʅ^{21}tʰɛ^{55}	和面盆 xuə^{55}miã^{21}pʰə̃^{55}
解放桥 tɕiɛ^{55}fɑŋ^{21}tɕʰiɔ^{55}	人造棉 lə̃^{55}tsɔ^{21}miã^{55}

雷阵雨 luei^{55}tʂə̃^{21}y^{55}

红墨水 xuŋ^{55}mei^{21}ʂuei^{55}

（27）上+去+去（不变）

礼拜六 li^{55}pɛ^{21}liou^{21}

罗面架 luə^{55}miã^{21}tɕia^{21}

擀面杖 kã^{55}miã^{21}tʂɑŋ^{21}

马后炮 ma^{55}xou^{21}pʰɔ^{21}

炒地蛋 tʂʰɔ^{55}ti^{21}tã^{21}

（28）上+去+入（不变）

礼拜一 li^{55}pɛ^{21}i^{44}

买墨汁 mɛ^{55}mei^{21}tʂʅ^{44}

（29）上+入+平

纺织工 fɑŋ^{55}tʂʅ$^{44-55}$kuŋ^{213}

骑八天 tɕʰi^{55}pa$^{44-55}$tʰiã^{213}

（30）上+入+上

独脚楼 tu^{55}tɕyə$^{44-55}$lou^{55}

洋铁壶 iɑŋ^{55}tʰiə$^{44-55}$xu^{55}

（31）上+入+去

合作社 xə^{55}tsuə$^{44-55}$ʂə^{21}

没法治 mu^{55}fa$^{44-55}$tʂʅ^{21}

农作物 nuŋ^{55}tsuə$^{44-55}$u^{21}

咸鸭蛋 ɕiã^{55}ia$^{44-55}$tã^{21}

老百姓 lɔ^{55}pei$^{44-55}$ɕiŋ^{21}

（32）上+入+入

雨夹雪 y^{55}tɕia$^{44-55}$ɕyə^{44}

炒鸭血 tʂʰɔ^{55}ia$^{44-55}$ɕiə^{44}

（33）去+平+平

地瓜沟 ti^{21}kua^{213}kou^{213}

录音机 lu^{21}iə̃^{213}tɕi^{213}

半山腰 pã^{21}ʂã$^{213-13}$iɔ^{213}

电冰箱 tiã^{21}piŋ$^{213-13}$ɕiɑŋ^{213}

坐飞机 tsuə^{21}fei$^{213-13}$tɕi^{213}

下关东 ɕia^{21}kuã$^{213-13}$tuŋ^{213}

（34）去+平+上（不变）

地瓜井 ti^{21}kua^{213}tɕiŋ^{55}

列车员 liə^{21}tʂʰə^{213}yã^{55}

大锅头 ta^{21}kuə^{213}tʰou^{55}

（35）去+平+去

地瓜炕 ti^{21}kua^{213}k^{h}ɑŋ^{21}　　绣花线 ɕiou^{21}xua^{213}ɕiã^{21}

汽车站 tɕ^{h}i^{21}tʂ^{h}ə^{213}tʂã^{21}　　卖冰棍儿 mɛ^{21}piŋ$^{213-13}$kuei^{21}

（36）去+平+入

办公室 pã^{21}kuŋ^{213}ʂʅ^{44}　　大方桌 ta^{21}fɑŋ$^{213-13}$tʂuə^{44}

大西北 ta^{21}ɕi$^{213-13}$pei^{44}　　过春节 kuə^{21}tʂ^{h}uã$^{213-13}$tɕiə^{44}

（37）去+上+平（不变）

避雷针 pi^{21}luei^{55}tʂə̃^{213}　　万年青 ʋã^{21}ȵiã^{55}tɕ^{h}iŋ^{213}

做早操 tsuə^{21}tsɔ^{55}ts^{h}ɔ^{213}

（38）去+上+上（不变）

顺毛驴 ʂuã^{21}mɔ^{55}ly^{55}　　太阳穴 t^{h}ɛ^{21}iɑŋ^{55}ɕyə^{55}

共产党 kuŋ^{21}tʂ^{h}ã^{55}tɑŋ^{55}　　墨水瓶 mei^{21}ʂuei^{55}p^{h}iŋ^{55}

皱眉头 tʂou^{21}mei^{55}t^{h}ou^{55}　　大明湖 ta^{21}miŋ^{55}xu^{55}

大河崖 ta^{21}xuə^{55}iɛ^{55}　　过小年 kuə^{21}ɕiɔ^{55}ȵiã^{55}

（39）去+上+去（不变）

自留地 tsʅ^{21}liou^{55}ti^{21}　　万元户 ʋã^{21}yã^{55}xu^{21}

过礼拜 kuə^{21}li^{55}pɛ^{21}　　大米饭 ta^{21}mi^{55}fã^{21}

（40）去+上+入（不变）

电影节 tiã^{21}iŋ^{55}tɕiə^{44}　　少马角 ʂɔ^{21}ma^{55}tɕia^{44}

下小雪 ɕia^{21}ɕiɔ^{55}ɕyə^{44}　　大团结 ta^{21}t^{h}uã^{55}tɕiə^{44}

（41）去+去+平（不变）

信号灯 ɕiã^{21}xɔ^{21}təŋ^{213}　　电话机 tiã^{21}xua^{21}tɕi^{213}

下地瓜 ɕia^{21}ti^{21}kua^{213}　　套地瓜 t^{h}ɔ^{21}ti^{21}kua^{213}

（42）去+去+上（不变）

话剧团 xua^{21}tɕy^{21}t^{h}uã^{55}　　气象台 tɕ^{h}i^{21}ɕiɑŋ^{21}t^{h}ɛ^{55}

臭大姐 tʂʰou^{21}ta^{21}tɕiə^{55}　　看电影 kʰã^{21}tiã^{21}iŋ^{55}

（43）去+去+去（不变）

自动化 tsɿ^{21}tuŋ^{21}xua^{21}　　变电站 piã^{21}tiã^{21}tʂã^{21}

教务处 tɕiɔ^{21}u^{21}tʂʰu^{21}　　大跃进 ta^{21}iɔ^{21}tɕiə̃^{21}

大立柜 ta^{21}li^{21}kuei^{21}　　看电视 kʰã^{21}tiã^{21}ʂʅ^{21}

（44）去+去+入（不变）

艺术节 i^{21}ʂu^{21}tɕiə^{44}　　辩证法 piã^{21}tʂəŋ^{21}fa^{44}

变戏法 piã^{21}ɕi^{21}fa^{44}　　下大雪 ɕia^{21}ta^{21}ɕyə^{44}

（45）去+入+平

大铁锅 ta^{21}tʰiə$^{44-55}$kuə^{213}

（46）去+入+上

派出所 pʰɛ^{21}tʂʰu$^{44-55}$ʂuə^{55}　　印刷品 iə̃^{21}ʂua$^{44-55}$pʰiə̃^{55}

细＝铁石 ɕi^{21}tʰiə$^{44-55}$ʂʅ^{55}　　倒插门 tɔ^{21}tʂʰa$^{44-55}$mə̃^{55}

（47）去+入+去

暴发户 pɔ^{21}fa$^{44-55}$xu^{21}　　闹革命 nɔ^{21}kə$^{44-55}$miŋ^{21}

（48）去+入+入

大黑鸭 ta^{21}xei$^{44-55}$ia^{44}

（49）入+平+平

贴窗花 tʰiə$^{44-55}$tʂʰuɑŋ$^{213-13}$xua^{213}

（50）入+平+上

刷锅水 ʂua$^{44-55}$kuə^{213}ʂuei^{55}　　接生婆 tɕiə$^{44-55}$ʂəŋ^{213}pʰə^{55}

不沾嫌 pu$^{44-55}$tʂã^{213}ɕiã^{55}

（51）入+平+去

结婚证 tɕiə$^{44-55}$xuə̃^{213}tʂəŋ^{21}　　百家姓 pei$^{44-55}$tɕia^{213}ɕiŋ^{21}

漆包线 tɕʰi$^{44-55}$pɔ^{213}ɕiã^{21}

（52）入+平+入

八仙桌 pa$^{44-55}$ɕiã^{213}tʂuə^{44}　　削铅笔 ɕyə$^{44-55}$tɕʰiã$^{213-13}$pei^{44}

（53）入+上+平

鸭绒衣 ia$^{44-55}$luŋ^{55}i^{213}　　刮胡刀 kʰua$^{44-55}$xu^{55}tɔ^{213}

黑眼珠 xei$^{44-55}$iã^{55}tʂu^{213}　　织毛衣 tʂʅ$^{44-55}$mɔ^{55}i^{213}

（54）入+上+上

黑龙潭 xei$^{44-55}$lyŋ^{55}tʰã^{55}　　磕头虫 kʰuə$^{44-55}$tʰou^{55}tʂʰuŋ^{55}

吃米粉 tʂʰʅ$^{44-55}$mi^{55}fə̃^{55}　　喝凉水 xə$^{44-55}$liɑŋ^{55}ʂuei^{55}

贴门联 tʰiə$^{44-55}$mə̃^{55}liã^{55}

（55）入+上+去

八宝饭 pa$^{44-55}$pɔ^{55}fã^{21}　　夹板气 tɕia$^{44-55}$pã^{55}tɕʰi^{21}

织手套 tʂʅ$^{44-55}$ʂou^{55}tʰɔ^{21}　　脱棉裤 tʰuə$^{44-55}$miã^{55}kʰu^{21}

（56）入+上+入

黑板擦 xei$^{44-55}$pã^{55}tsʰa^{44}　　吃烤鸭 tʂʰʅ$^{44-55}$kʰɔ^{55}ia^{44}

（57）入+去+平

织布机 tʂʅ$^{44-55}$pu^{21}tɕi^{213}　　革命家 kə$^{44-55}$miŋ^{21}tɕia^{213}

脱粒机 tʰuə$^{44-55}$li^{21}tɕi^{213}　　脱大衣 tʰuə$^{44-55}$ta^{21}i^{213}

（58）入+去+上

笔记本 pi$^{44-55}$tɕi^{21}pə̃^{55}　　发大水 fa$^{44-55}$ta^{21}ʂuei^{55}

喝汽水 xə$^{44-55}$tɕʰi^{21}ʂuei^{55}　　铁算盘 tʰiə$^{44-55}$suã^{21}pʰã^{55}

（59）入+去+去

发电站 fa$^{44-55}$tiã^{21}tʂã^{21}　　说大话 ʂuə$^{44-55}$ta^{21}xua^{21}

（60）入+去+入

八万七 pa$^{44-55}$ʋã^{21}tɕʰi^{44}

（61）入+入+平

一百天 i$^{44-55}$pei$^{44-55}$t^{h}iã^{213}　　七八天 tɕ^{h}i$^{44-55}$pa$^{44-55}$t^{h}iã^{213}

（62）入+入+上

擦黑板 ts^{h}a$^{44-55}$xei$^{44-55}$pã^{55}

（63）入+入+去

擦脚布 ts^{h}a$^{44-55}$tɕyə$^{44-55}$pu^{21}　吃鸭蛋 tʂ^{h}ʅ$^{44-55}$ia$^{44-55}$tã^{21}

（64）入+入+入

一百八 i$^{44-55}$pei$^{44-55}$pa^{44}

根据以上例词，章丘方言三字组连调情况见“章丘方言三字组连调类型表”。表左为三字组前两字的声调，表右为末字声调。黑体数字及加下划线者为变调。每种组合分两种类型，上行为 2+1 型，下行为 1+2 型。空格表示未找到例词。有的组合两种类型连调相同，则只有一行。章丘方言两字组发生变调的主要是阴平位于阴平、去声和入声前时以及入声位于前字之时。三字组连调基本以两字组为基础，不过入声位于前字和中字位置之时，都发生变调，与上声难以分辨，不管其语法结构如何。阴平位于“1+2”型组合的前字及“2+1”型组合的中字位置时，这里均处理为不变调，但当语速较快时，也有可能发生变调，如同北京话“小雨伞”中的“小”，可变可不变。为便于比较上声与入声的异同，我们把上声与入声位于前字和中字位置的组合连续排列。

章丘方言三字组连调类型表

	平	上	去	入
平+平	**13**+213+213	**13**+213+55	**13**+213+21	**13**+213+44
	213+**13**+213	213+213+55		

	平	上	去	入
平+上	213+55+213	213+55+55	213+55+21	213+55+44
平+入	13+55+213	13+55+55	13+55+21	13+55+44
	213+55+213	213+55+55	213+55+21	213+55+44
平+去	13+21+213	13+21+55	13+21+21	13+21+44
	213+21+213	213+21+55	213+21+21	
上+平	55+213+213	55+213+55	55+213+21	55+213+44
	55+13+213		55+13+21	55+13+44
入+平		55+213+55	55+213+21	55+213+44
	55+13+213			55+13+44
上+上	55+55+213	55+55+55	55+55+21	55+55+44
入+上	55+55+213	55+55+55	55+55+21	55+55+44
上+去	55+21+213	55+21+55	55+21+21	55+21+44
入+去	55+21+213	55+21+55	55+21+21	55+21+44
上+入	55+55+213	55+55+55	55+55+21	55+55+44
入+入	55+55+213		55+55+21	55+55+44
		55+55+55		
去+平	21+213+213	21+213+55	21+213+21	21+213+44
	21+13+213		21+13+21	21+13+44
去+上	21+55+213	21+55+55	21+55+21	21+55+44
去+入		21+55+55	21+55+21	
	21+55+213			21+55+44
去+去	21+21+213	21+21+55	21+21+21	21+21+44

从章丘方言三字组连读调的情况来看，上声与入声位于前字位置时，有些连读调是相同的。这里分开排列，主要是为了表现例词有无的情况。应该说明的是，有些组合找不到口语中常用的例词，只找到不常用的；没有找到例词的组合，也不一定没有这类例词。

（三）小结

从章丘方言两字组连调的情况来看，有的连读后保持单字调不变，如上声、去声都不发生变化；有的发生变化，并与其他声调变得一致，如入声连读后调值同上声；有的发生变化，但仍然与其他调分开，如阴平。撇开不变的上声、去声，相比来说，入声的连读变调较阴平更有音系价值，因为导致两个本来不同的调位合并。而阴平的变跟不变效果是一样的，即使不记出变调也不影响连读调的系统。三字组连调是以两字组为基础的，变调情况与两字组基本一致，但在语法边界上多了变化的可能性，而不只限于词内变调。

单字调都是有区别作用的调位。但连读调的情况显然不像单字调这么单纯。在都不发生变化的情况下，连读调系统只是单字调的排列组合。在发生变调而不导致调类的分合时，如章丘方言两字组阴平的情况，与不发生变调的情形基本一样。但在连读变调导致调类出现分合不同时，连读调系统与单字调系统的对应就不那么单纯了。

在分析描写三字组连读调的过程中，我们发现，很难找到用来比较异同的例词。尽管理论上章丘方言的上声和入声在三字组中往往相同，从而会增加同音三字组的比例，但实际上存在的同音字组很少，所以造成混淆的可能性很小。这或许说明，声调的区别作用在三字及以上的组合中变得越来越不重要，即使是在两字组合中，声调的区别作用也不像单字那么明显。

三 轻声变调

如前所述，章丘方言的连读调主要是前字发生变化，后字一般不变。轻声变调实际也是一种连读调，但轻声音节只位于双音节词的后字、三音节词的中字及后字位置上。所以，与一般的连读调不同，轻声变调组合的后字一定会变得与单字调不同，而前字有的变有的不变。

下面分别来看一下两字组和三字组的轻声变调。

（一）两字组

章丘方言两字组轻声变调情况如下表。前字黑体者为变调，其他不变，后字加下划线表示短调。

章丘方言两字组轻声变调表

前字声调	阴平 213	上声 55	去声 21	入声 44
轻声变调	①**21**+2 ②**13**+2	③**24**+54 ④**21**+4 ⑤55+32	⑤**55**+32 ⑥21+21	⑦**23**+3

从上表来看，章丘方言的轻声变调类型较为丰富，有 7 种轻声变调类型。其中①④型前字都变为一个低降调，⑥型前字为去声，不变调，所以这三种类型主要是根据后字轻声调值的不同来区别。①④型尤其容易混淆，当前字是阴平时，

后字说得略高一点，就与前字是上声的难以区分。

下面举例说明。轻声音节的调值统一用“0”表示，①④⑥可以通过前字单字调值来辨别。

1. 阴平+轻声（①②型）

①型

山水 ʂã$^{213-21}$ʂuei^{0}	正月 tʂəŋ$^{213-21}$yə^{0}
庄稼 tʂuɑŋ$^{213-21}$tɕia^{0}	豇豆 tɕiɑŋ$^{213-21}$tou^{0}
山药 ʂã$^{213-21}$iɔ^{0}	丝瓜 sɿ$^{213-21}$kua^{0}
公鸡 kuŋ$^{213-21}$tɕi^{0}	蛛蛛 tʂu$^{213-21}$tʂu^{0}
铺排 pʰu$^{213-21}$pʰɛ^{0}	拥撮 yŋ$^{213-21}$tsʰuə^{0}

②型

帮帮 pɑŋ$^{213-13}$pɑŋ^{0}	翻翻 fã$^{213-13}$fã^{0}
挑挑 tʰiɔ$^{213-13}$tʰiɔ^{0}	筛筛 ʂɛ$^{213-13}$ʂɛ^{0}

阴平字在前时，大部分双音节轻声词都是采用①型变调，包括名词重叠式，只有动词重叠时才采用②型。

2. 上声+轻声（③④⑤型）

③型：前字为古浊平字或古全浊入

云彩 yə̃$^{55-24}$tsʰɛ^{0}	皇历 xuɑŋ$^{55-24}$li^{0}
前年 tɕʰiã$^{55-24}$ȵiã^{0}	条帚 tʰiɔ$^{55-24}$tʂu^{0}
杨树 iɑŋ$^{55-24}$ʂu^{0}	头发 tʰou$^{55-24}$fa^{0}
雹子 pa$^{55-24}$tɿ^{0}	石灰 ʂʅ$^{55-24}$xuei^{0}

④型：前字为古清上、次浊上

顶风 tiŋ$^{55-21}$fəŋ^{0}	小道 ɕiɔ$^{55-21}$tɔ^{0}
水银 ʂuei$^{55-21}$iə̃^{0}	砍刀 kʰã$^{55-21}$tɔ^{0}
扁豆 piã$^{55-21}$tou^{0}	柳树 liou$^{55-21}$ʂu^{0}

奶奶 $n\tilde{ə}^{55-21}n\tilde{ə}^{0}$　　眼睛 $i\tilde{a}^{55-21}tɕiŋ^{0}$

⑤型：动词重叠式

尝尝 $tʂ^{h}ɑŋ^{55}tʂ^{h}ɑŋ^{0}$　　玩玩 $ʋ\tilde{a}^{55}ʋ\tilde{a}^{0}$

等等 $təŋ^{55}təŋ^{0}$　　醒醒 $ɕiŋ^{55}ɕiŋ^{0}$

除了重叠式之外，还有少数词语读为⑤型轻声，例如：

年时 $ȵi\tilde{a}^{55}ʂʅ^{0}$　明日 $miŋ^{55}ɭə^{0}$　前日 $tɕ^{h}i\tilde{a}^{55}ɭə^{0}$

赵学玲（未刊稿）也注意到“前日”的变调不同于其他的浊平字轻声变调，她认为是新产生的或从其他方言借入的。从上述重叠的例词来看，既有古浊平字，也有古上声字。非重叠的上声字位于轻声前时根据古来源的不同而分为两类，而重叠的上声字却不分。这也许说明，这种变调模式是比较后起的。但从采用此种变调的少数几个非重叠词来看，都是口语中常用的时间词语，说它们的变调是新产生的或从其他方言借入的，都不太有说服力。而且这几个词前字都是浊平字，目前没有找到上声来源的例词，也可能是浊平字比较早的一种变调模式，只是后来浊平字的轻声变调发生了变化，而这种模式又被今上声字的动词重叠式采用。

3. 去声+轻声（⑤⑥型）

根据赵学玲（未刊稿），去声字的两种轻声变调同上声字一样，也保留了古音类的区分。大致说来，古清去字为一类，前字变 55，而古浊去字和全浊上声字为一类，不发生变调。次浊入大多归去声，在轻声音节前变化多同古清去。例如：

⑤型：前字为古清去和次浊入

前字为古清去字和次浊入声字时，轻声变调同上声的动词重叠式，为⑤型。

顺风 ʂuã$^{21-55}$fəŋ^{0}　　扫帚 sɔ$^{21-55}$tʂu^{0}

衬单 tʂʰə̃$^{21-55}$tã^{0}　　刺挠 tsʰɿ$^{21-55}$nɔ^{0}

布袋 pu$^{21-55}$tɛ^{0}　　簸箕 pə$^{21-55}$tɕʰi^{0}

担杖 tã$^{21-55}$tʂɑŋ^{0}　　笊篱 tʂɔ$^{21-55}$li^{0}

月亮 yə$^{21-55}$liɑŋ^{0}　　麦子 mei$^{21-55}$tɿ^{0}

栗子 li$^{21-55}$tɿ^{0}　　沫子 mə$^{21-55}$tɿ^{0}

⑥型：前字为古浊去字和全浊上声字以及今去声字的动词重叠式

a．古浊去字

近处 tɕiə̃^{21}tʂʰu^{0}　　大尽 ta^{21}tɕiə̃^{0}

饭屋 fã^{21}u^{0}　　棒子 pɑŋ^{21}tɿ^{0}

匠人 tɕiɑŋ^{21}lə̃^{0}　　厚堆 xou^{21}tuei^{0}

垛庄 tuə^{21}tʂuɑŋ^{0}　　埠村 pu^{21}tsʰuə̃^{0}

豆腐 tou^{21}fu^{0}　　地处 ti^{21}tʂʰu^{0}

上头 ʂɑŋ^{21}tʰou^{0}　　瓦刀 ʋa^{21}tɔ^{0}

露水 lu^{21}ʂuei^{0}　　磨坊 mə^{21}fɑŋ^{0}

b．全浊上声字

赵家 tʂɔ^{21}tɕia^{0}　　市里 ʂʅ^{21}ȵi^{0}

后头 xou^{21}tʰou^{0}　　丈人 tʂɑŋ^{21}lə̃^{0}

不过，古浊去字、全浊上声字中，有不少字也采用清去字的变调模式。例如：

妹妹 mei$^{21-55}$mei^{0}　　料子 liɔ$^{21-55}$tɿ^{0}

袋子 tɛ$^{21-55}$tɿ^{0}　　大夫 tɛ$^{21-55}$fu^{0}

有些词虽然单说时为⑥型变调，但在语流中，常常会采取⑤型变调，尤其是有所强调的时候。所以章丘方言中清去和浊去的区别在轻声变调中已经不那么严格了，浊去字开始向清去字合并。

c. 动词重叠式

烫烫 $t^{h}ɑŋ^{21}t^{h}ɑŋ^{0}$	涮涮 $ʂuã^{21}ʂuã^{0}$
问问 $ʋə̃^{21}ʋə̃^{0}$	念念 $ȵiã^{21}ȵiã^{0}$
澄澄 $təŋ^{21}təŋ^{0}$	换换 $xuã^{21}xuã^{0}$
跪跪 $kuei^{21}kuei^{0}$	

不只是全浊上声和去声字，清去、次浊去的动词重叠也是这种方式。

4. 入声+轻声（⑦型）

黑豆 $xei^{44-23}tou^{0}$	疙瘩 $ka^{44-23}ta^{0}$
蛐蛐 $tɕ^{h}y^{44-23}tɕ^{h}y^{0}$	虼蚤 $kuə^{44-23}tsɔ^{0}$
蝎子 $ɕiə^{44-23}tɿ^{0}$	北屋 $pei^{44-23}u^{0}$
瞎包 $ɕia^{44-23}pɔ^{0}$	恶心 $ʋə^{44-23}ɕiə̃^{0}$
歇歇 $ɕiə^{44-23}ɕiə^{0}$	切切 $tɕ^{h}iə^{44-23}tɕ^{h}iə^{0}$
说说 $ʂuə^{44-23}ʂuə^{0}$	掐掐 $tɕ^{h}ia^{44-23}tɕ^{h}ia^{0}$

由上可见，章丘方言的轻声变调比较丰富，单字调已经合并的不同古来源的字，轻声变调仍然保留区别，如上声调的③④两种变调、去声调的⑤⑥两种变调，都是由于古来源不同而有区别。除此之外，值得注意的是动词重叠式的变调。章丘方言里双音节名词重叠较少，多是一些常用词，其轻声变调与一般的轻声词一致，如前面所举的例子“蛛蛛、蛐蛐”。动词重叠相对来说比较常见，在一定的环境下，大多数单音节动词都可以重叠，有些甚至已经固定为一个词。章丘方言

阴平、上声的单音节动词重叠都有自己独立的变调模式，去声的动词重叠式变调与全浊上、去字的轻声变调相同，而动词为入声的重叠式变调与入声的轻声变调相同。

总体上来看，大多数两字组轻声词是名词性词语，少数是形容词，动词性词语以重叠式为主。此外，单音节动词加助词一般都采用轻声变调。在所有两字组轻声组合中，除了重叠式以及动词加助词这样的语法组合，其他的两字组轻声词都是比较固定的，换句话说，不是所有的两字组词都能够发生轻声变调。而重叠式以及动词加助词这样的语法组合，则是不固定的，具有能产性。从这个角度来看，一般的轻声词应是方言中比较早期的词语，而重叠式等带有语法意义的两字组轻声，则可能是较晚产生的。

（二）三字组

如果从重轻音节的组合来看，三字组轻声词理论上有八种：重重重，重重轻，重轻重，重轻轻，轻重重，轻重轻，轻轻重，轻轻轻。由于汉语首音节一般都是重的，哪怕是词缀，如“老张、阿华”中的“老、阿”，虽然是词缀，属虚语素，但并不轻读。所以首音节为“轻”的四种类型在章丘方言中并不存在。首音节为“重”的四种类型，“重重重”没有轻声音节，是三字组连调；剩余的三种“重重轻、重轻重、重轻轻”才是章丘方言的三字组轻声组合。轻声音节是依附于其前音节而存在的，所以不管字组的语法结构如何，这三种情况在韵律上的组合层次应是：重+重轻，重轻+重，重轻轻。显然，三字组轻声变调也是以两字组为基础的。如前所述，章丘方言的两字组轻声变调有 7 种类型，其中类型②的例词很少，多为重叠式，很难找到相应的三字组例词，故下面的讨论不包括这一种。举例说明如下。

1. 重+重轻：这种模式，首音节基本不变，后两音节遵循两字组轻声变调规律。四个单字调分别与 6 种两字组轻声变调组合，共有 24 种，不过上声和入声为首字时合并，所以只有 18 种类型。

（1）阴平+阴平+轻声：213+21+2

衣撑子 i^{213}tʂʰəŋ$^{213-21}$tʅ^{0}　　封窝子 fəŋ^{213}ʋə$^{213-21}$tʅ^{0}

推煎饼 tʰuei^{213}tɕiã$^{213-21}$piŋ^{0}　　拉糁子 la^{213}ʂã$^{213-21}$tʅ^{0}

（2）阴平+上声+轻声：213+24+54

香胰子 ɕiɑŋ^{213}i$^{55-24}$tʅ^{0}　　针鼻子 tʂã^{213}pi$^{55-24}$tʅ^{0}

猪槽子 tʂu^{213}tsʰɔ$^{55-24}$tʅ^{0}

（3）阴平+上声+轻声：213+21+4

中碗子 tʂuŋ^{213}ʋã$^{55-21}$tʅ^{0}　　车耳子 tʂʰə^{213}ɭə$^{55-21}$tʅ^{0}

（4）阴平+去声+轻声：213+55+32

锅盖子 kuə^{213}kɛ$^{21-55}$tʅ^{0}　　花挣子 xua^{213}tʂəŋ$^{21-55}$tʅ^{0}

（5）阴平+去声+轻声：213+21+21

推磨子 tʰuei^{213}mə^{21}tʅ^{0}　　筲系子 ʂɔ^{213}ɕi^{21}tʅ^{0}

（6）阴平+入声+轻声：213+23+3

天黑咧 tʰiã^{213}xei$^{44-23}$liə^{0}　　花骨葖 xua^{213}ku$^{44-23}$tou^{0}

车轱轮儿 tʂʰə^{213}ku$^{44-23}$lei^{0}　　车橛子 tʂʰə^{213}tɕyə$^{44-23}$tʅ^{0}

（7）上声+阴平+轻声：55+21+2

走亲亲 tsou^{55}tɕʰiã$^{213-21}$tɕʰiã^{0}　　水珠子 ʂuei^{55}tʂu$^{213-21}$tʅ^{0}

年根儿里 ȵiã^{55}kei$^{213-21}$ȵi^{0}　　早先霎 tsɔ^{55}ɕiã$^{213-21}$ʂa^{0}

入声+阴平+轻声：55+21+2

黑天咧 xei$^{44-55}$tʰiã$^{213-21}$liə^{0}　铁箍子 tʰiə$^{44-55}$ku$^{213-21}$tʅ^{0}

杀猪的 ʂa$^{44-55}$tʂu$^{213-21}$ti^{0}　铁公鸡 tʰiə$^{44-55}$kuŋ$^{213-21}$tɕi^{0}

脚丫子 tɕyə$^{44-55}$ia$^{213-21}$tʅ^{0}

（8）上声+上声+轻声：55+24+54

凉席子 liɑŋ^{55}ɕi$^{55-24}$tʅ^{0}　火媒子 xuə^{55}mei$^{55-24}$tʅ^{0}

井台子 tɕiŋ^{55}tʰɛ$^{55-24}$tʅ^{0}　调畦子 tʰiɔ^{55}ɕi$^{55-24}$tʅ^{0}

入声+上声+轻声：55+24+54

黑云彩 xei$^{44-55}$yə̃$^{55-24}$tsʰɛ^{0}　竹篮子 tʂu$^{44-55}$lã$^{55-24}$tʅ^{0}

（9）上声+上声+轻声：55+21+4

头晌午 tʰou^{55}ʂɑŋ$^{55-21}$u^{0}　耙齿子 pʰa^{55}tʂʰʅ$^{55-21}$tʅ^{0}

南敞篷 nã^{55}tʂʰɑŋ$^{55-21}$pʰəŋ^{0}　小耳锅 ɕiɔ^{55}ɭə$^{55-21}$kuə^{0}

入声+上声+轻声：55+21+4

脚掌子 tɕyə$^{44-55}$tʂɑŋ$^{55-21}$tʅ^{0}　脚懒根 tɕyə$^{44-55}$lã$^{55-21}$kə̃^{0}

（10）上声+去声+轻声：55+55+32

草褥子 tsʰɔ^{55}lu$^{21-55}$tʅ^{0}　蚀月亮 ʂʅ^{55}yə$^{21-55}$liɑŋ^{0}

茶素子 tʂʰa^{55}su$^{21-55}$tʅ^{0}

入声+去声+轻声：55+55+32

瞎撞子 ɕia$^{44-55}$tʂʰuɑŋ$^{21-55}$tʅ^{0}　脚腕子 tɕyə$^{44-55}$ʋã$^{21-55}$tʅ^{0}

（11）上声+去声+轻声：55+21+21

蚀太阳 ʂʅ^{55}tʰɛ^{21}iɑŋ^{0}　草帽子 tsʰɔ^{55}mɔ^{21}tʅ^{0}

挺厚堆 tʰiŋ^{55}xou^{21}tuei^{0}

入声+去声+轻声：55+21+21

搉碾子 tɕʰia$^{44-55}$ȵiã^{21}tʅ^{0}　脚面子 tɕyə$^{44-55}$miã^{21}tʅ^{0}

脚后跟 tɕyə$^{44-55}$xou^{21}kə̃^{0}

（12）上声+入声+轻声：55+23+3

砸脚子 tsa^{55}tɕyə$^{44-23}$tʅ^{0}　　小鸭子 ɕiɔ^{55}ia$^{44-23}$tʅ^{0}

鱼节⁼腮 y^{55}tɕiə$^{44-23}$sɛ^{0}　　打铁的 ta^{55}tʰiə$^{44-23}$ti^{0}

入声+入声+轻声：55+23+3

黑瞎子 xei$^{44-55}$ɕia$^{44-23}$tʅ^{0}　　脚指头 tɕyə$^{44-55}$tʂʅ$^{-23}$tʰou^{0}

（13）去声+阴平+轻声：21+21+2

秤钩子 tʂʰəŋ^{21}kou$^{213-21}$tʅ^{0}　　木箱子 mu^{21}ɕiɑŋ$^{213-21}$tʅ^{0}

看沟子 kʰã^{21}kou$^{213-21}$tʅ^{0}　　机撑子 u^{21}tʂʰəŋ$^{213-21}$tʅ^{0}

（14）去声+上声+轻声：21+24+54

枕席子 tʂə̃^{21}ɕi$^{55-24}$tʅ^{0}　　戏匣子 ɕi^{21}ɕia$^{55-24}$tʅ^{0}

大前年 ta^{21}tɕʰiã$^{55-24}$ȵiã^{0}　　下雹子 ɕia^{21}pa$^{55-24}$tʅ^{0}

（15）去声+上声+轻声：21+21+4

被里子 pei^{21}li$^{55-21}$tʅ^{0}　　面板子 miã^{21}pã$^{55-21}$tʅ^{0}

气管子 tɕʰi^{21}kuã$^{55-21}$tʅ^{0}　　过晌午 kuə^{21}ʂɑŋ$^{55-21}$u^{0}

（16）去声+去声+轻声：21+55+32

蒜臼子 suã^{21}tɕiou$^{21-55}$tʅ^{0}　　地窨子 ti^{21}iə̃$^{21-55}$tʅ^{0}

闹笑话 nɔ^{21}ɕiɔ$^{21-55}$xua^{0}

（17）去声+去声+轻声：21+21+21

被面子 pei^{21}miã^{21}tʅ^{0}　　电棒子 tiã^{21}pɑŋ^{21}tʅ^{0}

旱磨子 xã^{21}mə^{21}tʅ^{0}　　卖豆腐 mɛ^{21}tou^{21}fu^{0}

（18）去声+入声+轻声：21+23+3

地角子 ti^{21}tɕia$^{44-23}$tʅ^{0}　　磨竹⁼子 mə^{21}tʂu$^{44-23}$tʅ^{0}

大节⁼桃 ta^{21}tɕiə$^{44-23}$tʰɔ^{0}　　碾椰子 ȵiã^{21}kuə$^{44-23}$tʅ^{0}

2. 重轻+重：前两音节遵循两字组轻声变调规律，末音节不变。可以有 24 种类型。

（1）阴平+轻声+阴平：21+2+213

孙家庄 suə̃$^{213-21}$tɕia^{0}tʂuɑŋ^{213}　煎饼汤 tɕiã$^{213-21}$piŋ^{0}tʰɑŋ^{213}

估作汤 ku$^{213-21}$tʂa^{0}tʰɑŋ^{213}　三日丧 sã$^{213-21}$ʅə^{0}sɑŋ^{213}

（2）阴平+轻声+上声：21+2+55

窗户台 tʂʰuɑŋ$^{213-21}$xu^{0}tʰɛ^{55}　丝瓜瓤 sɿ$^{213-21}$kua^{0}lɑŋ^{55}

香椿芽 ɕiɑŋ$^{213-21}$tʂʰu^{0}ia^{55}　西瓜种 ɕi$^{213-21}$kua^{0}tʂuŋ^{55}

（3）阴平+轻声+去声：21+2+21

洼子地 ʋa$^{213-21}$tɿ^{0}ti^{21}　章丘市 tʂɑŋ$^{213-21}$tɕʰiou^{0}ʂʅ^{21}

高官寨 kɔ$^{213-21}$kuã^{0}tʂɛ^{21}　青青菜 tɕʰiŋ$^{213-21}$tɕʰiŋ^{0}tsʰɛ^{21}

（4）阴平+轻声+入声：21+2+44

三十一 sã$^{213-21}$ʂʅ^{0}i^{44}

（5）上声+轻声+阴平：24+$\underline{54}$+213

伏里天 fu$^{55-24}$ȵi^{0}tʰiã^{213}　阎家庄 iã$^{55-24}$tɕia^{0}tʂuɑŋ^{213}

甜秫秸 tʰiã$^{55-24}$ʂu^{0}tɕiɛ^{213}

（6）上声+轻声+阴平：21+4+213

马家庄 ma$^{55-21}$tɕia^{0}tʂuɑŋ^{213}　老鸹窝 lɔ$^{55-21}$kua^{0}ʋə^{213}

（7）上声+轻声+上声：24+$\underline{54}$+55

黄麦穰 xuɑŋ$^{55-24}$mei^{0}lɑŋ^{55}　毛毛雨 mɔ$^{55-24}$mɔ^{0}y^{55}

十拉年 ʂʅ$^{55-24}$la^{0}ȵiã^{55}　秫秸薄 ʂu$^{55-24}$tɕiɛ^{0}pə^{55}

（8）上声+轻声+上声：21+4+55

九月九 tɕiou$^{55-21}$yə^{0}tɕiou^{55}　手锤把 ʂou$^{55-21}$tʂʰuei^{0}pa^{55}

（9）上声+轻声+去声：24+$\underline{54}$+21

石家堰 ʂʅ$^{55-24}$tɕia^{0}iã^{21}　人性$^{=}$菜 lə̃$^{55-24}$ɕiŋ^{0}tsʰɛ^{21}

槐郎豆 xuɛ$^{55-24}$lɑŋ^{0}tou^{21}　　葡萄树 pʰə$^{55-24}$tʰɔ^{0}ʂu^{21}

（10）上声+轻声+去声：21+4+21

口粮地 kʰou$^{55-21}$liɑŋ^{0}ti^{21}　　扁扁叶 piã$^{55-21}$piã^{0}iə^{21}

（11）上声+轻声+入声：24+$\underline{54}$+44

薄坯屋 pə$^{55-24}$pʰei^{0}u^{44}

（12）上声+轻声+入声：21+4+44

九十八 tɕiou$^{55-21}$ʂʅ^{0}pa^{44}

（13）去声+轻声+阴平：55+$\underline{32}$+213

罩子灯 tʂɔ$^{21-55}$tʅ^{0}təŋ^{213}　　扫帚星 sɔ$^{21-55}$tʂu^{0}ɕiŋ^{213}

半头砖 pã$^{21-55}$tʰou^{0}tʂuã^{213}　　宋家窝 suŋ$^{21-55}$tɕia^{0}ʋə^{213}

（14）去声+轻声+阴平：21+$\underline{21}$+213

露水珠 lu^{21}ʂuei^{0}tʂu^{213}　　大伯哥 ta^{21}pei^{0}kə^{213}

（15）去声+轻声+上声：55+$\underline{32}$+55

沫子盆 mə$^{21-55}$tʅ^{0}pʰə̃^{55}　　苜蓿芽 mu$^{21-55}$ɕy^{0}ia^{55}

亲家婆 tɕʰiŋ$^{21-55}$tɕia^{0}pʰə^{55}

（16）去声+轻声+上声：21+$\underline{21}$+55

棒子苗 pɑŋ^{21}tʅ^{0}miɔ^{55}　　柿子河 ʂʅ^{21}tʅ^{0}xuə^{55}

泛花虫 fã^{21}xua^{0}tʂʰuŋ^{55}　　丈人娘 tʂɑŋ^{21}lə̃^{0}ȵiɑŋ^{55}

（17）去声+轻声+去声：55+$\underline{32}$+21

麦茬地 mei$^{21-55}$tʂʰa^{0}ti^{21}　　担杖地 tã$^{21-55}$tʂɑŋ^{0}ti^{21}

腊八蒜 la$^{21-55}$pa^{0}suã^{21}

（18）去声+轻声+去声：21+$\underline{21}$+21

后晌饭 xou^{21}ʂɑŋ^{0}fã^{21}　　二月二 ɭə^{21}yə^{0}ɭə^{21}

宁家埠 ȵiŋ^{21}tɕia^{0}pu^{21}　　豆枕布 tou^{21}tʂə̃^{0}pu^{21}

（19）去声+轻声+入声：55+32+44

麦秸屋 mei$^{21-55}$tɕiɛ^{0}u^{44}

（20）去声+轻声+入声：21+21+44

地三节 ti^{21}sã^{0}tɕiə^{44}

（21）入声+轻声+阴平：23+3+213

疙瘩汤 ka$^{44-23}$ta^{0}tʰɑŋ^{213}　　织女星 tʂʅ$^{44-23}$ȵy^{0}ɕiŋ^{213}

（22）入声+轻声+上声：23+3+55

镢铲头 u$^{44-23}$lu^{0}tʰou^{55}　　百日坟 pei$^{44-23}$ɭə^{0}fə̃^{55}

索性驴 suə$^{55-23}$ɕiŋ^{0}ly^{55}　　疙瘩辙 ka$^{44-23}$ta^{0}tʂə^{55}

（23）入声+轻声+去声：23+3+21

七亩地 tɕʰi$^{44-23}$mu^{0}ti^{21}　　曲曲菜 tɕʰy$^{44-23}$tɕʰy^{0}tsʰɛ^{21}

额拉盖 iə$^{-23}$la^{0}kɛ^{21}　　拨⁼拉盖 pə$^{-23}$la^{0}kɛ^{21}

（24）入声+轻声+入声：23+3+44

七月七 tɕʰi$^{44-23}$yə^{0}tɕʰi^{44}　　脊梁骨 tɕi$^{44-23}$liɑŋ^{0}ku^{44}

3．重轻轻：前两音节遵循两字组轻声变调规律，末音节也是轻声，是第二音节的继续。这种类型与两字组轻声的类型基本一致。举例如下：

（1）阴平+轻声+轻声：21+2+2

锅腔子 kuə$^{213-21}$tɕʰiɑŋ^{0}tʅ^{0}　　花阴凉 xua$^{213-21}$iə̃^{0}liɑŋ^{0}

清山水 tɕʰiŋ$^{213-21}$ʂã^{0}ʂuei^{0}　　推车子 tʰuei$^{213-21}$tʂʰə^{0}tʅ^{0}

阴凉里 iə̃$^{213-21}$liɑŋ^{0}ȵi^{0}　　酸枣子 suã$^{213-21}$tsɔ^{0}tʅ^{0}

三齿子 sã$^{213-21}$tʂʰʅ^{0}tʅ^{0}　　沙土地 ʂa$^{213-21}$tʰu^{0}ti^{0}

风缺亮 fəŋ$^{213-21}$tɕʰyə^{0}liɑŋ^{0}

（2）上声+轻声+轻声：24+54+4

槐花子 xuɛ$^{55-24}$xua^{0}tʅ^{0}　　蒲墩子 pʰu$^{55-24}$tuə̃^{0}tʅ^{0}

摇桩子 iɔ$^{55-24}$tʂuɑŋ^{0}tʅ^{0}　　绒布子 luŋ$^{55-24}$pu^{0}tʅ^{0}

条桌子 tʰiɔ$^{55-24}$tʂuə^{0}tʅ^{0}　　调镬子 tʰiɔ$^{55-24}$tɕyə^{0}tʅ^{0}

黏谷子 ȵiã$^{55-24}$ku^{0}tʅ^{0}

（3）上声+轻声+轻声：21+4+4

纺车子 fɑŋ$^{55-21}$tʂʰa^{0}tʅ^{0}　　瓦碴子 ʋa$^{55-21}$tʂʰa^{0}tʅ^{0}

死胡同 sɿ$^{55-21}$xu^{0}tʰuŋ^{0}　　软枣子 luã$^{55-21}$tsɔ^{0}tʅ^{0}

捂眼子 u$^{55-21}$iã^{0}tʅ^{0}　　饼鏊子 piŋ$^{55-21}$ŋɔ^{0}tʅ^{0}

水媳妇 ʂuei$^{55-21}$ɕi^{0}fu^{0}　　土坷拉 tʰu$^{55-21}$kʰa^{0}la^{0}

矮桌子 iɛ$^{55-21}$tʂuə^{0}tʅ^{0}

（4）去声+轻声+轻声：55+32+2

透胡同 tʰou$^{21-55}$xu^{0}tʰuŋ^{0}　　盖垫子 kɛ$^{21-55}$tiã^{0}tʅ^{0}

麦粒子 mei$^{21-55}$li^{0}tʅ^{0}

（5）去声+轻声+轻声：21+21+1

箸笼子 tʂu^{21}luŋ^{0}tʅ^{0}　　棒槌子 pɑŋ^{21}tʂʰuei^{0}tʅ^{0}

二尾子 ɭə^{21}i^{0}tʅ^{0}　　二齿子 ɭə^{21}tʂʰʅ^{0}tʅ^{0}

二板镬 ɭə^{21}pã^{0}tɕyə^{0}　　那大霎 na^{21}ta^{0}ʂa^{0}

泥匙子 ȵi^{21}tʂʰʅ^{0}tʅ^{0}

（6）入声+轻声+轻声：23+3+3

削估炸 ɕyə$^{44-23}$ku^{0}tʂa^{0}　　豁嘴子 xuə$^{44-23}$tsuei^{0}tʅ^{0}

骨棒子 ku$^{44-23}$pɑŋ^{0}tʅ^{0}　　脚印子 tɕyə$^{44-23}$iə̃^{0}tʅ^{0}

4. 小结

以上三种三字组轻声变调中，前两种可以看做是两字组轻声词与单音节词的组合，它们都具有一定的生成性，如“公鸡”是一个两字组轻声词，可以与其他单音节词组成下列轻声三字组：公鸡头、大公鸡、小公鸡、花公鸡，等等。尽管不同的词组合能力不同，但总体上以两字组为基础又可以生成很多轻声三字组。严格来说，这两类轻声三字组并不是词，而是词组。第三种虽然也是以两字组为基础，但它却不是两字组与单音节词的简单组合，而带有一定的粘合性，可以算是词。这类轻声词数量有限，而且多数带词缀“子”。

（三）章丘方言轻声变调的特点

与一般的连读调相比，章丘方言轻声变调的特点更为突出。由于无论是一般的连读调还是轻声变调，都是以两字组为基础的，因此这里主要讨论两字组轻声变调的特点。

（1）连读调发生变调的主要是前字，后字都不变。轻声变调前后字的声调大都发生变化，仅上声的动词重叠式和浊去字为前字时前字不变，后字则都变得轻短。

（2）连读调规律具有能产性，可以用于新出现的词语组合。轻声变调可以分为语法变调和非语法变调两种情况。语法变调主要是单音节动词重叠式、动词+助词发生的轻声变调。这类变调规律是能产的，但由于单音节动词和助词的数量相对来说是有限的，因此比连读调规律的能产性要差一些。非语法变调则不是一种能产的规律，哪些词可以发生轻声变调是较为固定的，不能用规则类推，大多数轻声词只能靠记忆。

（3）连读调是以目前的单字调为基础的，相较于单字调，连读调有更进一步的发展，即上声和入声为前字时合并。轻声变调与当前的单字调对应性略差，而保留了更早期的音类差别，如从单字调系统来看，古浊平、全浊入与古清上、次浊上合并，全浊上、浊去与清去字合并，而古浊平、全浊入的轻声变调与古清上、次浊上不同，全浊上、浊去的轻声变调与清去字不同。尽管轻声变调不一定就是早期的单字调值，但至少章丘方言的轻声变调系统相较于单字调系统，应该是更早期的。

从轻声词来看，也能说明这一点。在调查连读调时，有些字的组合并不是该方言自然的口语词，但发音人往往也能按照固定的变调规律读出来。而调查轻声变调时，一个词能不能读轻声基本是确定的，若不是轻声词而用相应的轻声变调读，发音人就会判定是错误的说法。轻声词大都是口语中常用的词。这也说明，轻声词是章丘方言中已经长期存在、比较固定的词语。

（4）可以发生连读调的两字组，既可以是动词性的，也可以是名词性的。而轻声词，排除语法变调的一类，剩下的则以表示名物的名词性词语为主。

总起来看，轻声变调应该可以看做连读调的进一步发展。连读调是单音节的字组合在一起时产生的，当多音节字组由于频繁使用而逐渐固定下来时，其连调形式也随之发生了变化，末位的音节声调弱化，变得轻短，从而产生了轻声。

四　儿化变韵

章丘方言中没有卷舌儿化，但有一种与北京话的卷舌儿化相应的形式，一般称为儿化变韵。这是汉语方言中的一种儿化类型（钱曾怡《论儿化》1995）。章丘方言中的儿化变韵，总体来看，不能算是一种能产的音变规律。章丘方言共

36 个韵母，只有 10 个有变韵形式，还不到三分之一；即使有变韵形式的韵母，也并不能够自由地通过变韵来表达小称意义，能用变韵的词语很有限。对当地人来说，对于变韵前后词语意义上的区别，也没有明确的认知。基本形式与变韵形式接近于自由变体，人们常常一会儿用基本形式，一会儿用变韵形式，如“高跟鞋”与“高跟儿鞋”。因此，章丘方言的变韵应该是一种残留形式。但当位于“小”后时，一般会使用变韵形式，如“小鸡儿、小三儿”。用变韵形式时带有明显的随意、轻松意味。章丘方言儿化变韵及例词见下表。

儿化变韵及例词

基本韵母	变韵	例 词
ã	ɛ	老伴儿 拐弯儿 小蛋儿蛋儿 杆儿 板儿板儿
iã	iɛ	眼儿 茧儿 一边儿 南边儿 北边儿 一点儿 一片儿 中间儿 随便儿 文件儿 见面儿 小脸儿 不见天儿 鼻子尖儿 密针密线儿
uã	uɛ	大官儿 拐弯儿 罐儿 两根管儿
yã	yɛ	圆圈儿 小院儿 枣园儿
ə̃	ei	出门儿 人儿 小门儿 工分儿 平分儿 长果仁儿 年根儿里 对花盆儿
iə̃	iei	不得劲儿
uə̃	uei	掉魂儿 铁棍儿
ɿ	ei	下子儿 孙子儿 挑刺儿 没有词儿
ʅ	ei	样式儿 侄儿媳妇 没有事儿
i	iei	小鸡儿 有底儿 玩意儿 小豆粒儿 不透气儿 差不离儿 年纪儿

有儿化变韵的 10 个基本韵母，分属于三组：i 组、ã 组、ə̃ 组。这三组韵母变韵之后，并为两组 7 个韵母。变韵后仅产生两个新韵母 iei 和 yɛ，其他变韵韵母与某些基本韵母的形式一致。

三组有变韵的基本韵母中，ã 组最为完整，开齐合撮四个韵母均可产生变韵；其次是 ə̃ 组，仅撮口呼韵母没有变韵形式；i 组韵母仅开、齐两呼可以变韵，合、撮两呼都没有变韵。ə̃ 组和 i 组韵母变韵后合并为一套。

据对 7 万字口语录音语料中变韵词的统计，“边儿、点儿、间儿、样式儿”四个词的出现频率最高，“样式儿”之所以出现频率高是因为发音人常使用“章忙样式儿的”一句口头语。其他变韵词出现频率都比较低。

据钱曾怡《博山方言研究》（1993），与章丘相邻的博山方言中有变韵形式的韵母还有uŋ u y，如：笼 luŋ→ləu^{0} 灯～，炉 lu→ləu 香～ə ，女 ȵy→ȵiəu 孙～ 。在章丘方言里，“灯笼”也有相同的说法。此外，u 韵母的字也有变读为 ou 韵母的，如：香炉子 ɕiaŋ$^{213-21}$lou^{0}tʅ^{0}，蝼蛄 lou$^{55-24}$kou^{0}。不过，本书均不处理为儿化变韵。因为从系统的角度来看，u 韵母若有变韵形式，应为 uei，才与 ʅ i 韵母一致，ou 与 i ʅ 的变韵形式不相配。而 uŋ 韵母，只有“灯笼儿” 个例词，《博山方言研究》也只举了这一个例词，是孤证。博山方言 y 韵母的变韵形式既不能与 i 等韵母的变韵形式相配，同时也是孤证。所以把这几个形式判定为变韵不太有说服力。即使是一种变韵，大概也与前述变韵形式不是一个历史层次的。

在章丘方言中，有一个似乎可以看做 u 韵母的变韵例词："车轮"为"$tʂ^hə^{213}ku^{44-23}lei^{0}$"，最后的音节也可带一个 u 介音。不过，这个词既可以看做"车轱辘儿"，也可以是"车轱轮儿"，因为"辘儿"和"轮儿"的变韵是一致的。但由于现在"车轮"的说法很普遍，加上 uə̃ 韵母的变韵形式较常见，人们更倾向于把"lei"看做"轮"的变韵形式。

五　入声

胡延森曾于 1982 年作《章丘方言调查报告》，并专门讨论了章丘方言的入声调问题。他从《方言调查字表》中选了 300 个常用古清入字，发现其中 255 个读入声调，占总数的 85%，其余 45 个字分别读阴平、上声、去声。他还指出，章丘方言的入声调存在两种变化的趋势：一是读入声调的字在数量上呈现出逐渐减少的趋势。表现在，不同年龄段的发音人入声字的数量不同，其中六七十岁的老年人口语中入声字占总数的 85%，三十至五十岁的人，入声字的比例下降至 75%～80%，而青少年，尤其是在校学生，读入声调的古清入字比例更小，仅有 65%左右。相应地，古清入字读平、上、去三调的日趋增多。二是入声调向上声调合并的趋势。在连调中，入声字为前字与上声字为前字的变调相同，这使得二者十分模糊难辨。我们的调查所反映的情况与他的描写是一致的，而且有了更进一步的发展。下面分别说明。

（一）入声调的构成

章丘方言的入声调主要由古清入字构成。根据对《方言调查字表》319个古清入字的调查，在章丘市治所在地明水方言中，有212个读入声调，约占总数的66%左右，它们是：

咸摄：搭拓~本合十~一升喝~酒塔榻溻塌磕劄眨插夹恰掐鸭压押接摺褶跌贴帖法

深摄：缉~鞋口涩执汁湿吸

山摄：獭擦撒萨割葛渴八札紮杀揭瞎鳖薛哲蛰折浙揭歇蝎憋撇铁节切楔结洁噎拨泼脱撮刮刷雪说发厥蹶哕决诀缺血

臻摄：笔毕七漆悉膝瑟虱质失室吉乙一不猝骨窟黢恤出戌屈佛仿~

宕摄：博託托作搁胳恶雀鹊削㪚绰焯脚却郭霍藿约

江摄：剥驳桌卓戳捉觉角确搉壳

曾摄：北得德则塞刻克黑鲫息熄媳稙色啬织职识

梗摄：百柏伯迫拍拆窄格掰摘责策册革隔积迹脊惜斥尺滴踢剔锡析击激吃

通摄：扑仆倒秃速谷哭屋沃福蝠幅複腹覆宿竹粥叔菊掬麴蓄畜~牧足促粟烛嘱触锔曲

古清入字不读入声调的有103个，分别读阴平、上声和去声。列举如下：

阴平：踏摄挟级揖屑钵挖匹忽泊梁山~镬饺饬昔只一~戟炙赤劈绩戚笃督酷束

上声：答鸽夹甲胛劫胁给察别区~掇括阔豁拙必讫乞卒索各阁爵着酌廓扩朴啄琢涿朔忒逼抑国扼僻适释的目~嫡卜醭畜~牲缩

去声：妾餍怯泣喝~采轧~棉花泄彻撤设率~领蟀错握即测

式饰忆亿魄吓恐~栅碧璧益壁肃筑郁祝

另外，还有 4 个两读字：

急：tɕi^{44}/tɕi^{55}　　　　郝：xuə^{44}单念/xuə^{21}姓

客：kʰei^{44}白/kʰə^{21}文　　　　侧：tʂei^{44}白/tsʰə^{21}文

章丘方言读入声调的字除了来自古清声母入声的以外，还有一小部分来自中古非入声字和中古浊声母入声字。列举如下：

古非入声字今读入声调：

果摄：他阿~胶颇坡玻

假摄：雅鸦桠且蔗剐

遇摄：堵肚猪~储~蓄畜褚渠肤腑甫付赴趋需区驱瞿

蟹摄：抵济婿稽滑~髻溪奚兮胚

止摄：玺徙牺丕脂冀置史驶始自己矣已以摔

流摄：戊浮负阜复宿星~

古浊声母入声字今读入声调：

捷集辑掘橛疾术白~镬植殖籍掷亦液腋寂复~原逐鹤袭

（二） 明水方言入声调的内部差异

1．明水方言入声调的新老差异

章丘市治明水方言中的入声调在新派和老派语音中并不相同。就单字调系统来说，老派语音有四个单字调：阴平 213，上声 55，去声 21，入声 44；新派语音则只有三个单字调：阴平 213，上声 55，去声 21，没有独立的入声调，古清入字大多归上声调。比较如下：

老派	新派
白 pei^{55}≠百 pei^{44}	白＝百 pei^{55}
煮 tʂu^{55}≠竹 tʂu^{44}	煮＝竹 tʂu^{55}
鼓 ku^{55}≠骨 ku^{44}	鼓＝骨 ku^{55}
移 i^{55}≠一 i^{44}	移＝一 i^{55}
骑 tɕʰi^{55}≠七 tɕʰi^{44}	骑＝七 tɕʰi^{55}

在连读调中，老派入声字为前字时与上声调合并，但在入声字为后字以及入声字在轻声前时还保持自己的独立性；新派的入声调，无论入声字为前字还是后字，都合并于上声调，只在轻声前还能够与上声调区别开来。比较如下：

（1）入声字为前字

老派

白 pei^{55} ≠百 pei^{44}　　白花 pei^{55}xua^{213} ＝百花 pei$^{44-55}$xua^{213}

池 tʂʰʅ^{55} ≠吃 tʂʰʅ^{44}　　池塘 tʂʰʅ^{55}tʰɑŋ^{55}＝吃糖 tʂʰʅ$^{44-55}$tʰɑŋ^{55}

起 tɕʰi^{55} ≠七 tɕʰi^{44}　　起夜 tɕʰi^{55}iə^{21}＝七夜 tɕʰi$^{44-55}$iə^{21}

驼 tʰuə^{55}≠脱 tʰuə^{44}　　驼色 tʰuə^{55}ʂei^{44}＝脱色 tʰuə$^{44-55}$ʂei^{44}

新派

白＝百 pei^{44}　　白花 ＝百花 pei^{55}xua^{213}

池＝吃 tʂʰʅ^{44}　　池塘 ＝吃糖 tʂʰʅ$^{55-54}$tʰɑŋ^{55}

起＝七 tɕʰi^{44}　　起夜 ＝七夜 tɕʰi^{55}iə^{21}

驼＝脱 tʰuə^{44}　　驼色 ＝脱色 tʰuə^{55}ʂei^{44}

（2）入声字为后字

老派

苦 kʰu^{55}≠哭 kʰu^{44}　　甘苦 kã^{213}kʰu^{55}≠干哭 kã$^{213-13}$kʰu^{44}

股 ku^{55}≠谷ku^{44}　　五股 u^{55}ku^{55}≠五谷 u^{55}ku^{44}

学 ɕyə^{55}≠雪 ɕyə^{44}　　大学 ta^{21}ɕyə^{55}≠大雪 ta^{21}ɕyə^{44}

棋 $t\c{c}^hi^{55}$ ≠漆 $t\c{c}^hi^{44}$　黑棋 $xei^{44-55}t\c{c}^hi^{55}$ ≠黑漆 $xei^{44-55}t\c{c}^hi^{44}$

新派

苦＝哭 k^hu^{55}　　甘苦 ＝干哭 $k\tilde{a}^{213}k^hu^{55}$

股＝谷 ku^{55}　　五股 ＝五谷 $u^{55}ku^{55}$

学＝雪 $\c{c}y\text{ə}^{55}$　　大学 ＝大雪 $ta^{21}\c{c}y\text{ə}^{55}$

棋＝漆 $t\c{c}^hi^{55}$　　黑棋 ＝黑漆 $xei^{44-55}t\c{c}^hi^{55}$

（3）轻声前

老派＝新派

雪花 $\c{c}y\text{ə}^{44-23}xua^{0}$　　黑咧 $xei^{44-23}li\text{ə}^{0}$

蝎子 $\c{c}i\text{ə}^{44-23}t\text{ɿ}^{0}$　　夹住 $t\c{c}ia^{44-23}t\text{ʂ}u^{0}$

通过对比，可以发现，虽然老派和新派语音一个有入声调，一个没有入声调，但二者在连读变调中的差别却很小，只是在入声字为后字时新老语音不同，而这种差别又因为老派语音中上声调值和入声调值的相似而不明显。因此，在日常交际中，老派和新派语音基本一致。

2．明水方言入声调在不同年龄层次上的分布

明水方言入声调的新老对比，实际上就是入声调在不同年龄层次上的表现。这种划分对了解语音变化过程有很大帮助，但只分为新老两个层次，比较笼统。而语音变化在年龄层次上的分布是逐渐过渡的，在新老语音之间，还存在一些过渡阶段。为了解这些过渡阶段的情况，我们曾于 1996 年调查了 11 个明水人，基本上包括了各个年龄段，因而可以看出明水方言入声调在不同年龄层次上的大致分布。

考虑到调查对象的文化程度均不是很高，一般是初中毕业，调查时所用的古清入字，去除了那些比较生僻的字，只

选了 272 个。调查表明，这些字没有一个调查对象只读一个声调。下表是 11 名发音人清入字的声调情况。

明水方言古清声母入声字的声调

	年龄	阴平	上声	去声	入声
发音人 1	18	13.5%	56.8%	29.3%	
发音人 2	23	7%	67.5%	25%	
发音人 3	29	11.6%	62.3%	25%	
发音人 4	33	8%	71.8%	19%	
发音人 5	40	4%	76%	20%	
发音人 6	40	10.8%	21.6%	16%	51.2%
发音人 7	41	10%	24%	17.8%	48%
发音人 8	44	6.3%	15.7%	19%	58.2%
发音人 9	50	5.7%	6.9%	10.3%	76.7%
发音人 10	58	7%	5%	10.6%	76.1%
发音人 11	67	7.8%	13.7%	10%	67.8%

由上表可以很清楚地看出明水方言新老派语音之间声调的不同：新派没有入声，老派有入声。在新派、老派的内部，古清入字的声调也不完全一致。新派古清入字大部分归上声，但随着年龄的减小，读上声的比例呈下降的趋势，而读阴平和去声的比例则呈现增长趋势。老派古清入字大多归入声，但比例随年龄减小而递减，而读阴平、上声、去声的比例则递增。

根据社会语言学的研究成果，处于同一时间段的不同年龄层次的人的语言，往往可以反映这一语言中某一变化的历时发展过程。由此，根据明水方言新老派语音内部的层次性，可以推知，明水方言的入声调正处于消失的过程之中，古清入字逐渐并入上声。然而，古清入字读上声并不很稳定，字数有减少的趋势，估计是受普通话影响的缘故。

明水是章丘市的政治、经济、文化中心，交通便利，相对来说，对外交流要比章丘其他乡镇频繁，所以明水方言的发展速度也要比其他乡镇方言快一些。明水方言入声调的情况，也代表了其他乡镇方言入声调的发展趋向。下面来看一下其他乡镇方言的入声情况。

（三）章丘其他各乡镇方言的入声调

章丘各乡镇方言古清入字的归调并不一致。先来看一下各乡镇方言古清入字归调的比例统计，见下表（地名为村名时，小字标明所属乡镇，无小字者为乡镇名）。

章丘各乡镇方言古清声母入声字的归调比例表

地名	阴平	上声	去声	入声
黄河	66.2%	12.6%	21.2%	
新传辛高官寨	70.2%	13.6%	13.2%	
辛庄辛寨	6%	12.9%	11%	70%
干刘辛寨	5.4%	26%	22.5%	46.1%
西范水寨	3.6%	18.6%	24.5%	53.3%
旧军刁镇	7%	65.5%	27%	
苏家码头白云湖	8%	69.5%	22.3%	

地名	阴平	上声	去声	入声
绣惠	7.4%	15.9%	9.2%	66.8%
孙家庄相公庄	6.7%	14.5%	9%	68%
韦陀党家	71.9%	15%	11.6%	
小董家党家	47.3%	25.8%	26.5%	
大城后龙山	60%	16.4%	20.1%	
凤林枣园	8.6%	64.8%	27%	
北毕枣园	4.5%	14.9%	14.6%	
下河枣园	5.7%	66.7%	27.6%	
龙华普集	2%	69%	29%	
祖营坞普集	6.3%	11.1%	8.5%	72.2%
小冶山后寨	5%	71.3%	23.9%	70%
四盘明水	3%	72.4%	23.4%	
李家埠明水	5.9%	69%	15.9%	62.7%
郑家官庄	5%	23.9%	23.9%	47.1%
孟张曹范	5.9%	14.4%	15.9%	62.7%
文祖	5.9%	16.2%	18%	59.8%
西车厢垛庄	5.2%	15.2%	13%	64.4%
东圣水泉垛庄	5%	75.6%	24.4%	
阎家峪	4.3%	19.8%	27%	49%
石匣阎家峪	66.9%	13.3%	19.8%	

由上表可见，就大多数古清入字而言，章丘各乡镇方言有三种归调方向：（1）多归阴平，如黄河、韦陀、石匣等地；（2）多归上声，如旧军、凤林、东圣水泉等地；（3）多归入声，如辛庄、绣惠、西车厢等地。这三种类型的地理分布情况大致是：归阴平的乡镇分布在章丘的西北部，东南角也

有一地，与其他两种类型的分布界限分明；归上声和归入声的乡镇交错分布在章丘大部分地区，二者之间无界限可言。详见下图（除上表的村镇外，还增加了郝庄和明水等点）。

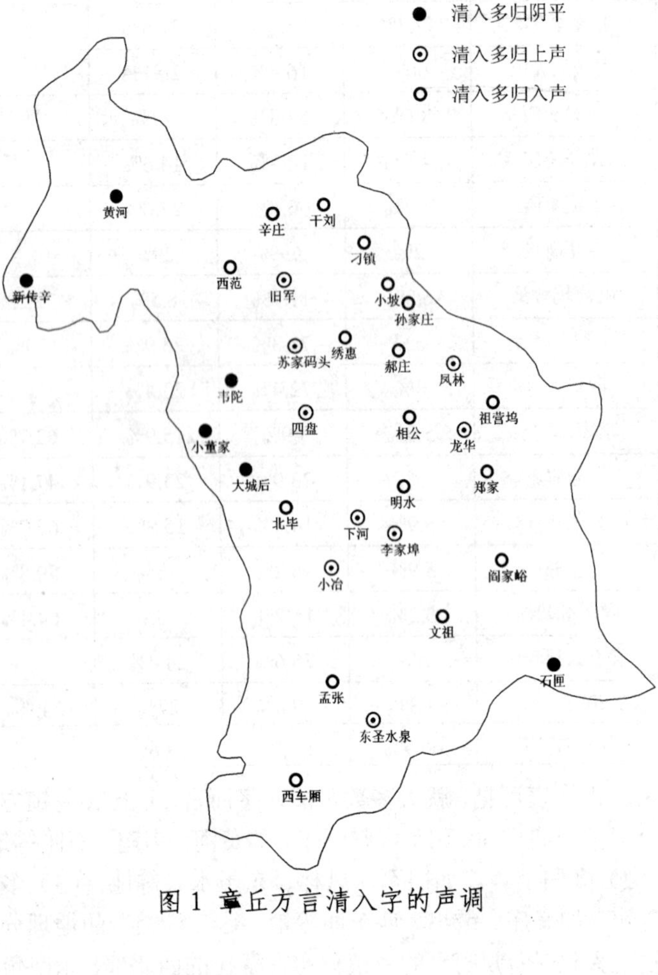

图 1 章丘方言清入字的声调

（四）章丘方言的入声分布区

关于章丘方言入声调的分布，胡延森（1982）曾指出："章丘方言的入声调，主要存在于章丘中部语音中，分布在明水、普集、相公、绣惠、刁镇、辛寨、水寨、宁埠、枣园、埠村十个公社以及平陵公社东部的广大地区。南部的胡山（阎家峪）、文祖、垛庄（包括埠村公社的西南部）三个公社，全是山区，声调与章丘中部明显不同。基本是以山脉为界的。西北部的高官寨、黄河二公社，又是另一种情况，大致以小清河为界，河西北基本无入声调值的字，河东南便存在入声。"

但从图 1 可以看出，章丘方言的入声分布与胡延森所说并不一致，没有一个独立的区域，而与古清入字归上声的地区混杂在一起。为什么会这样？联系明水方言入声调的情况，可找到一些线索来说明。明水方言的入声调正处于消失的过程之中，新派古清入字转归上声。章丘清入字归上声的各点方言应该同明水方言中的情况一致，即古清入字多读上声只存在于新派语音中。确实，古清入字归上声的地点发音人的年龄都在 25 岁（含）以下。见下表。

古清入字归上声的地点发音人年龄表

地区	旧军	苏家码头	四盘	凤林	龙华	下河	小冶	李家埠	东圣水泉
年龄	19	25	20	23	18	18	23	21	22

表中 9 个点的发音人都是年青人，他们均代表新派语音。由此，可以推测古清入字归上声的乡镇方言实际上也有入声调，只是同明水一样，存在于老派语音中。

古清入字归阴平的地区有没有入声调？是不是也和古清入字归上声的乡镇情况一样，存在年龄差异？我们也来看一下这些地点调查对象的年龄情况。

古清入字归阴平的地点发音人年龄表

地区	黄河	新传辛	韦陀	小董家	大城后	石匣
年龄	33	28	49	19	26	28

表中 6 个地点的发音人显然并不属于同一年龄层次，因此，可以排除由于发音人的年龄集中于青年段而没有入声的可能。笔者对大城后的发音人的父亲也进行了简单调查，他的古清入字也归阴平，没有入声。此外，清入字归阴平的地点都位于章丘与其他地区的交界地带，而章丘周边方言的清入字都是归阴平的。因此，这些方言的清入字应该本来就是归阴平的。

综上所述，章丘方言入声调的分布区实际上包括图 1 中古清入字归上声的地区和古清入字归入声的地区（见图 2）。

胡延森（1982）认为南部语音没有入声调，不过没有说古清入字归哪一调。但我们调查时却发现，南部大部分地区的方言是有入声调的，只在一些交界地区的方言中没有发现入声调，古清入字归阴平调。

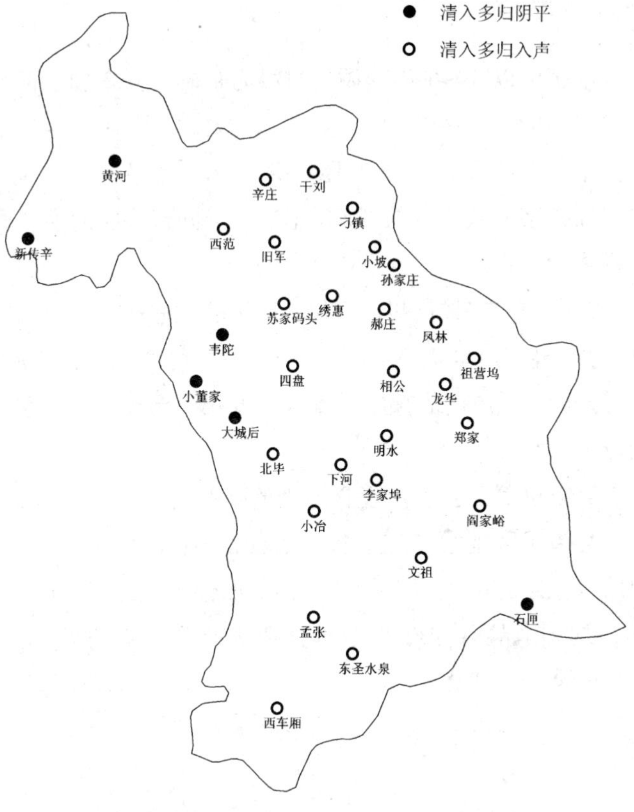

图 2 章丘方言入声的分布

第三章　同音字汇

本字汇以 1996 年的调查材料为基础，并增加了词汇调查时得到的一些字音。

凡　例

1. 本字汇共收字约 4000 左右，形同音不同的字，有几个音算几个字。

2. 全部的字按韵母、声母、声调的顺序排列，即先以韵母分类，再依声母和声调顺序排开，只读轻声的字排在后面。韵母、声母、声调的顺序依据第二章第一节“单字音系”的韵母表。

3. 方框“□”表示没有适当的字可写。

4. 为了区别字义，有的字后面加小字举例或释义，例词中用到原字时用“～”代替，释义部分用“( )”标出。下标“文、白、新、旧、又”等分别表示文读音、白读音、新读、旧读、又读。

ɿ

t　[0]子·儿～。后缀

ts　[213]资姿咨姊兹滋梓滓 [55]紫子～女□（只） [21]自字

ts^h　[213]呲～答泚～水□用石头～你 [55]此瓷慈磁辞词祠 [21]雌疵刺赐次

s　[213]斯厮撕私司丝思 [55]死 [21]四似祀巳寺嗣饲

ʅ

tʂ [213]知蜘支枝肢栀雉淄辎之芝只一～鸡炙 [55]纸只～有旨指止趾址侄秩直值 [21]滞制智致至痔治志痣 [44]稚脂置执汁质稙～谷织职植掷

tʂʰ [213]眵侈痴耻嗤饬赤 [55]池驰差参～匙迟持齿恃旧 [21]翅 [44]殖斥尺吃 [0]豉豆～子

ʂ [213]师狮尸诗 [55]施豕屎嗜时十什拾实食蚀适释石 [21]世势誓逝是氏示视矢士仕柿事市恃新侍试式饰 [44]使史驶始涩～拉夸湿虱失室识

i

p [213]屄 [55]卑旧鄙比秕鼻必逼 [21]蔽敝弊币毙陛闭箅鐾彼臂婢避篦弼碧璧壁 [44]蓖毕

pʰ [213]批匹劈 [55]皮疲脾琵枇裴姓。旧僻辟貔～子 [21]庇痹

m [55]迷米谜～语。文糜弥靡觅 [21]秘泌密文蜜

t [213]低堤 [55]提～溜底的目～嫡笛敌狄籴 [21]弟帝第递地 [44]抵滴

tʰ [213]梯 [55]题提蹄啼体 [21]替涕剃屉 [44]踢剔

l [213]□～菜叶 [55]犁黎礼离篱璃梨厘狸李里理鲤 [21]例厉励丽隶荔履利痢吏立笠粒栗力历

tɕ [213]鸡技妓肌饥～困；～荒几搁～基机讥□～菜级戟屐绩 [55]挤几～乎；～个集赶～给急又及极 [21]祭际穄荠剂一～药稽无～之谈计继系～鞋带寄纪记忌既季即 [44]济剂药～

稽滑～髻冀己集～邮辑急疾吉鲫积迹脊籍寂击激

$tɕ^h$ [213]妻栖弃欺期戚 [55]齐脐启奇骑岐企祁鳍起杞其棋旗祈岂讫乞 [21]砌契器气汽泣 [44]缉～鞋口七漆

ȵ [55]泥尼你 [21]腻匿溺

ɕ [213]西嬉熙希稀昔夕 [55]洗畦菜～子喜习席 [21]细系戏□～得慌（光线刺眼）屑不～ [44]犀奚兮溪玺徙牺袭吸悉膝息熄媳惜锡析

ø [213]医衣依揖 [55]倪翳宜蚁移椅倚伊姨夷肄疑拟饴异尾～巴。旧沂逸抑翼译疫役 [21]艺刈缢仪谊义议易容～；交～意毅忆亿逆益 [44]矣已以乙一亦

u

p [55]补垺～土（尘土）□面～（做面食时避免粘手用的面）卜醭 [21]部簿布怖步埠抱菢 [44]不

p^h [213]铺～床 [55]蒲菩脯谱普浦捕仆～人抚～拉 [21]铺店～ [44]扑仆

m [55]模～子某亩牡母拇谋没～有 [21]墓慕暮募幕木目穆牧

f [213]麸伕当～ [55]敷俘孵符扶府斧抚釜腐辅附浮服伏负～责 [21]夫跗芙父赋傅讣妇～女富副负胜～ [44]肤腑俯甫付赴佛仿～福幅蝠复腹覆

t [213]都首～突笃督 [55]赌妒独读牍犊毒 [21]杜肚小～子度渡镀 [44]堵肚猪～

t^h [213]凸 [55]徒屠途涂图土吐～痰 [21]吐～了兔 [44]秃

n [55]奴努 [21]怒

l [213]撸~起袖子 [55]卢炉芦鸬绰鲁橹虏卤庐汝儒乳辱 [21]路赂露鹭如陋旧入鹿禄陆录褥

ts [213]租组 [55]祖卒族 [21]做

ts^h [213]粗 [21]醋 [44]猝促

s [213]酥苏 [55]俗文 [21]素诉塑嗉 [44]速

tʂ [213]猪诛蛛株朱硃珠 [55]诸煮拄主轴 [21]苎著箸助柱驻住注蛀铸筑祝 [44]术白~竹逐粥烛嘱触 [0]碡碌~

$tʂ^h$ [213]初 [55]除锄楚础杵厨雏畜~牲□~土；~一锨炭来（用锨铲） [21]处相~；~所怵~头 [44]储褚出搐~~；~打

ʂ [213]疏蔬梳书舒枢输~赢；运~淑束 [55]暑鼠黍署薯数动词殊秫~~熟赎蜀属 [21]庶恕数名词竖戍树术述 [44]叔

k [213]姑孤箍骨 [55]古估牯股鼓 [21]故固锢雇顾 [44]骨又谷

k^h [213]枯酷 [55]苦 [21]库裤 [44]窟书哭

x [213]呼互忽惚~一巴掌 [55]虎浒胡姓胡~子湖狐壶乎瓠核桃~喉~咙搰~拉 [21]户沪戽护斛

ø [213]乌污坞巫诬侮□（用大石头打人） [55]吴蜈吾梧五伍午无武舞鹉勿 [21]恶误悟务雾杌~子物 [44]戊屋

y

l [55]驴吕稆旅缕屡 [21]虑滤律率速~绿碌~碡

tɕ [213]居车~马炮拘驹 [55]举矩局 [21]据锯巨拒距聚俱句具惧剧~烈剧京~ [44]橘菊掬锔足

$tɕ^h$ [213]蛆 [55]取娶 [21]去趣 [44]渠趋区驱瞿黢屈麹曲

ȵ [55]女

ɕ [213]墟虚嘘须吁 [55]徐许俗白□~过（看见过） [21]序叙绪絮肃续婿 [44]需宿星~戌恤蓄畜~牧粟姓

ø [213]淤迂 [55]鱼渔语余姓余剩~与愚于盂榆雨宇禹羽 [21]御誉预豫虞娱遇寓逾愉愈芋喻裕域郁育玉狱欲浴

a

p [213]疤扒 [55]巴芭把一~拔雹~子 [21]霸把刀~坝爸耙~地罢 [44]八剥~皮

pʰ [213]趴 [55]爬琶杷耙~子 [21]怕帕

m [213]妈抹~布 [55]麻马码 [21]骂

f [55]乏伐筏罚 [44]法发

ʋ [213]挖洼 [55]蛙瓦名词□~面（用勺子盛） [21]袜凹~苦脸瓦动词

t [213]□~煮煮 [55]答沓达打 [21]大 [44]搭 [0]瘩

tʰ [44]他拓~本塔榻塌溻獭□动词：~煎饼；量词：一~饼

n [55]哪拿 [21]那纳捺

l [213]拉 [55]啦~呱 [21]蜡腊镴辣

ts [55]杂砸咋 [21]咋又

tsʰ [44]擦

s [213]仨 [55]洒新 [44]撒萨

tʂ [213]楂渣踏 [55]闸炸油~铡 [21]诈榨炸~弹乍栅 [44]扎眨札

tʂʰ [213]叉差~别 [55]茶搽茬查调~察□~渣豆腐 [21]杈岔差~错 [44]插

ʂ [213]沙纱 [55]洒旧蛇白~传。旧啥傻 [21]啥又厦前出~子 [44]杀

k [44]生~古（小气）疙~瘩

k^h [55]卡~车；~片

x [213]哈

ia

l [55]俩

tɕ [213]家加痂嘉佳 [55]假真~贾夹~袄甲胛假秋~ [21]假放~。又架驾嫁稼价 [44]夹~住角牛~

$tɕ^h$ [213]卡~子 [55]卡~住咧 [44]恰掐搉~蒜

ȵ [21]娘

ɕ [213]虾 [55]霞暇瑕遐狭峡洽匣辖 [21]下夏厦~门吓 [44]瞎

ø [213]丫 [55]牙芽衙哑 [21]亚压轧 [44]雅鸦桠鸭押

ua

tʂ [213]髽抓 [55]爪 [44]□~地（刨）

$tʂ^h$ [55]浞地上很~

ʂ [55]耍 [44]刷

k [213]瓜□（触摸） [55]寡呱啦~ [21]挂卦 [44]剐刮~风

k^h [213]夸 [55]侉垮 [21]跨 [44]刮用刀~；~胡子

x [213]花开~；~费 [55]华中~；~山铧划~船桦滑猾 [21]化画话划笔~

ɛ

p　[55]摆别□（洗涮衣物） [21]拜稗败

p^h　[55]排牌 [21]派

m　[55]埋买 [21]卖迈新

ʋ　[213]歪 [55]蛙蛤蟆～子 [21]外

t　[213]呆 [55]待～家里 [21]戴带待～一霎，我～去济南怠殆贷代袋大～夫庄（村名）

t^h　[213]胎态 [55]台苔抬 [21]太泰

n　[55]奶 [21]耐奈

l　[55]来 [21]赖癞

ts　[213]灾栽再 [55]宰载一年半～ [21]载～重；满～在

ts^h　[213]猜 [55]才材财裁彩采睬 [21]菜蔡

s　[213]腮鳃 [21]赛

tʂ　[213]斋 [21]债寨

$tʂ^h$　[213]钗差出～ [55]豺柴踩

ʂ　[213]筛 [21]晒

k　[213]该 [55]改 [21]概溉盖丐

k^h　[213]开 [55]凯慨揩楷

ŋ　[213]哀埃新 [55]蔼 [21]碍艾爱隘

x　[213]咳～声叹气 [55]孩海亥核审～ [21]害骇

iɛ

tɕ　[213]皆阶秸街 [55]解 [21]介界芥疥届戒械旧

ç [55]鞋 [21]谐械新懈解蟹

ø [213]埃旧挨~近□叹词 [55]矮涯崖挨~打

uɛ

tʂ [213]拽（扔） [55]跩 [21]拽

tʂʰ [213]揣 [21]踹

ʂ [213]衰 [55]甩 [21]帅率~领蟀

k [213]乖蝈~子 [55]拐 [21]怪

kʰ [55]㧟~痒痒 [21]块会~计桧快筷

x [55]怀槐淮获旧 [21]坏

ə

p [213]波菠钵泊梁山~ [55]跛簸动词薄箔苇~泊 [21]簸~箕薄~荷 [44]玻拨博驳剥~削

pʰ [213]破~个谜 [55]婆 [21]破 [44]坡颇泼 [0]膊胳~

m [213]摸 [55]魔磨~刀摩馍模~范摹~仿抹~墙膜塑料薄~ [21]磨石~末沫莫寞

f [55]佛缚

ʋ [213]窝握蜗屙~屎 [55]我倭蛾 [21]饿白卧握又萼秫秸~子 [44]恶善~

tʰ [21]忒文特

l [55]惹 [21]热

tsʰ [21]侧文测

s [21]色文

tʂ [213]遮 [55]者蛰辙 [21]这 [44]蔗褶哲蜇折~断浙

$tʂ^h$ [213]车 [55]扯 [21]彻撤

ʂ [213]奢赊佘 [55]蛇白~。新舍舌折~本 [21]社射麝赦舍宿~摄~影。新涉设

ɭ [55]儿耳饵尔 [21]而二日

k [213]歌哥 [55]各阁 [21]个过走~去 [44]格搁革文隔文

k^h [213]科新窠棵新颗新 [55]可 [21]课客文 [44]壳

ŋ [213]俄鄂额扼 [55]鹅讹 [21]饿文 [44]阿~胶

x [55]河文何荷~花和~气。新禾新合盒 [21]荷薄~贺新吓恐~ [44]喝鹤

iə

p [55]别区~别离~ [44]鳖憋

p^h [44]撇

m [21]灭篾

t [213]爹 [55]叠碟牒蝶谍 [44]跌

t^h [44]贴帖铁

l [55]劣 [21]猎列烈裂

tɕ [55]姐劫杰截 [21]借褯 [44]接捷揭节结洁

$tɕ^h$ [55]茄 [21]妾怯 [44]且切~开

ȵ [213]摄~影。旧捏 [21]聂镊蹑孽

ɕ [213]些 [55]斜邪写胁协携 [21]泻卸谢泄 [44]歇蝎

ø [55]爷耶也野 [21]夜叶页业孽又 [44]噎液腋

uə

t [213]多□用泥巴～的（捏制）□～你两耳光（打）□～你乱（添乱）[55]朵躲惰掇拾～夺踱铎 [21]舵剁跺垛柴～

t^h [213]拖他其～ [55]驼驮妥椭 [21]唾 [44]脱托

n [55]挪糯诺

l [213]啰烙 [55]罗锣箩骡螺裸摞 [21]落骆洛络乐若弱新

ts [55]凿昨柞琢～磨 [21]左佐坐座做新 [44]作

ts^h [213]搓 [55]矬 [21]锉错措 [44]撮～起来

s [213]蓑梭唆 [55]锁琐索□（调皮） [0]嗽咳～嗦啰～

tʂ [55]拙着穿～酌琢啄涿浊镯 [44]桌卓捉

$tʂ^h$ [44]绰戳

ʂ [55]所朔缩 [44]说

k [213]锅 [55]果裹馃鸽～～国新 [21]过～日子 [44]合十～一升郭割葛胳～膊

k^h [213]科旧棵旧颗旧 [55]括阔廓扩 [21]课 [44]磕窟～窿渴

x [213]劐 [55]河旧禾旧和～气和～面火伙活 [21]贺旧祸货郝姓 [44]郝鹤仙～霍藿镬豁

yə

l [21]略掠

tɕ [213]□挠 [55]绝倔爵嚼 [44]厥蹶掘撅～嘴橛决诀脚镬觉知～角三～尺

$tɕ^h$ [55]瘸 [44]缺雀鹊却确

ɕ [213]靴 [55]穴学~习 [44]薛雪血削

ø [21]悦阅月越曰粤虐疟岳乐籰 [44]哕约

ɔ

p [213]褒包胞 [55]保堡碉~宝饱 [21]报暴豹爆鲍铇□~上一层土（尘土飞扬）

p^h [213]泡名词抛 [55]袍跑刨麅 [21]炮泡动词

m [213]□坐~站咧（坐过了）；~唠手咧（失手） [55]毛茅猫锚卯矛 [21]冒帽貌茂贸

f [55]否

t [213]刀叨 [55]祷岛倒打~导 [21]道稻到倒~水盗

t^h [213]滔掏涛 [55]桃逃淘陶萄讨 [21]套

n [213]孬 [55]脑恼铙 [21]闹

l [213]捞~不着 [55]劳捞打~牢唠老挠饶绕围~扰 [21]涝绕~线弱旧耪

ts [213]遭糟□（用肥皂、洗衣粉等泡衣服）[55]早枣蚤澡 [21]躁灶皂造糙

ts^h [213]操 [55]草曹槽 [21]肏

s [213]骚臊~气；不害~ [55]扫~地嫂 [21]扫~帚

tʂ [213]朝召昭招沼诏 [55]爪~子找□（割麦穗等） [21]罩笊赵兆照

$tʂ^h$ [213]抄钞超剿 [55]巢吵炒朝~代潮

ʂ [213]梢捎烧筲 [55]稍韶少多~绍介~嘲（傻）勺芍 [21]潲少~年邵

k　[213]高膏牙~篙羔糕 [55]稿搞 [21]告膏~油

kʰ　[55]考烤 [21]靠犒

ŋ　[213]爊 [55]熬袄 [21]傲鳌懊

x　[213]蒿薅浩 [55]好~坏毫壕豪号呼~耗消~鹤仙~。又 [21]耗又好爱~号儿~

iɔ

p　[213]膘标彪 [55]表 [21]鳔摽

pʰ　[213]飘漂~浮 [55]瓢嫖 [21]票漂~亮

m　[55]苗描藐渺秒瞄 [21]庙妙

t　[213]刁貂雕 [55]屌 [21]钓吊掉调~动；音~

tʰ　[213]挑~拣 [55]条调挑~山儿 [21]跳粜

l　[55]燎疗聊撩寥了~结辽 [21]瞭料尥廖

tɕ　[213]交郊胶教~书焦蕉椒骄娇矫浇缴 [55]绞狡铰搅侥 [21]教~育校~对较酵~子窖觉睡~醮噍轿叫

tɕʰ　[213]敲锹缲悄 [55]巧樵瞧乔侨桥荞 [21]俏鞘窍翘撬

ȵ　[55]鸟 [21]尿~素

ɕ　[213]消宵霄硝销枵嚣萧箫羞害~屑木~ [55]小晓学上~ [21]酵发~孝效校学~校上~笑

ø　[213]妖腰要~求幺吆 [55]肴淆咬邀摇谣窑姚舀尧杳 [21]靿靴~要重~耀鹞药钥跃大~进

ei

p　[213]杯碑卑新悲 [55]白帛 [21]贝倍辈背后~背~诵焙被~子彼又备 [44]笔北百柏伯掰

p^h [213]坯披 [55]培陪赔裴新 [21]沛配佩辔魄 [44]胚丕迫拍

m [55]梅枚媒煤每眉霉楣美媚 [21]迈旧谜白妹昧寐密白墨默陌麦脉

f [213]非飞妃匪 [55]吠肥翡 [21]废肺痱费

ʋ [213]煨威畏 [55]桅危萎委为伪维惟唯微尾~巴。新违围伟苇纬□舀取 [21]卫为~啥位未味喂慰胃谓猬魏

t [44]得德

n [21]内

ts [55]贼 [44]则

s [44]塞

tʂ [55]泽择宅责~任 [44]侧白窄摘责负~

$tʂ^h$ [44]拆策册

ʂ [55]谁 [44]涩瑟色白啬

k [44]格方~子革白隔白

k^h [44]刻时~刻用刀~克客白

x [44]黑

uei

t [213]堆新 [21]对碓队兑

t^h [213]推 [55]腿忒~好咧 [21]退蜕

l [55]雷儡累~积垒蕊 [21]累芮锐泪类瑞~雪肋勒

ts [213]堆论~ [55]嘴 [21]最罪醉

ts^h [213]催崔 [21]脆翠粹

s [213]尿 [55]随髓虽绥遂隧 [21]碎岁穗 [44]塞~住。又

tʂ [213]追锥 [21]缀赘坠

tʂʰ [213]吹炊 [55]垂槌锤

ʂ [213]摔 [55]水 [21]税睡瑞又

k [213]规龟轨归 [55]诡癸鬼国旧 [21]圭闺～阁桂跪柜贵

kʰ [213]盔亏窥 [55]魁傀奎逵葵 [21]溃愧□～起来（折）

x [213]灰麾挥辉徽 [55]回茴悔毁或惑 [21]贿汇晦会开～；～不～绘惠慧秽讳

ou

t [213]兜 [55]斗抖陡 [21]斗～争豆逗都～走咧

tʰ [213]偷 [55]头投 [21]透

l [55]楼搂～柴禾搂～倒你睡耧篓柔揉 [21]漏陋肉

ts [55]走 [21]奏揍

tsʰ [21]凑

s [213]搜飕馊 [55]叟

tʂ [213]邹周舟州洲诌掫 [55]肘 [21]昼宙纣皱绉骤咒

tʂʰ [213]抽 [55]丑绸稠筹愁瞅仇酬售出～。旧 [21]臭

ʂ [213]收 [55]手首守 [21]瘦兽受寿授售新

k [213]勾钩 [55]狗苟 [21]够～倒唠；～吃的构购

kʰ [213]抠眍～眼儿 [55]口□（形容心眼多，不吃亏） [21]叩扣寇

ŋ [213]偶配～欧瓯殴呕沤 [55]藕偶～然 [21]怄

x [213]齁～咸；～的慌 [55]吼侯喉猴瘊 [21]后～头后皇～厚候

iou

m [21]谬

t [213]丢

l [213]溜~走 [55]流刘留榴硫琉柳 [21]馏~干粮六溜一~缝

tɕ [213]揪鸠纠~缠纠~正究咎 [55]酒九久韭灸 [21]就救臼舅旧柩

tɕʰ [213]秋~天鳅阄抓~丘朽~木□~~（瞧瞧） [55]囚泅糗求球仇姓

ȵ [55]纽扭牛 [21]拗脾气~（犟）

ɕ [213]修休朽永垂不~ [21]秀绣锈嗅袖

ø [213]悠~千；~~千忧优尤邮悠幽□~使孩子（抚养） [55]有友由油游犹酉 [21]又右佑诱莠柚釉鼬幼

ã

p [213]班斑颁扳般搬 [55]板版 [21]扮办瓣半绊伴拌

pʰ [213]攀潘 [55]盘 [21]盼襻~带判叛□一~子（一段时间）

m [55]蛮瞒馒满 [21]慢漫幔墁

f [213]帆反翻番 [55]凡平~范模~藩烦矾繁[21]凡~是范姓犯泛贩嬎饭

ʋ [213]豌剜弯湾 [55]完丸碗玩顽晚挽宛剜又 [21]腕万蔓□~秫秫穗子（割）

t [213]耽担~任丹单~独 [55]胆 [21]担~子淡旦诞但弹子~蛋

tʰ [213]贪坍滩摊 [55]潭谭毯谈痰坦檀坛弹~琴掸鸡毛~子 [21]探炭叹

n [55]南男难困~ [21]难患~

l [55]褛蓝篮览揽榄缆染冉兰拦栏懒然燃 [21]滥烂

ts　[213]簪□～多咧（有点）[55]攒 [21]暂錾赞

ts^h　[213]参～加餐鸽鸡～（啄）[55]蚕惨惭残 [21]灿

s　[213]三 [55]散～架伞 [21]散～会算不来就～咧

tʂ　[213]沾粘瞻占～卜毡 [55]斩盏展□（开锅后往锅里加凉水）□（弄脏衣物、被单等）[21]站～立；车～蘸占～有绽栈战颤□～点水（放）

$tʂ^h$　[213]掺 [55]谗馋搀蟾铲产缠蝉禅～宗

ʂ　[213]杉衫山删羶搧珊 [55]陕闪 [21]疝扇善膳单姓禅～让

k　[213]甘柑泔尴干～支肝竿干～湿 [55]感敢橄杆擀赶 [21]干～部；～活

k^h　[213]堪 [55]龛坎砍勘刊 [21]看

ŋ　[213]庵安鞍 [55]揞俺 [21]暗岸按案

x　[213]憨酣鼾罕 [55]含函喊寒韩还～有。副词 [21]撼憾旱汉汗焊翰

iã

p　[213]鞭编边 [55]扁匾 [21]辩辨变汴便方～遍辫

p^h　[213]篇偏蝙 [55]便～宜谝 [21]骗片

m　[55]棉～袄绵免勉娩缅渑眠□～腰子裤 [21]面

t　[213]掂颠 [55]点典 [21]店电殿奠佃垫

t^h　[213]添天 [55]舔甜田填腆

l　[55]廉镰帘敛脸连联莲 [21]殓怜练炼楝恋

tɕ　[213]监～督尖兼艰间中～奸煎肩坚笺[55]减碱检俭简裥柬拣锏杀手～剪茧趼 [21]鉴舰渐剑谏涧箭溅贱饯践件犍建键健腱见荐间～苗

tɕʰ　[213]嵌歼签潜谦迁虔遣牵千铅 [55]钳浅钱乾~坤前 [21]欠歉

ȵ　[55]年黏~米拈鲇撵辇捻碾~场 [21]念碾~子

ɕ　[213]杴仙鲜新~掀先 [55]咸鹹衔险嫌闲涎新贤弦显 [21]陷馅限苋线羡宪献现县

ø　[213]淹阉腌蔫焉烟 [55]岩掩魇炎盐阎檐严俨眼颜演言研缘沿~着兖芫~荽□~上咧（碰上） [21]验厌艳焰酽雁晏谚延筵堰砚燕咽宴涎旧沿锅~□~~水（用水湿一下） [0]院场~

uã

t　[213]端 [55]短 [21]断锻段缎椴

tʰ　[55]团疃

n　[55]暖温~

l　[55]鸾卵软阮 [21]乱

ts　[213]钻~进去 [55]纂 [21]钻木~攥

tsʰ　[213]汆窜 [21]篡

s　[213]酸 [21]算~术蒜

tʂ　[213]专砖 [55]转~身 [21]赚撰转~圈篆传~记

tʂʰ　[213]川穿 [55]传宣~椽喘船 [21]串

ʂ　[213]闩拴栓 [21]涮

k　[213]官棺观参~鳏关 [55]管馆 [21]冠贯灌罐观道~惯

kʰ　[213]宽 [55]款

x　[213]欢獾 [55]桓缓还~钱环 [21]唤焕换幻患宦

yã

tɕ [213]捐娟鹃 [55]卷~起来□（骂） [21]眷卷试~圈猪~倦

tɕʰ [213]圈圆~；~面 [55]全泉拳权颧犬蜷 [21]劝券

ɕ [213]轩鲜~少宣喧楦暄~和 [55]癣选旋镟玄悬眩 [21]旋~下来

ø [213]冤渊 [55]圆员缘又元原源袁辕园援远挽~起袖子来 [21]院怨愿

ə̃

p [213]锛□~香椿芽。动词 [55]本甭 [21]奔有~头笨

pʰ [213]喷 [55]盆

m [213]闷~热 [55]门 [21]闷心里~得慌

f [213]分芬纷 [55]粉坟焚 [21]奋粪愤忿份

ʋ [213]温瘟 [55]稳文纹蚊闻吻刎 [21]问璺

tʰ [55]□~倒个大肚子

n [55]恁奶~~

l [55]壬任姓人仁忍临旧邻旧檩旧 [21]任责~刃认韧纫~上针；缝~机赁租~。旧

tʂ [213]针斟珍臻榛真诊 [55]疹□（用大石头打人） [21]枕镇阵振震□~里（这里）

tʂʰ [213]岑深伸 [55]沉陈尘辰晨臣 [21]趁衬称相~

ʂ [213]森参人~身申娠 [55]沈审婶神 [21]渗葚甚肾慎 [0]辰时~

k [213]跟根 [55]哏说话挺~气

k^h [55]垦恳啃肯

ŋ [213]恩 [21]摁用手~住

x [213]很 [55]痕 [21]恨

iə̃

p [213]彬宾槟 [21]殡鬓

p^h [213]拼姘 [55]品贫频 [21]聘

m [55]闽民悯敏抿皿

l [55]林淋临新檩新邻新磷鳞 [21]赁新吝

tɕ [213]今金斤筋□~一~衬单襟大~ [55]锦巾紧仅谨 [21]浸新禁妗进晋尽劲近

$tɕ^h$ [213]侵浸~水喝。旧钦亲 [55]寝琴禽擒秦勤芹

ɕ [213]心辛新薪欣馨 [55]寻~思 [21]信衅

ø [213]吟音阴因姻洇殷荫 [55]饮淫饮银引寅隐尹 [21]窨饮~牛印

uə̃

t [213]敦墩蹲 [55]懂~得 [21]顿饨囤沌盾钝遁□~子（类似于背心，小孩穿）

t^h [213]吞 [55]屯豚臀 [21]褪

l [55]论~语仑抡伦沦轮淋~雨。旧 [21]嫩论讨~润

ts [213]尊遵

ts^h [213]村 [55]存 [21]寸

s [213]孙

tʂ [55]准

tʂʰ [213]椿春 [55]蠢唇纯莼醇

ʂ [21]顺舜

k [213]闺~女 [55]滚 [21]棍

kʰ [213]昆崑坤 [55]捆新 [21]困

x [213]昏婚荤 [55]魂馄浑 [21]混

yə̃

tɕ [213]津均钧君军 [55]菌 [21]俊郡

tɕʰ [213]皴~手□（身上的灰）清看不~ [55]群裙捆~起来。白

ɕ [213]熏薰 [55]寻损荀笋榫旬循巡勋 [21]讯迅逊殉勋又训

ø [213]晕~车 [55]匀允云 [21]熨韵运孕闰

ɑŋ

p [213]帮邦浜 [55]榜绑 [21]谤傍棒蚌

pʰ [55]滂旁螃庞榜 [21]胖

m [55]忙茫莽蟒盲虻

f [213]方芳妨仿~佛 [55]肪仿纺访房防 [21]放

ʋ [213]汪 [55]亡芒麦~网辋枉往王 [21]忘妄望旺

t [213]当~时 [55]党挡 [21]当~铺荡宕

tʰ [213]汤 [55]倘躺堂棠螳唐糖塘 [21]烫趟

n [213]囊这人挺~（窝囊） [55]囊攮暖~和 [21]齉~鼻子鯠（形容人多）

l [55]郎廊狼螂朗瓤穰壤攘嚷酿 [21]浪让

ts [213]脏赃 [21]葬藏西~脏心~□~着咧（种下病根）

ts^h [213]仓苍 [55]藏 [21]蹭~了一身灰

s [213]桑丧婚~ [55]嗓搡 [21]丧~失

tʂ [213]张章樟 [55]长生~涨掌 [21]涨又帐账胀丈仗杖障瘴

$tʂ^h$ [213]昌菖倡 [55]长~短肠场厂常尝偿 [21]畅唱

ʂ [213]商伤裳 [55]赏晌饷□~后（以后） [21]上~山；~面尚

k [213]冈刚钢纲缸缰网~子 [55]岗港糨 [21]钢~刀杠

k^h [213]康糠 [55]慷扛 [21]抗炕

ŋ [213]肮 [55]昂□~烟

x [213]夯 [55]行航杭

iɑŋ

m [55]棉~花

l [55]良凉量丈~粮梁粱两~个两斤~ [21]亮谅辆量数~

tɕ [213]将~来；~军（象棋术语）；我~倒你（牵手）；~唠一窝猪（动物下崽）浆豆~蒋奖桨疆僵薑礓缰姜江豇 [55]讲耩 [21]酱将大~匠降虹糨打~里；~线子

$tɕ^h$ [213]枪羌腔 [55]抢墙强 [21]呛

ȵ [55]娘棉~花。又

ɕ [213]相箱厢湘镶襄香乡 [55]想详祥享响降 [21]相长~象像橡向项巷

ø [213]央秧殃 [55]羊洋烊杨阳扬疡养痒仰 [21]样

uaŋ

tʂ [213]庄装桩 [55]噇 [21]壮状撞又

tʂʰ [213]疮窗 [55]床闯□～拖布□胳膊～唠一下（与物体碰撞导致的感觉） [21]创撞～车串～门子

ʂ [213]霜孀双 [55]爽□～唠腿（从高处跳下使腿受伤）

k [213]光～线；～脚 [55]广光（单，只） [21]桄逛

kʰ [213]筐诓 [55]狂 [21]旷匡眶框况矿

x [213]荒慌 [55]谎黄簧皇惶蝗～虫晃～眼 [21]晃摇～

əŋ

p [213]崩绷 [21]迸蹦泵

pʰ [213]烹 [55]朋彭膨棚蓬篷捧 [21]碰

m [213]懵 [55]猛萌盟蒙蠓 [21]孟梦

f [213]风疯讽丰封蜂 [55]冯峰锋逢缝～衣裳 [21]凤奉俸缝一条～

ʋ [213]翁 [21]瓮

t [213]登灯 [55]等 [21]凳镫邓澄～清瞪

tʰ [213]□（形容人不利索）熥把包子～～ [55]腾藤誊疼

n [55]能 [21]弄

l [213]扔 [55]仍冷 [21]楞

ts [213]曾姓增 [21]憎赠锃

tsʰ [55]曾～经层新 [21]蹭磨

s [213]僧

tʂ [213]蒸拯睁争筝贞侦正～月征 [55]整 [21]证症郑正政

挣

tʂʰ　[213]称撑铛逞 [55]成城诚盛~饭澄惩橙乘塍承丞呈程 [21]秤

ʂ　[213]升生牲笙甥声 [55]绳省~长省节~ [21]剩胜圣盛兴~

k　[213]更~换庚 [55]粳羹埂梗耿颈脖拉~子 [21]更~加

kʰ　[213]坑小水~；可~煞我咧吭

x　[213]亨哼 [55]恒衡横~竖 [21]横蛮~

iŋ

p　[213]冰兵丙 [55]禀秉饼 [21]柄病并

pʰ　[213]乒 [55]凭平坪评瓶屏萍

m　[55]鸣明盟又名铭冥瞑~上眼 [21]命

t　[213]丁钉~子靪疔 [55]顶鼎 [21]钉~住订锭定

tʰ　[213]听厅 [55]汀亭停廷庭蜓艇挺新

l　[55]陵凌菱领岭灵零铃伶翎 [21]令另

tɕ　[213]更五~耕京荆惊鲸精晶经 [55]境景警颈井 [21]茎敬竟镜竞静靖净径经~线 [0]睛眼~

tɕʰ　[213]卿轻青蜻清坑栏~ [55]擎请情晴赗~受顷挺旧 [21]庆磬

ȵ　[55]凝新宁安~拧 [21]宁~可佞

ɕ　[213]兴~旺星腥 [55]行省反~醒形型刑陉荥 [21]兴高~杏幸性姓

ø　[213]应鹰莺鹦樱英婴缨 [55]凝旧蝇迎影盈赢营茔颖萤□~得慌（声音太大使人不适） [21]硬映

uŋ

t [213]东冬冻~~ [55]董懂 [21]冻上~栋洞动

t^h [213]通铳统~计 [55]桶捅同铜桐筒童瞳□水~出来咧（洒出来）统总~ [21]痛

n [55]农脓浓 [21]弄又□（和面等水放多了；地里非常潮湿）

l [55]荣笼竹~子；~炉子聋拢隆融龙新陇垄茸冗绒容蓉镕庸

ts [213]棕鬃宗综踪 [55]总 [21]粽新纵

ts^h [213]聪匆葱丛 [55]从新层旧

s [213]松 [55]怂 [21]送宋诵新颂新讼新

tʂ [213]中忠终钟闹~钟~情盅 [55]冢种~类肿 [21]中射~仲众种~地重轻~

$tʂ^h$ [213]充冲春 [55]虫重~复宠崇 [21]冲说话~

k [213]公蚣工功攻弓躬宫恭供~不起 [55]汞巩拱 [21]贡供上~共

k^h [213]空~瓶子 [55]孔恐 [21]控空有~

x [213]轰烘 [55]宏哄红洪鸿虹 [21]横~立（不讲理）讧

yŋ

l [55]龙旧

tɕ [55]迥 [21]粽旧

$tɕ^h$ [213]倾 [55]琼穷从旧

ɕ [213]兄嵩胸凶 [55]熊雄 [21]诵旧颂旧讼旧

ø [213]雍痈拥~护；别~我 [55]永泳咏戎甬勇涌容~易。又 [21]用

第四章　词　汇

凡　例

1. 本词汇各条的内容依次为词目、注音、释义和例句，后两项视需要酌加。两个或两个以上的义项，用①②等数字表示。两个或两个以上的例句，中间用“|”号隔开。例句中的“～”代表本词目。

2. 意义相同的排在一起，第一条顶格排，其余的缩一格排在后面。同义词可以互相说明的，不另加释义。

3. 括号“()”内的字或音标表示此字或其相应的音可有可无。例如：“（白）开水（pei^{55}）$k^{h}ɛ^{213}ʂuei^{55}$”，说明该词可说“白开水”，也可说“开水”。

4. 又读或两可的说法，在“/”后写出又读音或另一说法。例如：去处 $tɕ^{h}y^{21-55}tʂ^{h}u^{0}/tɕ^{h}i^{21-55}tʂ^{h}u^{0}$ 。

5. 汉字下边的横线“—”表示该字音特殊。汉字右上方的“=”表示该字非本字，而以同音字代替。写不出本字也无合适的同音字的字用“□”表示。

6. 国际音标右上角的数字为声调，若有变调，则“-”之前为本调，之后为变调。有些字音后接轻声音节时发生的变调与其单字调不符或字音的本调不确定，则只记变调。例如：汗巴拉子 $xã^{21}pa^{0}la^{-24}tɿ^{0}$，“拉”的本调是 213，但这里变调同浊平字。但当某字音的轻声变调为 21 时，由于轻声音节不记出调值而无法区分几种类型，所以就按轻声变调规律推出单字调来确定轻声变调类型，这种情况主要出现在形容词中。例如：匀和和的 yə̃^{55}xuə^{55}xuə$^{213-21}$ti^{0}，第二个“和”本调是 55，但这里是按阴平的轻声规则来变调的，所以“-”前记为 213。

一 天文

（1）日、月、星

太阳 tʰɛ^{21}iaŋ^{55} ①银河系的恒星之一 ②太阳光

晒太阳 ʂɛ^{21}tʰɛ^{21}iaŋ^{55}

　晒老爷 ʂɛ^{21}lɔ^{55}iə^{55} ～去咧

太阳倒照 tʰɛ^{21}iaŋ^{55}tɔ^{21}tʂɔ^{21} 指太阳落山时颜色通红：～，晒得老牛哞哞地叫

太阳落山咧 tʰɛ^{21}iaŋ^{55}luə^{21}ʂã$^{213-21}$liə^{0}

　没太阳 mə^{21}tʰɛ^{21}iaŋ^{55}

月亮 yə$^{21-55}$liaŋ^{0}

　月们奶奶 yə$^{21-55}$mə̃^{0}nə̃$^{55-21}$nə̃^{0}

太阳地里 tʰɛ^{21}iaŋ^{0}ti^{21}ȵi^{0}

月亮地里 yə$^{21-55}$liaŋ^{0}ti^{21}ȵi^{0}

　月们地 yə$^{21-55}$mə̃^{0}ti^{21} 待～里纺棉花

阴凉 iə̃$^{213-21}$liaŋ^{0}

阴凉去处 iə̃$^{213-21}$liaŋ^{0}tɕʰy$^{21-55}$tʂʰu^{0} 阴凉的地方

　阴凉地里 iə̃$^{213-21}$liaŋ^{0}ti^{21}ȵi^{0}

　阴凉里 iə̃$^{213-21}$liaŋ^{0}ȵi^{0}

花阴凉 xua$^{213-21}$iə̃^{0}liaŋ^{0} 树荫

风缺凉 fəŋ$^{213-21}$tɕʰyə^{0}liaŋ^{0} 多指月晕，当地日晕少

蚀太阳 ʂʅ^{55}tʰɛ^{21}iaŋ^{0} 日食

蚀月亮 ʂʅ^{55}yə$^{21-55}$liaŋ^{0} 月食

朝阳 tʂʰɔ^{55}iaŋ^{55} ～麦子背阴谷

　向阳 ɕiaŋ^{21}iaŋ^{55}

背阴 pei^{21}iə̃^{213}

星星 ɕiŋ$^{213-21}$ɕiŋ^{0}

贼星 tsei^{55}ɕiŋ^{213} 流星

扫帚星 sɔ$^{21-55}$tʂu^{0}ɕiŋ^{213} 彗星

北极星 pei$^{44-55}$tɕi^{55}ɕiŋ^{213}

勺星 ʂɔ$^{55-24}$ɕiŋ^{0} 北斗星

索星 suə$^{44-23}$ɕiŋ^{0} 三个星，形状类似牛索头，成三角形

明星 miŋ$^{55-24}$ɕiŋ^{0} 启明星

天河 tʰiã^{213}xə^{55} 银河

牛郎星 ȵiou^{55}laŋ^{55}ɕiŋ^{213}

织女星 tʂʅ$^{44-23}$ȵy^{0}ɕiŋ^{213}

□□ ʂə̃$^{213-21}$mə̃^{0} 三个星，在银河一侧：～出来大高高咧

□□ tsʰuã$^{-24}$pa^{0} 共六七个星，在银河一侧

（2）风、云、雷、雨

风 fəŋ^{213}

大风 ta^{21}fəŋ^{213}

小风 ɕiɔ^{55}fəŋ^{213}

旋风 ɕyã$^{55-24}$ fəŋ^{0}

顶风 tiŋ$^{55-21}$fəŋ^{0}

顺风 ʂuə̃$^{21-55}$fəŋ^{0}

刮风 kua$^{44-55}$fəŋ^{213}

起呃风咧 tɕʰi$^{55-21}$ə^{0}fəŋ$^{213-21}$liə^{0}

风住咧 fəŋ^{213}tʂu^{21}liə^{0}

　风停咧 fəŋ^{213}tʰiŋ$^{55-24}$liə^{0}

　不刮风咧 pu$^{44-55}$kua$^{44-55}$fəŋ$^{213-21}$liə^{0}

云 yə̃^{55}

云彩 yə̃$^{55-24}$tsʰɛ^{0}

黑云彩 xei$^{44-55}$yə̃$^{55-24}$tsʰɛ^{0}

雷 luei^{55}

打雷 ta^{55}luei^{55}

打闪 ta^{55}ʂã^{55}

雨 y^{55}

下雨 ɕia^{21}y^{55}

下雨咧 ɕia^{21}y$^{55-21}$liə^{0}

大雨 ta^{21}y^{55}

雷阵雨 luei^{55}tʂə̃^{21}y^{55}

小雨 ɕiɔ^{55}y^{55}

毛毛雨 mɔ$^{55-24}$mɔ^{0}y^{55}

濛星雨 məŋ$^{55-24}$ɕiŋ^{0}y^{55} 很小的雨

雾露毛子 u^{21}lu^{21}mɔ$^{55-24}$tʅ^{0}

雨星星的 y^{55}ɕiŋ^{213}ɕiŋ$^{213-21}$ti^{0} 像雾一样的小雨

雨点子 y$^{55-21}$tiã^{0}tʅ^{0}

潲雨 ʂɔ^{21}y^{55} 雨斜着落到屋墙上等

水珠子 ʂuei^{55}tʂu$^{213-21}$tʅ^{0}

虹 tɕiɑŋ^{21}

出虹 tʂʰu$^{44-55}$tɕiɑŋ^{21}

淋 luã^{55}

风水 fəŋ$^{213-21}$ʂui^{0} 天好时产生的地气

（3）冰、雪、霜、露

冻冻 tuŋ$^{213-21}$tuŋ^{0} 冰。“冻”此处为阴平

冻冻流子 tuŋ$^{213-21}$tuŋ^{0}liou$^{55-24}$tʅ^{0} 房檐前垂下的冰锥

上冻咧 ʂɑŋ^{21}tuŋ$^{21-55}$liə^{0} 结冰

化冻 xua^{21}tuŋ^{21}

雹子 pa$^{55-24}$tʅ^{0}

下雹子 ɕia^{21}pa$^{55-24}$tʅ^{0}

雪 ɕyə^{44} 大～|小～

下雪 ɕia^{21}ɕyə^{44}

雪花 ɕyə$^{44-23}$xua^{0}

汗巴拉子 xã^{21}pa^{0}la^{-24}tʅ^{0} 小雪粒

　饭巴拉子 fã^{21}pa^{0}la^{-24}tʅ^{0}

雨夹雪 y^{55}tɕia$^{44-55}$ɕyə^{44}

化雪 xua^{21}ɕyə^{44}

雪化咧 ɕyə$^{44-55}$xua$^{21-55}$liə^{0}

打溜 ta^{55}liou^{21} 刮风、下雨等有的地方发生，有的地方不发生

霜 ʂuɑŋ^{213}

下霜 ɕia^{21}ʂuɑŋ^{213}

雾 u^{21}

下雾 ɕia^{21}u^{21}

露水 lu^{21}ʂuei^{0}

露水珠 lu^{21}ʂuei^{0}tʂu^{213}

（4）气候

天气 tʰiã$^{213-13}$tɕʰi^{21}

好天 xɔ^{55}tʰiã^{213}

　晴天 tɕʰiŋ^{55}tʰiã^{213}

天不好 tʰiã^{213}pu$^{44-55}$xɔ^{55}

　阴天 iə̃$^{213-13}$tʰiã^{213}

连阴天 liã$^{55-24}$iə̃^{0}tʰiã^{213} 持续多日的阴天

热天 ɭə^{21}tʰiã^{213}

伏里天 fu$^{55-24}$n̠i^{0}tʰiã^{213} ①伏天，初伏、中伏、末伏的统称 ②热天

　三伏天 sã^{213}fu^{55}tʰiã^{213}

入伏 lu^{21}fu^{55}

头伏 tʰou^{55}fu^{55} 初伏

中伏 tʂuŋ^{213}fu^{55}

　二伏 ɭə^{21}fu^{55} 头伏萝卜，～荞麦

末伏 mə^{21}fu^{55}

出伏 tʂʰu$^{44-55}$fu^{55}

数九连天 ʂu^{55}tɕiou^{55}liã^{55}tʰiã^{213} 冷天

九里天 tɕiou$^{213-21}$n̠i^{0}tʰiã^{213} 从冬至起每九天为一“九”，直到九“九”为止

三九天 sã^{213}tɕiou^{55}tʰiã^{213}

天旱咧 tʰiã^{213}xã^{21}liɔ^{0}

淹咧 iã$^{213-21}$liə^{0}

二　地理、地名、方位

（1）地

地 ti^{21}

平地 pʰiŋ^{55}ti^{21}

洼地 ʋa$^{213-13}$ti^{21}

旱地 xã^{21}ti^{21}

腰杠地 iɔ$^{213-21}$kɑŋ^{0}ti^{21} 两边高、中间低的旱地

好地 xɔ^{55}ti^{21}

孬地 nɔ$^{213-13}$ti^{21}

自留地 tsɿ^{21}liou^{55}ti^{21} 我国在实行农业集体化后留给农民个人经营的少量土地，产品归个人所有。一般用来种菜

责任田 tʂei$^{55-24}$lə̃^{0}tʰiã^{55}

口粮地 kʰou$^{55-21}$liɑŋ^{0}ti^{21}

荒地 xuɑŋ$^{213-13}$ti^{21} 多年不种、荒废的地

拐子 kuɛ$^{55-21}$tɿ^{0} 山上的小块地：大～

荒拐子 xuɑŋ^{213}kuɛ$^{55-21}$tɿ^{0}

车辋地 tʂʰə$^{213-21}$ʋɑŋ^{0}ti^{21} 形状不正的地，类似旧式小推车的车辋

牛角地 ȵiou^{55}tɕia$^{44-55}$ti^{21} 状似牛角的地

沙土地 ʂa$^{213-21}$tʰu^{0}ti^{0}

黑土油子地 xei$^{44-55}$tʰu^{55}iou$^{55-24}$tɿ^{0}ti^{21} 土色发黑、土质不好的地

山地 ʂã$^{213-13}$ti^{21}

丘陵 tɕʰiou^{213}liŋ^{55}

平原 pʰiŋ^{55}yã^{55}

梯田 tʰi^{213}tʰiã^{55}

园地 yã$^{55-24}$ti^{0} 能浇水的地

冢子 tʂuŋ$^{55-21}$tɿ^{0} 山头

姑$^{=}$丢$^{=}$子 ku$^{213-21}$tiou^{0}tɿ^{0} 土石堆

石岗子地 ʂɿ$^{55-24}$kɑŋ^{0}tɿ^{0}ti^{21} 土壤浅、石头多的地

空地 kʰuŋ^{21}ti^{21}
春地 tʂʰuã$^{213-13}$ti^{21} 留着春天时耕种的地
麦地 mei$^{21-55}$ti^{0} 种麦子的地
麦茬地 mei$^{21-55}$tʂʰa^{0}ti^{21} 麦子收割以后的地
地头 ti^{21}tʰou^{55} 一块地的两头
地角子 ti^{21}tɕia$^{44-23}$tʅ^{0}
堰 iã^{21} 丘陵地、山地的地之间垒起的边：大～
　堰边 iã^{21}piã^{213}
堰级子 iã$^{21-55}$tɕi^{0}tʅ^{0} 地与地之间高出的埂
圈子 tɕyã^{21}tʅ^{0} 山上的闲地

（2）山

山 ʂã^{213}
山顶 ʂã^{213}tiŋ^{55}
半山腰 pã^{21}ʂã^{213}iɔ^{213}
　山半截腰 ʂã^{213}pã^{21}tɕiə^{55}iɔ^{213}
山峪 ʂã$^{213-13}$y^{21}
山膀子 ʂã^{213}pɑŋ$^{55-21}$tʅ^{0} 山坡
窝子 ʋə$^{213-21}$tʅ^{0} 开采石头凿出来的山窝

（3）江、河、湖、海、水

河 xə^{55} 黄～
河崖 xuə^{55}iɛ^{55} 小河：北～|南～
河崖边儿 xuə^{55}iɛ^{55}piɛ^{213} 河岸
河崖当中间儿 xuə^{55}iɛ^{55}tɑŋ$^{213-13}$tʂuŋ^{213}tɕiɛ^{213} 河心
河崖滩里 xuə^{55}iɛ^{55}tʰã$^{213-21}$ȵi^{0} 河滩
渠道 tɕʰy$^{44-55}$tɔ^{21} 水渠

水沟 ʂuei$^{55-21}$kou^{0}

水库 ʂuei^{55}k^{h}u^{21}

方塘 fɑŋ^{213}t^{h}ɑŋ^{55} 方型的大蓄水池

机井 tɕi^{213}tɕiŋ^{55} 用水泵汲水的深水井

湖 xu^{55}

水坑 ʂuei^{55}k^{h}əŋ^{213}

水洼子 ʂuei$^{55-21}$ʋa^{0}tʅ^{0} 较浅的水坑

水池子 ʂuei^{55}tʂ^{h}ʅ$^{55-24}$tʅ^{0}

大坝 ta^{21}pa^{21}

湾坑 ʋã$^{213-21}$k^{h}əŋ^{0} 水塘

水 ʂuei^{55}

水清 ʂuei^{55}tɕ^{h}iŋ^{213}

水浑 ʂuei^{55}xuə̃^{55}

雨水 y^{55}ʂuei^{55}

水铃铛 ʂuei$^{55-21}$liŋ^{0}tɑŋ^{0} 雨点落在地面的积水上形成的水泡

水媳妇 ʂuei$^{55-21}$ɕi^{0}fu^{0}

山水 ʂã$^{213-21}$ʂuei^{0} 山上流下来的水

清山水 tɕ^{h}iŋ$^{213-21}$ʂã^{0}ʂuei^{0} 清澈的山水

河水 xuə$^{55-24}$ʂuei^{0}

井水 tɕiŋ$^{55-21}$ʂuei^{0}

泉子 tɕ^{h}yã$^{55-24}$tʅ^{0} 泉

泉眼儿 tɕ^{h}yã^{55}iɛ^{55}

泉水 tɕ^{h}yã^{55}ʂuei^{55}

井 tɕiŋ^{55}

井台子 tɕiŋ^{55}t^{h}ɛ$^{55-24}$tʅ^{0}

凉水 liɑŋ^{55}ʂuei^{55}

热水 ɭə^{21}ʂuei^{55}

温水 ʋə̃^{213}ʂuei^{55}

漤水 lã$^{55-21}$ʂuei^{0} 发咸的水

脏水 tsɑŋ^{213}ʂuei^{55}

（4）石沙、土块、矿物

石头 ʂʅ$^{55-24}$tʰou^{0}

碎石头渣子 suei^{21}ʂʅ$^{55-24}$tʰou^{0}tʂa$^{213-21}$tʅ^{0}

　碎石渣子 suei^{21}ʂʅ$^{55-24}$tʂa^{0}tʅ^{0}

石巴拉子 ʂʅ$^{55-24}$pa^{0}la^{-24}tʅ^{0} 小石头

滑溜子 xua$^{55-24}$liou^{0}tsʅ^{55} 鹅卵石

沙 ʂa^{213}

沙子 ʂa^{213}tʅ^{0}

黄沙 xuɑŋ$^{55-24}$ʂa^{0}

沙土 ʂa$^{213-21}$tʰu^{0}

坯 pʰei^{213}

　土坯 tʰu^{55}pʰei^{213}

砖 tʂuã^{213}

砖头 tʂuã$^{213-21}$tʰou^{0} 不完整的砖

半头砖 pã$^{21-55}$tʰou^{0}tʂuã^{213} 半块砖

瓦 ʋa^{55}

小瓦子 ɕiɔ$^{55-21}$ʋa^{0}tʅ^{0} 过去盖屋用的小瓦，青色

大瓦 ta^{21}ʋa^{55} 现在盖屋用的瓦。比小瓦大，红色

瓦碴子 ʋa$^{55-21}$tʂʰa^{0}tʅ^{0} ①不完整的瓦片 ②用作原料的陶瓷：～盆

埻土 pu$^{55-24}$tʰu^{0} 尘土

末落子 mə$^{-23}$luə^{0}tɿ^{0} 碎屑

灰 xuei^{213}

土 tʰu^{55}

黄土 xuɑŋ^{55}tʰu^{55}

烧土 ʂɔ$^{213-21}$tʰu^{0} 一种发红的土，经常和煤拌在一起作为燃料

渣子土 tʂa$^{55-21}$tɿ^{0}tʰu^{55}

土坷垃 tʰu$^{55-21}$kʰa^{0}la^{0} 土块

坩子土 kã$^{213-21}$tɿ^{0}tʰu^{55} 介于土、石之间的一种耐火土，黄色

泥巴 ȵi$^{55-24}$pa^{0}

滓泥 tsɿ$^{213-21}$ȵi^{0} 河里淤积的泥

金子 tɕiə̃$^{213-21}$tɿ^{0}

银子 iə̃$^{55-24}$tɿ^{0}

铜 tʰuŋ^{55}

铁 tʰiə^{44}

洋铁片子 iɑŋ^{55}tʰiə$^{44-55}$pʰiã$^{21-55}$tɿ^{0} 白铁片

铯锹 ʂəŋ$^{213-21}$ʂu^{0} 生锈。《广韵》：锹，所佑切，铁生～

锡 ɕi^{44}

炭 tʰã^{21} 煤

炭末子 tʰã^{21}mə$^{21-55}$tɿ^{0}

块炭 kʰuɛ$^{21-55}$tʰã^{0}

拱子 kuŋ$^{55-21}$tɿ^{0} 大块的块炭

煤球 mei^{55}tɕʰiou^{55}

蜂窝煤 fəŋ$^{213-13}$ʋə^{213}mei^{55}

洋油 iɑŋ^{55}iou^{55}

汽油 tɕʰi^{21}iou^{55}

柴油 tʂʰɛ^{55}iou^{55}

机油 tɕi^{213}iou^{55}

石灰 ʂʅ$^{55-24}$xuei^{0}

洋灰 iɑŋ^{55}xuei^{213} 一种粉末状建筑材料

水泥 ʂuei^{55}ȵi^{55}

石膏 ʂʅ^{55}kɔ^{213}

吸铁石 ɕi^{21}tʰiə$^{44-55}$ʂʅ^{55} 磁铁。“吸”为去声

玉 y^{21}

玉石 y^{21}ʂʅ^{55}

硫磺 liou$^{55-24}$xuɑŋ^{0}

水银 ʂuei$^{55-21}$iə̃^{0}

（5）城乡处所

地处 ti^{21}tʂʰu^{0} 地方

去处 tɕʰy$^{21-55}$tʂʰu^{0}/tɕʰi$^{21-55}$tʂʰu^{0}

块处 kʰuɛ$^{21-55}$tʂʰu^{0} 都待那一～

城里 tʂʰəŋ^{55}ȵi^{55}

城关 tʂʰəŋ^{55}kuã^{213} 旧时城外靠近城门一带的地方

胡同 xu^{-23}tʰuŋ^{0} “胡”变调同入声

死胡同 sɿ$^{55-21}$xu^{0}tʰuŋ^{0} 只有一头能够出入的胡同

透胡同 tʰou$^{21-55}$xu^{0}tʰuŋ^{0} 两头都能出入的胡同

猫道 mɔ$^{55-24}$tɔ^{0} 很窄的小胡同，形容只能容猫通过

农村 nuŋ^{55}tsʰuə̃^{213}

庄 tʂuɑŋ^{213}

老家 lɔ^{55}tɕia^{213} 家乡

集 tɕi^{55} 大～|小～

赶集 kã^{55}tɕi^{55}

赶会 kã^{55}xuei^{21} 到物资交流会上买东西

街 tɕiɛ^{213} 居民聚居区里的路：大～|前～|后～

道 tɔ^{21} 指野外的路：大～|东大～|小～

大车道 ta^{21}tʂʰə$^{213-13}$tɔ^{21} 庄外较宽的路

马路 ma^{55}lu^{21} 城市或近郊可供车马通行的宽阔平坦的道路

公路 kuŋ$^{213-13}$lu^{21} 市区以外可供车马通行的道路

管区 kuã^{55}tɕʰy^{44} 60年代的行政单位，相当于现在的办事处

公社 kuŋ$^{213-13}$ʂə^{21}

长白山 tʂʰɑŋ^{55}pei^{55}ʂã^{213} 山名，位于章丘东北与邹平交界处

东山 tuŋ$^{213-21}$ʂã^{0} 山名，属长白山

绣水 ɕiou^{21}ʂuei^{55} 河名

章丘 tʂɑŋ$^{213-21}$tɕʰiou^{0} 市名

邹平 tʂou$^{213-21}$pʰiŋ^{0} 县名

明水 miŋ$^{55-24}$ʂuei^{0} 乡镇名，章丘市政府所在地

查旧 tɕʰia$^{55-24}$tɕiou^{0} 村名，在明水镇

吕家 ly$^{55-21}$tɕia^{0} 吕家庄，村名，在明水镇

相公庄 ɕiɑŋ$^{21-55}$u^{-55}tʂuɑŋ^{213} 乡镇名

姜套 tɕiɑŋ$^{213-13}$tʰɔ^{21} 姜家套，村名，在相公庄镇

窦辛 tou^{21}ɕiə̃^{213} 窦家辛庄，村名，在相公庄镇

梭庄 suə$^{213-21}$tʂuɑŋ^{0} 村名，在相公庄镇

郝庄 xuə$^{44-23}$tʂuɑŋ^{0} 村名，在相公庄镇

孙家庄 suə̃$^{213-21}$tɕia^{0}tʂuɑŋ^{213} 村名，在相公庄镇

李三 li^{55}sã^{213} 李三官庄，村名，在相公庄镇

王庄 ʋa$^{55-24}$tʂuɑŋ^{0} 村名，在相公庄镇

辛家庄 ɕiə̃$^{213-21}$tɕia^{0}tʂuaŋ^{213} 村名，在相公庄镇

姐$^{=}$庄 tɕiə^{55}tʂuaŋ^{213} 季家庄，村名，在相公庄镇

　季家 tɕi$^{21-55}$tɕia^{0}

韩家(庄) xã$^{55-24}$tɕia^{0}（tʂuaŋ^{213}） 村名，在相公庄镇

大夫庄 tɛ^{21}fu^{0}tʂuaŋ^{0} 村名，在相公庄镇

蔡庄 tsʰɛ$^{21-55}$tʂuaŋ^{0} 村名，在相公庄镇

巡检 ɕyə̃^{55}tɕiã^{55} 蔡庄西，村名，在相公庄镇

南王 nã^{55}ʋaŋ^{55} 南王庄，村名，在相公庄镇

赵家 tʂɔ^{21}tɕia^{0} 赵家庄，村名，在相公庄镇

七郎院 tɕʰi$^{44-55}$laŋ^{21}yã^{21} 村名，在相公庄镇

十九郎 ʂʅ^{55}tɕiou^{55}laŋ^{55} 村名，在相公庄镇

李家(庄) li$^{55-21}$tɕia^{0}（tʂuaŋ^{213}） 村名，在相公庄镇

曹孟 tsʰɔ^{55}məŋ^{21} 村名，在相公庄镇

牛推 ȵiou^{55}tsʰuei^{213} 牛推官庄，村名，在相公庄镇

袁庄 yã$^{55-24}$tʂuaŋ^{0} 村名，在相公庄镇

桑园儿 saŋ$^{213-21}$yɛ^{0} 村名，在相公庄镇

小阔$^{=}$庄 ɕiɔ$^{55-21}$kʰuə^{0}tʂuaŋ^{0} 小康庄，村名，在相公庄镇

大阔$^{=}$庄 ta^{21}kʰuə^{0}tʂuaŋ^{0} 大康庄，村名，在相公庄镇

绳$^{=}$峪 ʂəŋ$^{-24}$y^{0} 凤林庄，村名，在相公庄镇

腰庄 iɔ$^{213-21}$tʂuaŋ^{0} 村名，在相公庄镇

顶庄 tiŋ$^{55-21}$tʂuaŋ^{0} 村名，在相公庄镇

黄啊泉儿 xuaŋ$^{55-24}$a^{0}tɕʰyɛ^{55} 黉山前，村名，在相公庄镇

马家庄 ma$^{55-21}$a^{0}tʂuaŋ^{213} 村名，在相公庄镇

河$^{=}$庄 xuə$^{55-24}$tʂuaŋ^{0} 村名，在相公庄镇

睦李 mu^{21}li^{55} 村名，在相公庄镇

四关四峪 sɿ^{21}kuã^{213}sɿ^{21}y^{21} 指旧县城绣惠

东关 tuŋ$^{213-13}$kuã^{213} 绣惠镇政府所在地

阎家庄 iã$^{55-24}$ã^{0}tʂuɑŋ^{213} 村名，在绣惠镇

回村 xuei$^{55-24}$tsʰuə̃^{0} 村名，在绣惠镇

石家堰 ʂʅ$^{55-24}$tɕia^{0}iã^{21} 村名，在绣惠镇

山头店 ʂa^{213}tʰou^{55}tiã^{21} 村名，在绣惠镇

茂李庄 mə^{21}liou^{55}tʂuɑŋ^{213} 村名，在绣惠镇

普集 pʰu$^{55-21}$tɕi^{0} 乡镇名

祖任=坞 tsu^{55}lə̃^{21}u^{21} 祖营坞，村名，在普集镇

刁镇 tiɔ$^{213-13}$tʂə̃^{21} 乡镇名

旧军 tɕiou^{21}tɕiə̃^{0} 刁镇村名

垛庄 tuə^{21}tʂuɑŋ^{0} 乡镇名

文祖 ʋə̃$^{55-24}$tsu^{0} 乡镇名

埠村 pu^{21}tsʰuə̃^{0} 乡镇名

宁家埠 ȵiŋ^{21}tɕia^{0}pu^{21} 乡镇名

枣园儿 tsɔ$^{55-21}$yɛ^{0} 乡镇名

大站 ta^{21}tʂã^{21} 村名，在枣园镇

朱格务 tʂu$^{213-21}$kuə^{0}ku^{0} 村名，在枣园镇

白云湖 pei^{55}yə̃^{55}xu^{55} 乡镇名

龙山 lyŋ$^{55-24}$ʂã^{0} 乡镇名

高官寨 kɔ$^{213-21}$kuã^{0}tʂɛ^{21} 乡镇名

黄河 xuɑŋ^{55}xə^{55} 乡镇名

丢=家安屋 tiou$^{213-21}$a^{0}ŋã$^{213-21}$u^{0} 地名

柿子河 ʂʅ^{21}tʅ^{0}xuə^{55} 地名

苇湾 ʋei$^{55-21}$ʋã^{0}

老雕瓢子 lɔ^{55}tiɔ^{213}pʰiɔ$^{55-24}$tɿ^{0} 地名

四方圈子 sɿ$^{21-55}$fɑŋ^{0}tɕyã^{21}tɿ^{0} 此处为四方形的圈子，故名

磨山子 mə^{21}ʂã^{0}tɿ^{0} 地名

团山子 tʰuã$^{55-24}$ʂã^{0}tɿ^{0} 地名

高家窝子 kɔ$^{213-21}$tɕia^{0}ʋə$^{213-21}$tɿ^{0} 地名

上皇井 ʂɑŋ^{21}xuɑŋ^{55}tɕiŋ^{55} 地名

大峪台子 ta^{21}y^{21}tʰɛ$^{55-24}$tɿ^{0} 地名

石板 ʂʅ$^{55-24}$pã^{0} 地名

河窝 xuə$^{55-24}$ʋə^{0} 地名

北大堰 pei$^{44-55}$ta^{21}iã^{21} 地名

石灰墙 ʂʅ$^{55-24}$xuei^{0}tɕʰiɑŋ^{55} 地名

墒沟堰 ʂɑŋ$^{213-21}$kou^{0}iã^{21} 地名

七亩地 tɕʰi$^{44-23}$mu^{0}ti^{21} 地名

八亩地 pa$^{44-23}$mu^{0}ti^{21} 地名

三十亩地 sã$^{213-21}$ʂʅ^{0}mu^{55}ti^{21} 地名

楼子前 lou$^{55-24}$tɿ^{0}tɕʰiã^{55} 地名

洪塘岭 xuŋ^{55}tʰɑŋ^{55}liŋ^{55} 地名

五里冢子 u$^{55-21}$li^{0}tʂuŋ$^{55-21}$tɿ^{0} 地名

（6）方位

上头 ʂɑŋ^{21}tʰou^{0}

　上边儿 ʂɑŋ^{21}piɛ^{213}

下头 ɕia^{21}tʰou^{0}

　下边儿 ɕia^{21}piɛ^{213}

　底下 ti$^{55-21}$ɕia^{0}

左边儿 tsuə^{21}piɛ^{213}

右边儿 iou^{21}piɛ^{213}

半憋$^{=}$子 pã^{21}piə$^{-23}$tʅ^{0} 旁边，一边：你上～玩儿去吧，我做就行

当中间儿 tɑŋ$^{213-13}$tʂuŋ^{213}tɕiɛ^{213}/tɑŋ$^{213-13}$tʂuŋ^{213}tɕiɛ^{21}

当中间里 tɑŋ$^{213-13}$tʂuŋ^{213}tɕiã$^{21-55}$ȵi^{0}

前头 tɕ^{h}iã$^{55-24}$t^{h}ou^{0}

后头 xou^{21}t^{h}ou^{0}

里头 li$^{55-21}$t^{h}ou^{0}

外头 υɛ^{21}t^{h}ou^{0}

紧西边儿 tɕiə̃^{55}ɕi$^{213-13}$piɛ^{213} 最西边

近处 tɕiə̃^{21}tʂ^{h}u^{0} 附近

（眼）跟前 （iã^{55}）kə̃$^{213-21}$tɕ^{h}iã^{0} 眼前的地方

田地下 t^{h}iã$^{55-24}$ti^{0}ɕia^{0}

地上 ti^{21}ʂɑŋ^{0}

庄外 tʂuɑŋ$^{213-13}$υɛ^{21}

坡里 p^{h}ə$^{44-23}$ȵi^{0} 地里

屋当中 u$^{44-55}$tɑŋ$^{213-13}$tʂuŋ^{213}

啥地处 ʂa^{21}ti^{21}tʂ^{h}u^{0} 什么地方

旮旯 ka^{-23}la^{0} 角落。“旮”变调同入声

转遭 tʂuã^{21}tsɔ^{213} 周围

三 时间、节令

（1）季节

春天 tʂ^{h}uə̃$^{213-13}$t^{h}iã^{213}

夏天 ɕia^{21}t^{h}iã^{213}

秋天 tɕ^{h}iou$^{213-13}$t^{h}iã^{213}

冬天 tuŋ$^{213-13}$tʰiã^{213}

开春 kʰɛ$^{213-13}$tʂʰuə̃^{213}

五黄六月里 u^{55}xuaŋ^{55}liou$^{21-55}$yə^{0}ȵi^{0} 热天

十冬腊月 ʂʅ^{55}tuŋ^{213}la$^{21-55}$yə^{0} 冷天

节气 tɕiə$^{44-55}$tɕʰi^{21}

立春 li^{21}tʂʰuə̃^{213}

打春 ta^{55}tʂʰuə̃^{213}

雨水 y^{55}ʂuei^{55}

惊蛰 tɕiŋ^{213}tʂə^{55}

春分 tʂʰuə̃$^{213-13}$fə̃^{213}

清明 tɕʰiŋ^{213}miŋ^{55} 当地清明吃煮鸡蛋，常把鸡蛋涂成红色

谷雨 ku$^{44-23}$y^{0}

立夏 li^{21}ɕia^{21}

小满 ɕiɔ^{55}mã^{55}

芒种 maŋ$^{55-24}$tʂuaŋ^{0}

夏至 ɕia^{21}tʂʅ^{21}

小暑 ɕiɔ^{55}ʂu^{55}

大暑 ta^{21}ʂu^{55}

立秋 li^{21}tɕʰiou^{213}

处暑 tʂʰu^{21}ʂu^{55}

白露 pei$^{55-24}$lu^{0}

秋分 tɕʰiou$^{213-13}$fə̃^{213}

寒露 xã$^{55-24}$lu^{0}

霜降 ʂuaŋ$^{213-13}$tɕiaŋ^{21}

立冬 li^{21}tuŋ^{213} 此时收萝卜，有“立冬萝卜小雪菜”之说

小雪 ɕiɔ^{55}ɕyə^{44}

大雪 ta^{21}ɕyə^{44}

冬至 tuŋ$^{213-13}$tʂʅ^{21}

小寒 ɕiɔ^{55}xã^{55}

大寒 ta^{21}xã^{55}

阴历 iə̃$^{213-13}$li^{21}

阳历 iɑŋ^{55}li^{21}

皇历 xuɑŋ$^{55-24}$li^{0} 历书

（2）节日

阳历年 iɑŋ$^{55-24}$li^{0}ȵiã^{55} 元旦

年下 ȵiã$^{55-24}$ɕia^{0} 快过年的时候

年关 ȵiã^{55}kuã^{213} 年底。旧历在农历年底结账，欠债的人觉得过年像过关一样难，所以称为年关

忙年 mɑŋ^{55}ȵiã^{55} 腊月十五开始准备过年

大年三十 ta^{21}ȵiã^{55}sã^{213}ʂʅ^{55}

阴历年 iə̃$^{213-13}$li^{21}ȵiã^{55}

末和日 mə$^{21-55}$xuə^{0}ɭə^{0} 一年的最后一天，用于俗语中

春节 tʂʰuə̃$^{213-13}$tɕiə^{44}

大年初一 ta^{21}ȵiã^{55}tʂʰu$^{44-55}$i^{44} 正月初一

过年 kuə^{21}ȵiã^{55}

过大年 kuə^{21}ta^{21}ȵiã^{55} 特指过春节

起五更 tɕʰi^{55}u$^{55-21}$tɕiŋ^{0} 形容起得早，多指正月初一那天起得早

拜年 pɛ^{21}ȵiã^{55}

带岁钱 tɛ^{21}suei^{21}tɕʰiã^{55} 压岁钱

五马日 u$^{55-21}$ma^{0}ɭə^{0} 正月初五，该日吃水饺

人七日 lã$^{55-24}$tɕʰi^{0}ɭə^{0} 正月初七，相传为老鼠娶媳妇的日子。该日吃小豆腐

正月十五 tʂəŋ$^{213-21}$yə^{0}ʂʅ$^{55-24}$u^{0} 元宵节

三天十五 sã$^{213-13}$tʰiã^{213}ʂʅ$^{55-24}$u^{0} 包括正月十四、十五、十六三天

五月端午 u$^{55-21}$yə^{0}tã$^{213-21}$u^{0} 端午节

二月二 ɭə^{21}yə^{0}ɭə^{21} 二月初二

四天寒食 sʅ^{21}tʰiã^{213}xã$^{55-24}$ʂʅ^{0} 包括大寒食、地三节、一百五、清明四天

大寒食 ta^{21}xã^{0}ʂʅ^{0} 这一天上新坟，清明的前三天

一百五 i$^{44-55}$pei$^{44-55}$u^{55} 从种麦子起过 150 天，这一天给坟添土

地三节 ti^{21}sã^{0}tɕiə^{44} 清明的前一天

七月七 tɕʰi$^{44-23}$yə^{0}tɕʰi^{44}

七月十五 tɕʰi$^{44-23}$yə^{0}ʂʅ$^{55-24}$u^{0} 该日包水饺，晚上请老祖

鬼节 kuei^{55}tɕiə^{44}

八月十五 pa$^{44-23}$yə^{0}ʂʅ$^{55-24}$u^{0} 中秋节

九月九 tɕiou$^{55-21}$yə^{0}tɕiou^{55}

重阳节 tʂʰuŋ^{55}iɑŋ^{55}tɕiə^{44}

腊八 la^{21}pa^{44}

腊八蒜 la$^{21-55}$pa^{0}suã^{21} 腊月初八用醋泡的蒜，绿色，过年时吃饺子时食用

过小年 kuə^{21}ɕiɔ^{55}ȵiã^{55} 腊月二十三为小年

（3）年

今年 tɕiã^{213}ȵiã^{55}

年时 ȵiã^{55}ʂʅ^{0}

去年 tɕʰy^{21}ȵiã^{55}

头年 tʰou^{55}ȵiã^{55}

前年 tɕʰia$^{55-24}$ȵiã^{0}

大前年 ta^{21}tɕʰiã$^{55-24}$ȵiã^{0}

明年 miŋ^{55}ȵiã^{0}

　过呃年 kuə$^{21-55}$ə^{0}ȵiã^{55}　等～再说

　下年 ɕia^{21}ȵiã^{55}

后年 xou^{213}ȵiã^{55}

大后年 ta^{21}xou^{213}ȵiã^{55}　后年的下一年

见年 tɕiã^{21}ȵiã^{55}　每年

成年价 tʂʰəŋ^{55}ȵiã$^{55-24}$tɕia^{0}　一年到头：他～待外头

门年 mə̃$^{55-24}$ȵiã^{0}　往年

年底 ȵiã^{55}ti^{55}

　年根儿里 ȵiã^{55}kei$^{213-21}$ȵi^{0}

上半年 ʂɑŋ$^{21-55}$pã^{0}ȵiã^{0}

下半年 ɕia$^{21-55}$pã^{0}ȵiã^{0}

闰年 yə̃^{21}ȵiã^{55}

（4）月

正月 tʂəŋ$^{213-21}$yə^{0}

一月 i$^{44-23}$yə^{0}

腊月 la$^{21-55}$yə^{0}　农历十二月

闰月 yə̃^{21}yə^{21}　五年二闰，即五年里有两年闰月

大尽 ta^{21}tɕiə̃^{0}　大建，农历有三十天的大月份

小尽 ɕiɔ$^{55-21}$tɕiə̃^{0}　小建，农历只有二十九天的小月份

月初 yə^{21}tʂʰu^{213}

月底 yə^{21}ti^{55}

上一个月 ʂɑŋ$^{21-55}$i^{0}kə^{0}yə^{21}　这个月之前的一个月

这个月 tʂə$^{55-21}$kə^{0}yə^{21}

下个月 ɕia^{21}kə^{0}yə^{21}

见月 tɕiã^{21}yə^{21} 每月

上半月 ʂɑŋ^{21}pã^{21}yə^{21}/ʂɑŋ$^{21-55}$pã^{0}yə^{21}

下半月 ɕia^{21}pã^{21}yə^{21}/ɕia$^{21-55}$pã^{0}yə^{21}

上旬 ʂɑŋ^{21}ɕyə̃^{55}

中旬 tʂuŋ^{213}ɕyə̃^{55}

下旬 ɕia^{21}ɕyə̃^{55}

（5）日、时

夜拉 iə^{21}la^{0} 昨天

夜呃 iə^{21}ə^{0}

今门 tɕiə̃$^{213-21}$mə̃^{0} 今天

今日 tɕiə̃$^{213-21}$ɭə^{0}

明日 miŋ^{55}ɭə^{0} 明天

后日 xou$^{213-21}$ɭə^{0} 后天

大后日 ta^{21}xou$^{213-21}$ɭə^{0} 后天的后一天

前日 tɕʰiã^{55}ɭə^{0} 前天

大前日 ta^{21}tɕʰiã^{55}ɭə^{0} 前天的前一天

门日 mə̃$^{55-24}$ɭə^{0} 往日

见天 tɕiã^{21}tʰiã^{213} 每天

成天 tʂʰəŋ^{55}tʰiã^{213}

朝天 tʂɔ$^{213-13}$tʰiã^{213} ～不待家

前几天 tɕʰiã^{55}tɕi^{0}tʰiã^{213}

礼拜 li^{55}pɛ^{21} 星期：～一|～二|～天

过礼拜 kuə^{21}li^{55}pɛ^{21} 一般指过周末

早晨（起来） tsɔ$^{55-21}$tɕʰiã^{0}（tɕʰi$^{55-21}$lɛ^{0}）

头晌午 tʰou^{55}ʂaŋ$^{55-21}$u^{0} 上午

晌午 ʂaŋ$^{55-21}$u^{0} 中午

晌午头里 ʂaŋ$^{55-21}$u^{0}tʰou$^{55-24}$ȵi^{0} 正午

过晌午 kuə^{21}ʂaŋ$^{55-21}$u^{0} 下午

后晌 xou^{21}ʂaŋ^{0} 晚上

傍黑天 paŋ^{213}xei$^{44-55}$tʰiã^{213} 傍晚。“傍”阴平

黑-天咧 xei$^{44-23}$ei^{0}tʰiã$^{213-21}$liə^{0}

　天黑咧 tʰiã^{213}xei$^{44-23}$liə^{0}

白天 pei^{55}tʰiã^{213}

　白夜 pei$^{55-24}$iə^{0}

黑夜里 xei$^{44-23}$iə^{0}ȵi^{0} 夜晚

　夜里 iə$^{21-55}$ȵi^{0}

整宿 tʂəŋ^{55}ɕy^{44} 整夜

　一宿 i$^{44-55}$ɕy^{44}

上半夜 ʂaŋ$^{21-55}$pã^{0}iə^{21}

下半夜 ɕia$^{21-55}$pã^{0}iə^{21}

见后晌 tɕiã^{21}xou^{21}ʂaŋ^{0} 每晚

　见（天）晚上 tɕiã^{21}（tʰiã^{213}）ʋã$^{55-21}$ʂaŋ^{0}

五更 u$^{55-21}$tɕiŋ^{0}

三更半夜里 sã$^{213-13}$tɕiŋ^{213}pã^{21}iə$^{21-55}$ȵi^{0}

　半夜三更 pã^{21}iə^{21}sã$^{213-13}$tɕiŋ^{213}

（6）其他时间概念

过去 kuə^{21}tɕʰy^{21}

眼下 iã^{55}ɕia^{21} 现在

先头霎 ɕiã^{213}tʰou$^{55-24}$ʂa^{0}

从先 tsʰuŋ^{55}ɕiã^{213}

　起先 tɕʰi^{55}ɕiã^{213}

　头先 tʰou^{55}ɕiã^{213}

原先 yã^{55}ɕiã^{213} 原来的时候

从前 tsʰuŋ^{55}tɕʰiã^{55}

先前 ɕiã^{213}tɕʰiã^{55}

早里上 tsɔ$^{55-21}$ȵi^{0}ʂɑŋ^{0} 很长时间以前

　早里霎 tsɔ$^{55-21}$ȵi^{0}ʂa^{0}

　早先霎 tsɔ^{55}ɕiã$^{213-21}$ʂa^{0}

那大$^{=}$霎 na^{21}ta^{0}ʂa^{0} 那时候

再来霎 tsɛ^{213}lɛ$^{55-24}$ʂa^{0} 再这样的时候

　再来 tsɛ^{213}lɛ^{55}

往后 ʋɑŋ^{55}xou^{21} 今后

　赏$^{=}$后 ʂɑŋ^{55}xou^{21}

将来 tɕiɑŋ^{213}lɛ^{55}

时候 ʂʅ$^{55-24}$xou^{0}

多咱 tuə$^{-24}$tsã^{0} 什么时候

　啥时候 ʂa^{21}ʂʅ$^{55-24}$xou^{0} “候”的声母常脱落

老时截 lɔ^{55}ʂʅ^{21}tɕiə^{55} 很长时间

多时截咧 tuə$^{-24}$ʂʅ^{0}tɕiə$^{55-21}$liə^{0} 询问“多长时间了”

一会子 i$^{44-55}$xuei^{21}tʅ^{0} 较长的一段时间：你这～也没有信儿

　一大会子 i$^{44-55}$ta^{21}xuei^{21}tʅ^{0}

一盼$^{=}$子 i$^{44-55}$pʰã$^{21-55}$tʅ^{0} 较短的一段时间：干～活就得歇歇

一霎霎 i$^{44-55}$ʂa$^{44-23}$ʂa^{0} 一小会儿

一半霎 i$^{44-55}$pã^{21}ʂa^{44}　短时间：别等咧，他～是来不了的

　一霎半霎的 i$^{44-55}$ʂa^{44}pã^{21}ʂa$^{44-23}$ti^{0}

十拉年 ʂʅ$^{55-24}$la^{0}ȵiã^{55}　十几年

四　称谓

人 lə̃^{55}

男人 nã^{55}lə̃^{0}

　男的 nã$^{55-24}$ti^{0}

　男爷们 nã^{55}iə$^{55-24}$mə̃^{0}

女人 ȵy^{55}lə̃^{0}

　女的 ȵy$^{55-21}$ti^{0}

大人 ta^{21}lə̃^{55}　①成年人：这孩子做事像个～ ②家长：～说啥你就得听倒

老人 lɔ^{55}lə̃^{55}　①年纪大的人 ②父母：家里两个～都挺好

小娃子 ɕiɔ^{55}ʋa$^{55-24}$tʅ^{0}　刚出生的婴儿

奶孩子 nɛ$^{55-21}$xɛ^{0}tʅ　吃奶的小孩

娃娃 ʋa$^{55-24}$ʋa^{0}　小孩子：和呃小～似的

　小孩子 ɕiɔ^{55}xɛ$^{55-24}$tʅ^{0}

屎孩子 ʂʅ$^{55-21}$xɛ^{0}tʅ^{0}　蔑称小孩

孩子 xɛ$^{55-24}$tʅ^{0}　①小孩：他还是个～ ②子女：他有仨～

小厮 ɕiɔ$^{55-21}$sʅ^{0}　①男孩 ②儿子

闺女 kuə̃$^{213-21}$ȵy^{0}　①女孩 ②女儿

　妮子 ȵi^{-23}tʅ^{0}

重养媳 tʂ^{h}uŋ^{55}iɑŋ^{55}ɕi^{44}　童养媳

　团圆媳妇子 t^{h}uã$^{55-24}$yã^{0}ɕi$^{44-23}$fu^{0}tʅ^{0}

　团圆子 t^{h}uã$^{55-24}$yã^{0}tʅ^{0}

老头子 $lɔ^{55}t^{h}ou^{55-24}tʅ^{0}$

老婆子 $lɔ^{55}p^{h}ə^{55-24}tʅ^{0}$

娘们 $ȵiɑŋ^{55-24}mə̃^{0}$ 泛称结了婚的女人

小伙子 $ɕiɔ^{55}xuə^{55-21}tʅ^{0}$

内行 $nei^{21}xɑŋ^{55}$

外行 $ʋɛ^{21}xɑŋ^{55}$

二尾子 $ɭə^{21}i^{0}tʅ^{0}$ 两性人

小痞叉 $ɕiɔ^{55}p^{h}i^{55-21}tʂ^{h}a^{0}$ 詈语，专用于女孩

　痞叉妮子 $p^{h}i^{55-21}tʂ^{h}a^{0}ȵi^{-23}tʅ^{0}$

　小臭屄 $ɕiɔ^{55}tʂ^{h}ou^{21}pi^{213}$

私孩子 $sə^{213-21}xɛ^{0}tʅ^{0}$ 私生子，常用于骂人

傻瓜 $ʂa^{55-21}kua^{0}$

　嘲巴 $tʂ^{h}ɔ^{55-24}pa^{0}$/$ʂɔ^{55-24}pa^{0}$

嘲俩子 $ʂɔ^{55}lia^{55-21}tʅ^{0}$ 有点傻的人：真是个～呃，给他他还不要

秃子 $t^{h}u^{44-23}tʅ^{0}$

瞎厮 $ɕia^{44-23}sʅ^{0}$ 瞎子

锅腰子 $kuə^{213-21}iɔ^{0}tʅ^{0}$ ①驼背 ②驼背的人

哑巴 $ia^{55-21}pa^{0}$

聋巴 $luŋ^{55-24}pa^{0}$ 聋子

矬子 $ts^{h}uə^{55-24}tʅ^{0}$

种地的 $tʂuŋ^{21}ti^{21}ti^{0}$ 农民

先生 $ɕiã^{213-21}ʂəŋ^{0}$ 旧时指老师和大夫

老师 $lɔ^{55}ʂʅ^{213}$

师傅 $ʂʅ^{213-21}fu^{0}$ ①行业中传授技艺的人 ②对有技艺的人的尊称

推车子的 $t^{h}uei^{213}tʂ^{h}ə^{213-21}tʅ^{0}ti^{0}$

当兵的 tɑŋ^{213}piŋ$^{213-21}$ti^{0}

开车的 kʰɛ^{213}tʂʰə$^{213-21}$ti^{0}

　司机 sɿ^{21}tɕi^{213}

开拖拉机的 kʰɛ^{213}tʰuə$^{213-21}$la^{0}tɕi$^{213-21}$ti^{0}

厨师傅 tʂʰu$^{55-24}$ʂʅ^{0}fu^{0} 厨师

接生婆 tɕiə$^{44-55}$ʂəŋ^{213}pʰə^{55}

　收生婆 ʂou$^{55-21}$ʂəŋ^{0}pʰə^{55}

和尚 xə$^{55-24}$tʂʰɑŋ^{0}

道士 tɔ^{21}ʂʅ^{0}

姑子 ku$^{213-21}$tɿ^{0} 尼姑

要饭的 iɔ^{21}fã$^{21-55}$ti^{0}

骗子 pʰiã$^{21-55}$tɿ^{0}

小偷 ɕiɔ^{55}tʰou^{213}

街坊家 tɕiɛ$^{213-21}$fɑŋ^{0}tɕia^{0}

邻舍家 lə̃$^{55-24}$/liə̃$^{55-24}$ʂʅ^{0}tɕia^{0} 邻居

对头 tuei$^{21-55}$tʰou^{0} 矛盾的对方，仇人：死～

　冤家 yã$^{213-21}$tɕia^{0}

小人精 ɕiɔ^{55}lə̃^{55}tɕiŋ^{213} 对聪明小孩的爱称

顺毛驴 ʂuə̃^{21}mɔ^{55}ly^{55} 比喻脾气不太好但爱听好话的小孩

索性驴 suə$^{44-23}$ɕiŋ^{0}ly^{55} 比喻脾气不好难哄的小孩

半吊子 pã^{21}tiɔ$^{21-55}$tɿ^{0} 说话欠思考、做事鲁莽的人

　二半吊子 ɭə^{21}pã^{21}tiɔ$^{21-55}$tɿ^{0}

　二五眼 ɭə^{21}u^{55}iã^{55}

　二百五 ɭə^{21}pei^{0}u^{55}

　担半 tã$^{21-55}$pã^{0} 即三只箩，意为二百五

耳子 ɭə$^{55-21}$tʅ^{0} 这人真是个～

二把刀 ɭə^{21}pa^{55}tɔ^{213} 不熟悉业务而又不自量力的人

榆木疙瘩 y$^{55-24}$mu^{0}ka$^{44-23}$ta^{0} 脑子不灵活的人

草包 tsʰɔ$^{55-21}$pɔ^{0} 没有本事的人

犟种 tɕiɑŋ^{21}tʂuŋ^{55} 脾气倔犟的人

嘴子 tsuei$^{55-21}$tʅ^{0} 能说会道的人

滑头 xua^{55}tʰou^{55}

流囚⁼ liou$^{55-24}$tɕʰiou^{0} 流里流气的人

赖皮 lɛ^{21}pʰi^{55} 好耍赖的人

豁燎子 xuə$^{44-23}$liɔ^{0}tʅ^{0} 做事好着急的人

豁燎毛子 xuə$^{44-23}$liɔ^{0}mɔ$^{55-24}$tʅ^{0}

倒磨鬼 tɔ$^{21-55}$mə^{0}kuei^{55} 做事迂磨的人

扯干人 tʂʰə$^{55-21}$kã^{0}lã^{55} 说话做事没数的人

混蛋 xuã$^{213-13}$tã^{21} “混”音同“昏”

扫帚星 sɔ$^{21-55}$tʂu^{0}ɕiŋ^{213}

丧门神 sɑŋ^{21}mã^{55}ʂã^{55}

守财奴 ʂou^{55}tsʰɛ^{55}nu^{55}

小气鬼 ɕiɔ$^{55-21}$tɕʰy^{0}kuei^{55}

铁公鸡 tʰiə$^{44-55}$kuŋ$^{213-21}$tɕi^{0}

财迷 tsʰɛ^{55}mi^{55} 形容爱钱的人

书愚子 ʂu^{213}yu$^{55-24}$tʅ^{0} 书呆子

药罐子 iɔ^{21}kuã$^{21-55}$tʅ^{0} 经常吃药的人

绝户 tɕyə$^{55-24}$xu^{0} 没有儿子的家庭

五　亲属

（1）长辈

长辈 tʂɑŋ^{55}pei^{21}

老的 lɔ$^{55-21}$ti^{0}　泛称直系长辈：男～|女～

老爷爷 lɔ^{55}iə$^{55-24}$iə^{0}　祖父的父亲

老奶奶 lɔ^{55}nə̃$^{55-21}$nə̃^{0}　祖父的母亲

老老爷爷 lɔ^{55}lɔ^{0}iə$^{55-24}$iə^{0}　祖父的祖父

老老奶奶 lɔ^{55}lɔ^{0}nə̃$^{55-21}$nə̃^{0}　祖父的祖母

爷爷 iə$^{55-24}$iə^{0}　祖父，背称

　爷爷 iə$^{55-22}$iə^{21}　面称

奶奶 nə̃$^{55-21}$nə̃^{0}　祖母，背称

　奶奶 nə̃$^{55-22}$nə̃^{21}　面称

姥爷 lɔ$^{55-21}$iə^{0}　母亲的父亲

姥娘 lɔ$^{55-21}$ȵiɑŋ^{0}　母亲的母亲

爹 tiə^{213}　背称

　爹 tiə^{21}　面称

娘 ȵiɑŋ^{55}　背称

　娘 ȵia^{21}　面称

公公 kuŋ$^{213-21}$kuŋ^{0}

婆婆 pʰə$^{55-24}$pʰə^{0}

婆婆娘 pʰə$^{55-24}$pʰə^{0}ȵiɑŋ^{55}　婆婆，与“娘家娘”相对

娘家娘 ȵiɑŋ$^{55-24}$tɕia^{0}ȵiɑŋ^{55}　已婚女子的母亲

丈人爹 tʂɑŋ^{21}lə̃^{0}tiə^{213}　岳父

丈人娘 tʂɑŋ^{21}lə̃^{0}ȵiɑŋ^{55}　岳母

后爹 $xou^{21}tiə^{213}$ 继父

后娘 $xou^{21}ȵiaŋ^{55}$ 继母

继母娘 $tɕi^{21}mu^{0}ȵiaŋ^{55}$

大爷 $ta^{21}iə^{55}$ ①伯父 ②姑父、姨夫（比父亲大）

大娘 $ta^{21}ȵiaŋ^{55}$

二大爷 $ɭə^{21}ta^{21}iə^{55}$

叔 $ʂu^{44}$ ①叔父：大～|小～ ②姑父、姨夫（比父亲小）

婶子 $ʂə̃^{55-21}tʅ^{0}$

婶儿婶儿 $ʂei^{55-21}ʂei^{0}$

姑 ku^{213}

老姑 $lɔ^{55}ku^{213}$ 父亲的姑

姑姥娘 $ku^{213}lɔ^{55-21}ȵiaŋ^{0}$ 母亲的姑

姨 i^{55}

姨姥娘 $i^{55}lɔ^{55-21}ȵiaŋ^{0}$ 父母的姨

舅 $tɕiou^{21}$

妗子 $tɕiə̃^{21}tʅ^{0}$ 舅母

妗儿妗儿 $tɕiei^{21}tɕiei^{0}$

舅姥爷 $tɕiou^{21}lɔ^{55-21}iə^{0}$ 父母的舅

舅姥娘 $tɕiou^{21}lɔ^{55-21}ȵiaŋ^{0}$ 父母的舅母

（2）平辈

同辈 $t^{h}uŋ^{55}pei^{21}$

两口子 $liaŋ^{55}k^{h}ou^{55-21}tʅ^{0}$

哥哥 $kə^{213-21}kə^{0}$

嫂嫂 $sɔ^{55-21}sɔ^{0}$

兄弟 $ɕyŋ^{213-21}ti^{0}$

兄弟媳妇 ɕyŋ$^{213-21}$ti^{0}ɕi$^{44-23}$fu^{0} 弟媳

　弟妹家 ti^{21}mei$^{21-55}$tɕia^{0}

姐姐 tɕiə$^{55-21}$tɕiə^{0}

姐夫 tɕiə$^{55-21}$fu^{0}

妹妹 mei$^{21-55}$mei^{0}

妹夫 mei$^{21-55}$fu^{0}

姊妹们 tsɿ$^{55-21}$mə̃^{0}mə̃^{0} 兄弟姐妹

　亲姊热妹 tɕʰiə̃^{213}tsɿ^{55}lə^{21}mei^{21}

老婆 lɔ$^{55-21}$pʰə^{0} 妻子。他称，多用于年纪大的人：某人谁他～

媳妇 ɕi$^{44-23}$fu^{0} 妻子。他称，多用于年轻人：某人谁他～

对象 tuei^{21}ɕiɑŋ^{21} 恋爱或婚姻的对方，男女方均可用

女婿 ȵy$^{55-21}$ɕy^{0} 丈夫

　男的 nã$^{55-24}$ti^{0}

大伯哥 ta^{21}pei^{0}kə^{213} 丈夫之兄

　孩子她大爷 xɛ$^{55-24}$tɿ^{0}tʰa$^{44-55}$ta^{21}iə^{55}

大伯嫂子 ta^{21}pei^{0}sɔ$^{55-21}$tɿ^{0} 丈夫之嫂

小叔子 ɕiɔ$^{55-21}$ʂu^{0}tɿ^{0} 丈夫之弟

大姑子 ta^{21}ku^{0}tɿ^{0} 丈夫之姐

小姑子 ɕiɔ$^{55-21}$ku^{0}tɿ^{0} 丈夫之妹

大舅子 ta^{21}tɕiou^{21}tɿ^{0} 妻子之兄

小舅子 ɕiɔ^{55}tɕiou^{21}tɿ^{0} 妻子之弟

　内弟 nei^{21}ti^{21}

大姨子 ta^{21}i$^{55-24}$tɿ^{0} 妻子之姐

小姨子 ɕiɔ^{55}i$^{55-24}$tɿ^{0} 妻子之妹

堂兄弟 tʰɑŋ^{55}ɕyŋ$^{213-13}$ti^{21}

叔伯姊妹们 ʂu$^{44-55}$pei$^{44-55}$tsɿ$^{55-21}$mə̃^{0}mə̃^{0}

叔伯兄弟 ʂu$^{44-55}$pei$^{44-55}$ɕyŋ$^{213-21}$ti^{0}

姑表 ku^{213}piɔ^{55} 一家的父亲和另一家的母亲是兄妹或姐弟的亲戚关系

姨表 i^{55}piɔ^{55} 两家的母亲是姊妹的亲戚关系

表兄弟 piɔ^{55}ɕyŋ$^{213-13}$ti^{21}

姑表姊妹们 ku^{213}piɔ^{55}tsɿ$^{55-21}$mə̃^{0}mə̃^{0}

姨表姊妹们 i^{55}piɔ^{55}tsɿ$^{55-21}$mə̃^{0}mə̃^{0}

表哥 piɔ^{55}kə^{213}

表弟 piɔ^{55}ti^{21}

表姐 piɔ^{55}tɕiə^{55}

表妹 piɔ^{55}mei^{21}

（3）晚辈

晚辈 ʋã^{55}pei^{21}

小的 ɕiɔ$^{55-21}$ti^{0}

子女 tsɿ^{55}ȵy^{55}

儿 ɭə^{55}

闺女女婿 kuə̃$^{213-21}$ȵy^{0}ȵy$^{55-21}$ɕy^{0} 女婿

侄子 tʂʅ$^{55-24}$tʅ^{0}

侄儿 tʂei^{55}

侄儿媳妇 tʂei^{55}ɕi$^{44-23}$fu^{0}

侄女 tʂʅ$^{55-24}$ȵy^{0}

侄女女婿 tʂʅ$^{55-24}$ȵy^{0}ȵy$^{55-21}$ɕy^{0}

孙子儿 suə̃$^{213-21}$tei^{0}

孙女子 suə̃$^{213-21}$ȵy^{0}tʅ^{0}

重孙 tʂʰuŋ$^{55-24}$suə̃^{0}

重孙女 tʂ^{h}uŋ$^{55-24}$suə̃^{0}ȵy^{0}

外甥 vɛ^{21}ʂəŋ^{0} ①外甥 ②外孙

外甥闺女 vɛ^{21}ʂəŋ^{0}kuə̃$^{213-21}$ȵy^{0} ①外甥女 ②外孙女

娘家侄儿 ȵiaŋ$^{55-24}$tɕia^{0}tʂei^{55}

娘家侄女 ȵiaŋ$^{55-24}$tɕia^{0}tʂʅ$^{55-24}$ȵy^{0}

（4）其他

辈分 pei$^{21-55}$fə̃^{0}

排行 p^{h}ɛ^{55}xaŋ^{55}

五服= u^{55}fu^{55} 五辈之内有血缘关系

出服= tʂ^{h}u$^{44-55}$fu^{55} 血缘关系在五辈之外

　出五服= tʂ^{h}u$^{44-55}$u^{55}fu^{55}

家口 tɕia^{213}k^{h}ou^{55} 家里的人口：我又没有～

家门子 tɕia$^{213-21}$mə̃^{0}tʅ^{0} 家，家族：你们真是一个～的，说开话都一样

老大 lɔ^{55}ta^{21}

老二 lɔ^{55}ɭə^{21}

末末了子 mə^{21}mə^{0}liɔ$^{55-21}$tʅ^{0} 老小

一把联子 i$^{44-55}$pa^{55}liã$^{55-24}$tʅ^{0} 同龄的朋友

　一把子 i$^{44-55}$pa$^{55-21}$tʅ^{0}

摆=里摆=的年纪 pɛ$^{55-21}$li^{0}pɛ$^{55-21}$ti^{0}ȵiã$^{55-24}$tɕi^{0} 差不多的年龄

两乔 liaŋ^{55}tɕ^{h}iɔ^{55}

　拉不平 la$^{213-21}$pu^{0}p^{h}iŋ^{55}

　连襟 liã$^{55-24}$tɕiə̃^{0}

妯娌们 tʂu$^{55-24}$lə̃^{0}mə̃^{0}

亲戚 tɕ^{h}iə̃$^{213-21}$tɕ^{h}iə̃^{0}

　亲戚流人 tɕ^{h}iə̃$^{213-21}$tɕ^{h}iə̃^{0}liou^{55}lə̃^{55}

亲家 tɕʰiŋ$^{21-55}$tɕia^{0}

亲家婆 tɕʰiŋ$^{21-55}$tɕia^{0}pʰə^{55}

亲家公 tɕʰiŋ$^{21-55}$tɕia^{0}kuŋ^{213}

带犊子 tɛ$^{21-55}$tu^{0}tʅ^{0} 妇女改嫁带走的前夫的子女

干亲 kã$^{213-13}$tɕʰiə̃^{213} 没有血缘或婚姻关系而结成的亲戚

干爹 kã$^{213-13}$tiə^{213}

干娘 kã^{213}ȵiɑŋ^{55}

干儿 kã^{213}ɭə^{55}

干闺女 kã^{213}kuə̃$^{213-21}$ȵy^{0}

干兄弟 kã^{213}ɕyŋ$^{213-13}$ti^{21}

　把兄弟 pa^{55}ɕyŋ$^{213-13}$ti^{21}

干姊妹们 kã^{213}tsʅ$^{55-21}$mə̃^{0}mə̃^{0}

客 kʰei^{44} 一般指来访的亲戚朋友

六　身体

（1）五官

身体 ʂə̃^{213}tʰi^{55}

身子 ʂə̃$^{213-21}$tʅ^{0} 人体的上半身

浑身 xuə̃^{55}ʂə̃^{213} 全身

身材 ʂə̃^{213}tsʰɛ^{55}

骨棒子 ku$^{44-23}$pɑŋ^{0}tʅ^{0} 骨架

　骨模子 ku$^{44-23}$mə^{0}tʅ^{0}

　骨头架子 ku$^{44-23}$tʰou^{0}tɕia$^{21-55}$tʅ^{0}

脑袋 nɔ$^{55-21}$tɛ^{0}

　头 tʰou^{55}

脑袋瓜子 nɔ$^{55-21}$tɛ^{0}kua$^{213-21}$tʅ^{0} 头脑：这孩子～挺好使

头顶 t^{h}ou^{55}tiŋ^{55}

瓢叉子 p^{h}iɔ$^{55-24}$tʂ^{h}a^{0}tʅ^{0} 指头骨的后脑部分

额拉盖 iə$^{44-23}$la^{0}kɛ^{21} 额头

后奔$^{=}$楼 xou^{21}pə̃$^{213-21}$lou^{0}

后脑勺 xou^{21}nɔ^{55}ʂɔ^{55}

奔$^{=}$耳$^{=}$头 pə̃$^{213-21}$ɭə^{0}t^{h}ou^{55} 后脑勺突出的头：前奔金，后奔银

光头 kuɑŋ^{213}t^{h}ou^{55} 把头发全部剃去的头

光悠头 kuɑŋ$^{213-21}$iou^{0}t^{h}ou^{55}

和尚头 xuə$^{55-24}$tʂ^{h}ɑŋ^{0}t^{h}ou^{55}

电光头 tiã^{21}kuɑŋ^{213}t^{h}ou^{55} 戏称光头

秃头 t^{h}u$^{44-55}$t^{h}ou^{55} 脱落了头发的头

门耳$^{=}$头 mə̃$^{55-24}$ɭə^{0}t^{h}ou^{55} 前凸的额头

受$^{=}$训$^{=}$头 ʂou^{21}ɕyə̃^{21}t^{h}ou^{55} 寿星头。前额高而饱满，形容小孩头型好看

前奔后奔的 tɕ^{h}iã^{55}pə̃^{213}xou^{21}pə̃$^{213-21}$ti^{0} 形容前额和后脑勺都突出

梆子头 pɑŋ$^{213-21}$tʅ^{0}t^{h}ou^{55} 形容小孩的头型不好看，有角有棱

腮帮子 sɛ^{213}pɑŋ$^{213-21}$tʅ^{0}

腮古桩子 sɛ$^{213-21}$ku^{0}tʂuɑŋ$^{213-21}$tʅ^{0} 颧骨处

脖子 pə$^{55-24}$tʅ^{0}

脖乐$^{=}$颈子 pə$^{55-24}$lə^{0}kəŋ$^{55-21}$tʅ^{0} 脖子的后部

馋窝 tʂ^{h}ã$^{55-24}$ʋə^{0} 颈后凹下去的部位

头囟子 t^{h}ou^{55}ɕiə̃$^{21-55}$tʅ^{0} 婴儿头顶骨未合缝的地方

囟毛尾 ɕiə̃$^{21-55}$mɔ^{0}i^{0} 指头囟子处的头发

舅舅屎 tɕiou^{21}tɕiou^{0}ʂʅ^{55} 婴儿头顶上结的胎垢

旋 ɕyã^{21} 头发成旋涡状的地方

三关脉 sã$^{213-21}$kuã^{0}mei^{21} 鬓

太阳穴 tʰɛ^{21}iɑŋ^{55}ɕyə^{55}

鬓角 piə̃^{21}tɕiɔ^{0}

头发 tʰou$^{55-24}$fa^{0}

辫子 piã^{21}tʅ^{0}

汗流子 xã^{21}liou^{0}tʅ^{0} 刘海

酒窝 tɕiou^{55}ʋə^{213}

人中 lə̃^{55}tʂuŋ^{213}

眼 iã^{55}

眼眶子 iã^{55}kʰuɑŋ$^{21-55}$tʅ^{0}

眼珠子 iã^{55}tʂu$^{213-21}$tʅ^{0} 眼球

眼睛珠子 iã$^{55-21}$tɕiŋ^{0}tʂu$^{213-21}$tʅ^{0}

白眼睛珠子 pei^{55}iã$^{55-21}$tɕiŋ^{0}tʂu$^{213-21}$tʅ^{0}

黑眼睛珠子 xei$^{44-55}$iã$^{55-21}$tɕiŋ^{0}tʂu$^{213-21}$tʅ^{0}

瞳仁 tʰuŋ^{55}lə̃^{55}

眼角子 iã$^{55-21}$tɕia^{0}tʅ^{0}/iã^{55}tɕia$^{44-23}$tʅ^{0} 上下眼皮的连接处

眼泪 iã^{55}luei^{21}

眼眵 iã^{55}tʂʰʅ^{213}

眼皮子 iã^{55}pʰi$^{55-24}$tʅ^{0}

上眼皮 ʂɑŋ^{21}iã^{55}pʰi^{55}

下眼皮 ɕia^{21}iã^{55}pʰi^{55}

单眼皮 tã^{213}iã^{55}pʰi^{55}

双眼皮 ʂuɑŋ^{213}iã^{55}pʰi^{55}

鹞眼 iɔ^{21}iã^{55} 往上斜的眼：鹰鼻子～

眼眨毛 iã$^{55-21}$tʂa^{0}mɔ^{55} 眼睫毛

眼色 $iã^{55-21}ʂei^{0}$ ①向人示意的目光：使～ ②指见机行事的能力：不长～

眉毛 $mei^{55-24}mɔ^{0}$

皱眉头 $tʂou^{21}mei^{55}t^{h}ou^{55}$

鼻子 $pi^{55-24}tɿ^{0}$ ①鼻子 ②鼻涕

鼻子眼子 $pi^{55-24}tɿ^{0}iã^{55-21}tɿ^{0}$ 鼻孔

鼻疙渣 $pi^{55-24}ka^{0}tʂa^{0}$ 鼻腔里干结的鼻涕

鼻毛 $pi^{55}mɔ^{55}$

鼻梁骨 $pi^{55-24}liɑŋ^{0}ku^{0}$

酸楂鼻子 $suã^{213-13}tʂa^{213}pi^{55-24}tɿ^{0}$ 发红的鼻子

鹰鼻子 $iŋ^{213}pi^{55-24}tɿ^{0}$

　鹰钩鼻子 $iŋ^{213-21}kou^{0}pi^{55-24}tɿ^{0}$

蒜头鼻子 $suã^{21}t^{h}ou^{55}pi^{55-24}tɿ^{0}$

鼻子翅子 $pi^{55-24}tɿ^{0}tʂ^{h}ʅ^{21-55}tɿ^{0}$ 鼻子下面两侧的部位

嘴 $tsuei^{55}$

嘴唇 $tsuei^{55}tʂ^{h}uã^{55}$

嘴皮子 $tsuei^{55}p^{h}i^{55-24}tɿ^{0}$ ①嘴唇皮 ②说话的技巧或表达能力（贬义）：净耍～

腔口 $tɕ^{h}iɑŋ^{213-21}k^{h}ou^{0}$ 说话的声音、语气等：你小霎小时候我也没有好～对你们

吐沫 $t^{h}u^{21-55}mə^{0}$ 唾沫

吐沫星子 $t^{h}u^{21-55}mə^{0}ɕiŋ^{213-21}tɿ^{0}$

喇喇 $la^{55-24}la^{0}$

　口水 $k^{h}ou^{55}ʂuei^{55}$

耳朵 $ɭə^{55-21}tuə^{0}$

耳朵眼子 $ɭə^{55-21}tuə^{0}iã^{55-21}tɿ^{0}$ 耳孔

耳朵唇子 ɭə$^{55-21}$tuə^{0}tʂʰuə̃$^{55-24}$tʅ^{0} 耳垂

耳朵边儿 ɭə$^{55-21}$tuə^{0}piɛ^{213}

耳髓 ɭə$^{55-21}$suei^{0} 耳屎

耳朵底子 ɭə$^{55-21}$tuə^{0}ti$^{55-21}$tʅ^{0} 耳膜发炎：害～

耳朵聋 ɭə$^{55-21}$tuə^{0}luŋ^{55} ①耳背 ②耳聋

耳朵尖 ɭə$^{55-21}$tuə^{0}tɕiã^{213} 听觉灵敏

牙 ia^{55}

牙花子 ia^{55}xua$^{213-21}$tʅ^{0} 齿龈

虫牙 tʂʰuŋ$^{55-24}$ia^{0}

门牙 mə̃^{55}ia^{55}

虎牙 xu$^{55-21}$ia^{0}

牙根 ia^{55}kə̃^{213} 牙齿的根部

牙关 ia$^{55-24}$kuã^{0} 上颌和下颌之间的关节

上牙关 ʂɑŋ^{21}ia$^{55-24}$kuã^{0} 上颌骨

下牙关 ɕia^{21}ia$^{55-24}$kuã^{0} 下颌骨

牙叉骨 ia$^{55-24}$tʂʰa^{0}ku^{0} 牙齿所在的骨头

上牙□裉子 ʂɑŋ^{21}ia^{55}ʋə$^{44-23}$kʰə̃^{0}tʅ^{0} 鼻子下面与上牙连接的部分

下巴 ɕia^{21}pa^{0}

下巴骨 ɕia^{21}pa^{0}ku^{0}

嗓子 sɑŋ$^{55-21}$tʅ^{0}

　喉咙 xu$^{55-24}$luŋ^{0}

嗓子眼儿 sɑŋ$^{55-21}$tʅ^{0}iɛ^{55}

　喉咙眼子 xu$^{55-24}$luŋ^{0}iã$^{55-21}$tʅ^{0}

食嗓 ʂʅ$^{55-24}$sɑŋ^{0} 食道

气管 tɕʰi^{21}kuã^{55}

气嗓头子 tɕʰi^{-23}saŋ^{0}tʰou$^{55-24}$tɿ^{0} 喉结处

喉头 xou^{55}tʰou^{55}

对门儿 tuei^{21}mei^{55} 声门

胡子 xu$^{55-24}$tɿ^{0}

圈嘴胡子 tɕʰyã$^{213-21}$tsuei^{0}xu$^{55-24}$tɿ^{0} 络腮胡子

连腮胡子 liã^{55}sɛ^{213}xu$^{55-24}$tɿ^{0}

八字胡子 pa$^{44-23}$tsɿ^{0}xu$^{55-24}$tɿ^{0}

舌头 ʂə$^{55-24}$tʰou^{0}

（2）手、脚、胸、背

手 ʂou^{55}

手掌 ʂou^{55}tʂaŋ^{55}

巴掌 pa$^{213-21}$tʂaŋ^{0} ①手掌：～大小 ②动量词：打唠他一～

拳头 tɕʰyã$^{55-24}$tʰou^{0}

左手 tsuə^{21}ʂou^{55}

右手 iou^{21}ʂou^{55}

手心 ʂou^{55}ɕiə̃^{213}

手面子 ʂou^{55}miã^{21}tɿ^{0} 手背

手腕子 ʂou^{55}ʋã$^{21-55}$tɿ^{0}

手指头 ʂou^{55}tʂʅ$^{-23}$tʰou^{0}

手指缝 ʂou^{55}tʂʅ^{55}fəŋ^{21}

大门指头 ta^{21}mə̃^{0}tʂʅ$^{-23}$tʰou^{0} 拇指

二门指头 ɭə^{21}mə̃^{0}tʂʅ$^{-23}$tʰou^{0} 食指

小指头 ɕiɔ^{55}tʂʅ$^{-23}$tʰou^{0}

指甲 tʂʅ$^{-23}$tɕia^{0} 变调同入声

指甲盖子 tʂʅ$^{-23}$tɕia^{0}kɛ$^{21-55}$tɿ^{0}

指甲身子 tʂʅ$^{-23}$tɕia^{0}ʂə̃$^{213-21}$tʅ^{0} 指甲盖下面的部位

胳膊 kuə$^{44-23}$pʰə^{0}

胳膊锔子 kuə$^{44-23}$pʰə^{0}tɕy$^{44-23}$tʅ^{0} 胳膊肘

肩膀 tɕiã$^{213-21}$pɑŋ^{0}

　膀子 pɑŋ$^{55-21}$tʅ^{0}

溜肩 liou$^{213-13}$tɕiã^{213}

胳吃=窝 ka^{-24}tʂʰʅ^{0}ʋə^{213} 腋窝

脚 tɕyə^{44}

　脚丫子 tɕyə$^{44-55}$ia$^{213-21}$tʅ^{0}

光脚丫子 kuɑŋ$^{213-13}$tɕyə$^{44-55}$ia$^{213-21}$tʅ^{0}

脚腕子 tɕyə$^{44-55}$ʋã$^{21-55}$tʅ^{0}

　脚脖子 tɕyə$^{44-55}$pə$^{55-24}$tʅ^{0}

脚指头 tɕyə$^{44-55}$tʂʅ$^{-23}$tʰou^{0}

脚掌子 tɕyə$^{44-55}$tʂɑŋ$^{55-21}$tʅ^{0} 脚底前部

脚心 tɕyə$^{44-55}$ɕiə̃^{213}

脚懒=跟 tɕyə$^{44-55}$lã$^{55-21}$kə̃^{0} 脚踝后部

脚面子 tɕyə$^{44-55}$miã^{21}tʅ^{0} 脚面

脚后跟 tɕyə$^{44-55}$xou^{21}kə̃^{0} 脚底后部

脚印子 tɕyə$^{44-55}$iə̃$^{21-55}$tʅ^{0}/tɕyə$^{44-23}$iə̃^{0}tʅ^{0}

腿 tʰuei^{55}

大腿 ta^{21}tʰuei^{0}

大腿里子 ta^{21}tʰuei^{0}li$^{55-21}$tʅ^{0} 大腿里侧

小腿 ɕiɔ$^{55-21}$tʰuei^{0}

杆腿子 kã$^{213-21}$tʰuei^{0}tʅ^{0} 小腿前面无肉的地方

腿肚子 tʰuei^{55}tu^{21}tʅ^{0}

拨$^{=}$拉盖 pə$^{-23}$la^{0}kɛ^{21}

　　膝盖 ɕi$^{44-55}$kɛ^{21}

骨拐 ku$^{213-21}$kuɛ^{0} 通称脚上由于骨质增生造成的突起：里～|外～

脖脐眼子 pu$^{55-24}$tɕʰy^{0}iã$^{55-21}$tʅ^{0} 肚脐眼

心口窝 ɕiə̃^{213}kʰou^{55}ʋə^{213}

心眼子 ɕiə̃^{213}iã$^{55-21}$tʅ^{0} 心眼儿

胸脯 ɕyŋ$^{213-21}$pʰu^{0}

　　胸膛 ɕyŋ$^{213-21}$tʰɑŋ^{0}

奶子 nɛ$^{55-21}$tʅ^{0} 乳房

奶 nɛ^{55} 乳汁

肚子 tu^{21}tʅ^{0} 腹部

小肚子 ɕiɔ^{55}tu^{21}tʅ^{0} 小腹

穷$^{=}$心骨 tɕʰyŋ$^{55-24}$ɕiə̃^{0}ku^{0} 锁骨

肋插 luei$^{21-55}$tʂʰa^{0} 肋骨

肋插山子 luei$^{21-55}$tʂʰa^{0}ʂã$^{213-21}$tʅ^{0} 指两边的肋骨组成的骨架

脊梁 tɕi$^{44-23}$liɑŋ^{0}

脊梁骨 tɕi$^{44-23}$liɑŋ^{0}ku^{213}

脊梁秆子 tɕi$^{44-23}$liɑŋ^{0}kã$^{55-21}$tʅ^{0} 脊柱

尾巴骨根子 i$^{55-21}$pa^{0}ku^{0}kə̃$^{213-21}$tʅ^{0} 尾骨

腰 iɔ^{213}

腚 tiŋ^{21}

　　腚槌子 tiŋ^{21}tʂʰuei$^{55-24}$tʅ^{0}

腚眼子 tiŋ^{21}iã$^{55-21}$tʅ^{0} 肛门

大胯 ta^{21}kʰua^{21} 胯骨

　　胯子 kʰua$^{21-55}$tʅ^{0}

棒骨 pɑŋ$^{21-55}$ku^{0} 小臂、小腿主骨旁边的小骨

关节 kuã$^{213-13}$tɕiə^{44}

（3）其他

手纹 ʂou^{55}ʋə̃^{55}

簸箕 pə$^{21-55}$tɕ^{h}i^{0} 箕形手指纹

斗 tou^{55} 圈形手指纹

筋 tɕiə̃^{213}

血 ɕiə^{44}

记 tɕi^{21} 胎记，皮肤上生下来就有的深色斑

瘊子 xou$^{55-24}$tʅ^{0}

痦子 u^{21}tʅ^{0} 痣

汗毛 xã^{21}mɔ^{55}

汗毛眼儿 xã^{21}mɔ^{55}iɛ^{55}

汗毛孔 xã^{21}mɔ^{55}k^{h}uŋ^{55}

毛尾 mɔ$^{55-24}$i^{0} 毛

肤皮子 fu$^{213-21}$p^{h}i^{0}tʅ^{0} 头屑或皮屑

血管 ɕyə$^{44-55}$kuã^{55}

心 ɕiə̃^{213}

肝 kã^{213}

肺 fei^{21}

肠子 tʂ^{h}ɑŋ$^{55-24}$tʅ^{0}

胃 ʋei^{21}

大肠 ta^{21}tʂ^{h}ɑŋ^{0}

小肠 ɕiɔ$^{55-21}$tʂ^{h}ɑŋ^{0}

肉 lou^{21}

皮 pʰi^{55}

　肉皮 lou^{21}pʰi^{55}

屁 pʰi^{21}

屎 ʂʅ^{55}

月经 yə^{21}tɕiŋ^{213}

肏 tsʰɔ^{21}

骨头 ku$^{44-23}$tʰou^{0}

踝 xuɛ^{55}

纂 tsuã^{55} 旧时妇女梳在头后面的发髻：小～儿

泥布⁼区⁼ ȵi$^{55-24}$pu^{0}tɕʰy^{0} 身上的灰

　□ tɕʰyə̃^{213}

后皮 xou^{21}pʰi^{55} 表皮：～漂倒一层油

　副⁼皮 fu^{21}pʰi^{55}

七　疾病、医疗

长病 tʂaŋ^{55}piŋ^{21}

病咧 piŋ$^{21-55}$liə^{0}

不好受 pu$^{44-55}$xɔ^{55}ʂou^{21}

　不得劲儿 pu$^{44-55}$tei$^{44-55}$tɕiei^{21}

　不熨帖 pu$^{44-55}$y$^{55-21}$tʰiə^{0}

　不待动 pu$^{44-55}$tɛ^{21}tuŋ^{21} 不愿动，多指不舒服

　不济 pu$^{44-55}$tɕi^{21}

　难受 nã^{55}ʂou^{21}

头疼脑热的 tʰou^{55}tʰəŋ^{55}nɔ^{55}lə$^{21-55}$ti^{0}

葬⁼着咧 tsaŋ$^{21-55}$tʂɔ^{0}liə^{0} 因为不注意而伤害身体

症候 tʂəŋ$^{21-55}$kʰou^{0} 病症

闹症候 nɔ^{21}tʂəŋ$^{21-55}$kʰou^{0} ①生病 ②小孩调皮

长症候 tʂɑŋ^{55}tʂəŋ$^{21-55}$kʰou^{0} 生病

急病 tɕi^{55}piŋ^{21}

厉害咧 li^{21}xɛ^{0}liə^{0}

不行咧 pu$^{44-55}$ɕiŋ$^{55-24}$liə^{0}

见轻咧 tɕiã^{21}tɕʰiŋ$^{213-21}$liə^{0}

松缓 suŋ$^{213-21}$xuã^{0} 病减轻

好咧 xɔ$^{55-21}$liə^{0}

好点儿咧 xɔ^{55}tiɛ$^{55-21}$liə^{0}

不咋的咧 pu$^{44-55}$tsa^{55}ti^{0}liə^{0} 不太厉害了

好利索咧 xɔ^{55}li^{21}suə^{0}liə^{0}

病好咧 piŋ^{21}xɔ$^{55-21}$liə^{0}

轻快咧 tɕʰiŋ$^{213-21}$kʰuɛ^{0}liə^{0} 病好转后身体的感觉

瘫痪 tʰã^{213}xuã^{55}

偏瘫 pʰiã$^{213-13}$tʰã^{213}

热着咧 ɭə$^{21-55}$tʂɔ^{0}liə^{0}

中暑 tʂuŋ^{21}ʂu^{55}

不服夏 pu$^{44-55}$fu^{55}ɕia^{21} 苦夏

冒点儿汗儿 mɔ^{213}tiɛ^{55}xɛ^{21} 发汗

出汗 tʂʰu$^{44-55}$xã^{21}

　冒汗 mɔ^{21}xã^{21}

发烧 fa$^{44-55}$ʂɔ^{213}

害冷 xɛ^{21}ləŋ^{55}

起鸡皮疙瘩 tɕʰi^{55}tɕi$^{213-21}$pʰi^{0}ka$^{44-23}$ta^{0}

感冒 kã^{55}mɔ^{21}

受风 ʂou^{21}fəŋ^{213}

受凉 ʂou^{21}liɑŋ^{55}

  着凉 tʂɔ^{55}liɑŋ^{55}

  冻着咧 tuŋ$^{21-55}$tʂɔ^{0}liə^{0}

咳嗽 kʰuə$^{44-23}$suə^{0}

喘 tʂʰuã^{55}

上火 ʂɑŋ^{21}xuə^{55}

败火 pɛ^{21}xuə^{55}

胀肚子 tʂɑŋ^{21}tu^{21}tɿ^{0}

不消化 pu$^{44-55}$ɕiɔ$^{213-13}$xua^{21}

吃伤咧 tʂʰʅ$^{44-55}$ʂɑŋ$^{213-21}$liə^{0} 吃一种东西吃得太多而不愿再吃

吃顶着咧 tʂʰʅ$^{44-55}$tiŋ$^{55-21}$tʂɔ^{0}liə^{0}

生食气 ʂəŋ$^{213-13}$ʂʅ^{21}tɕʰi^{21}

  积住食咧 tɕi$^{44-23}$tʂu^{0}ʂʅ$^{55-24}$liə^{0}

反胃 fã^{55}ʋei^{21}

凉着胃咧 liɑŋ$^{55-24}$tʂɔ^{0}ʋei$^{21-55}$liə^{0}

肚子疼 tu^{21}tɿ^{0}tʰəŋ^{55}

屙肚子 ʋə^{213}tu^{21}tɿ^{0}

  拉肚子 la^{213}tu^{21}tɿ^{0}

  跑栏 pʰɔ^{55}lã^{55}

头疼 tʰou^{55}tʰəŋ^{55}

恶心 ʋə$^{44-23}$ɕiə̃^{0}

离$^{=}$心 li^{-24}ɕiə̃^{0} 胃酸

  烧心 ʂɔ$^{213-21}$ɕiə̃^{0}

曹⁼心得慌 tsʰɔ$^{-24}$ɕiə̃^{0}ti^{0}xuɑŋ^{213} 指胃里不好受，据说这时前后心的汗毛往里缩

吐咧 tʰu$^{21-55}$liə^{0}

干恶心 kã$^{213-21}$ʋə^{0}ɕiə̃^{0} 恶心而吐不出来

痨病 lɔ$^{55-24}$piŋ^{0}

头晕 tʰou^{55}yə̃^{213}

晕车 yə̃$^{213-13}$tʂʰə^{213}

疝气 ʂã^{21}tɕʰi^{21}

掉腚 tiɔ^{21}tiŋ^{21}

痄腮 tʂa$^{21-55}$sɛ^{0}

转肠痧 tʂuã^{21}tʂʰɑŋ^{55}ʂa^{213} 一种肚子疼

发疟子 fa$^{44-55}$yə$^{21-55}$tʅ^{0} 发疟疾

霍乱 xuə^{21}luã^{21}

生疹子 ʂəŋ^{213}tʂə̃$^{55-21}$tʅ^{0} 小孩生的一种传染病，浑身长红色小疙瘩，不留斑痕

生斑子 ʂəŋ^{213}pã$^{213-21}$tʅ^{0} 出麻疹

害斑子 xɛ^{21}pã$^{213-21}$tʅ^{0}

麻疹 ma^{55}tʂə̃^{55} 小孩生的急性传染病

水痘 ʂuei^{55}tou^{21}

大脑炎 ta^{21}nɔ^{55}iã^{55}

羊狗子风 iɑŋ$^{55-24}$kou^{0}tʅ^{0}fəŋ^{213} 癫痫

抽风 tʂʰou$^{213-13}$fəŋ^{213} 手脚痉挛、口眼歪斜的症状，如癫痫发作

恶发 ʋə$^{44-23}$fa^{0} 因细菌感染而化脓

感染 kã^{55}lã^{55}

化脓 xua^{21}nuŋ^{55}

扭倒腰咧 niou$^{55-21}$tɔ^{0}iɔ$^{213-21}$liə^{0}

崴-脚咧 ʋɛ$^{55-21}$ɛ^{0}tɕyə$^{44-23}$liə^{0}

掉踝咧 tiɔ^{21}xuɛ$^{55-24}$liə^{0} 脱臼

燎泡 liɔ$^{55-24}$pʰɔ^{0} 肉体因烫、烧或摩擦起的水泡或血泡

瘀血 y$^{213-13}$ɕiə^{44}

肿咧 tʂuŋ$^{55-21}$liə^{0}

嘎渣 ka$^{213-21}$tʂa^{0} ①伤口结的痂 ②食物烤后表面焦黄发硬的部分

疙瘩流=球= ka$^{44-23}$ta^{0}liou^{55}tɕʰiou^{55} 形容有很多疙瘩的样子

筋疙瘩 tɕiã$^{213-21}$ka^{0}ta^{0}

疤 pa^{213}

　疮疤 tʂʰuɑŋ$^{213-13}$pa^{213} 好唠～忘唠疼

　疤拉 pa$^{213-21}$la^{0}

坐疤拉 tsuə^{21}pa$^{213-21}$la^{0} 落下疤痕

疤拉头 pa$^{213-21}$la^{0}tʰou^{55} 长疮后留有疤痕的头

长疮 tʂɑŋ^{55}tʂʰuɑŋ^{213}

秃疮 tʰu$^{44-23}$tʂʰuɑŋ^{0} 黄癣，愈后留下疤痕不长头发

粗脖子 tsʰu^{213}pə$^{55-24}$tʅ^{0} 甲状腺疾病，脖子变粗

木疙瘩 mu$^{21-55}$ka^{0}ta^{0} 皮肤因过敏或蚊虫叮咬出现的疙瘩

热疙瘩 lə$^{21-55}$ka^{0}ta^{0} 痱子

热疖子 lə$^{21-55}$tɕiə^{0}tʅ^{0} 夏天易长、比痱子大的一种疙瘩

干癣 kã^{213}ɕyã^{55}

刺挠 tsʰʅ$^{21-55}$nɔ^{0} 类似痒的一种感觉

鸡眼 tɕi$^{213-21}$iã^{0}

掉头发 tiɔ^{21}tʰou$^{55-24}$fa^{0}

牛皮癣 ȵiou$^{55-24}$pʰi^{0}ɕyã^{55}

银屑病 iə̃^{55}ɕiɔ^{213}piŋ^{21}

狗腚眼子癣 kou^{55}tiŋ^{21}iã$^{55-21}$tɿ^{0}ɕyã^{55}

金钱癣 tɕiə̃^{213}tɕʰiã^{55}ɕyã^{55}

黑息星子 xei$^{44-55}$ɕi^{-23}ɕiŋ^{0}tɿ^{0} 雀斑

粉刺 fə̃^{55}tsʰɿ^{21}

白斑 pei$^{55-24}$pã^{0} 白癜风

土斑 tʰu$^{55-21}$pã^{0} 老年斑

黑斑 xei$^{44-23}$pã^{0}

麻子 ma$^{55-24}$tɿ^{0}

麻子脸 ma$^{55-24}$tɿ^{0}liã^{55}

狐臭 xu$^{213-13}$tʂʰou^{21}

口臭 kʰou^{55}tʂʰou^{21}

左撇子 tsuə^{21}pʰiə$^{44-23}$tɿ^{0}

左拐子 tsuə^{21}kuɛ$^{55-21}$tɿ^{0}

左巴拉撇子 tsuə$^{21-55}$pa^{0}la^{0}pʰiə$^{44-23}$tɿ^{0}

六指头 liou$^{21-55}$tʂɿ^{0}tʰou^{0}

材坏 tsʰɛ$^{55-24}$xuɛ^{0} 残废

瘸哒 tɕʰyə$^{55-24}$ta^{0} 腿脚有病，走路瘸

连把腿 liã$^{55-24}$pa^{0}tʰuei^{55} 指人的腿不直

摆脚子 pɛ$^{55-21}$tɕyə^{0}tɿ^{0} 外八字脚

塌唠腰咧 tʰa$^{44-23}$lɔ^{0}iɔ$^{213-21}$liə^{0} 腰直不起来了

结拉巴 tɕiə$^{44-23}$la^{0}pa^{0} 结巴

齉鼻子 nɑŋ$^{21-55}$pi^{0}tɿ^{0} 鼻子不通气，说话鼻音重

老花眼 lɔ^{55}xua^{213}iã^{55}

疤眼子 pa$^{213-21}$iã^{0}tɿ^{0} 眼皮上因长眼疖子留下疤痕的眼

眼疙瘩 iã$^{55-21}$ka^{0}ta^{0} 泛指眼皮上长的疙瘩

眼疖子 iã$^{55-21}$tɕiə^{0}tʅ^{0}

红眼圈子 xuŋ^{55}iã^{55}tɕʰyã$^{213-21}$tʅ^{0} 眼睛因炎症而发红的样子

缺骨 tɕʰyə$^{44-23}$ku^{0} 夜盲症

豁嘴子 xuə$^{44-23}$tsuei^{0}tʅ^{0} 兔唇

豁豁子 xuə$^{44-23}$xuə^{0}tʅ^{0}

趴鼻子 pʰa$^{213-21}$pi^{0}tʅ^{0}

呲牙子 tsʰʅ$^{213-21}$ia^{0}tʅ^{0} 往外突出的门牙

没牙豁子 mu$^{55-24}$ia^{0}xuə$^{44-23}$tʅ^{0} 牙齿有所脱落的人

抽筋 tʂʰou$^{213-13}$tɕiã^{213}

转腿肚子 tʂuã^{21}tʰuei^{55}tu^{21}tʅ^{0} 腿抽筋

指鳖 tʂʅ$^{55-21}$piə^{0} 抽筋的一种，指头不能打弯

破伤风 pʰə^{21}tʂʰaŋ^{55}fəŋ^{213}

中风 tʂuŋ^{21}fəŋ^{213}

面瘫 miã^{21}tʰã^{213}

掉=前=风 tiɔ^{21}tɕʰiã^{55}fəŋ^{213}

看病 kʰã^{21}piŋ^{21}

扎裹 tʂa$^{44-23}$kuə^{0} ①治疗：～病 ②打扮：～起来挺好看

号脉 xɔ^{21}mei^{21}

开方子 kʰɛ^{213}faŋ$^{213-21}$tʅ^{0}

偏方 pʰiã$^{213-13}$faŋ^{213}

方头 faŋ^{213}tʰou^{55}

药方子 iɔ^{21}faŋ$^{213-21}$tʅ^{0}

成方 tʂʰəŋ^{55}faŋ^{213} 多年的老方子

土药 tʰu^{55}iɔ^{21} 指灰尘等，旧时用来治病：～～，揞上就好

拿药 na^{55}iɔ^{21}

抓药 tʂua$^{213-13}$iɔ^{21}

熬药 ŋɔ^{55}iɔ^{21}

药引子 iɔ^{21}iã$^{55-21}$tʅ^{0}

药锅子 iɔ^{21}kuə$^{213-21}$tʅ^{0}

一副药 i$^{44-55}$fu^{21}iɔ^{21}

汤药 tʰɑŋ$^{213-21}$iɔ^{0}

药丸子 iɔ^{21}ʋã$^{55-24}$tʅ^{0}

药片儿 iɔ^{21}pʰiɛ^{21}

胶囊 tɕiɔ^{213}nɑŋ^{55}

眼药水 iã$^{55-21}$iɔ^{0}ʂuei^{55}

上药 ʂɑŋ^{21}iɔ^{21}

换药 xuã^{21}iɔ^{21}

膏药 kɔ$^{213-21}$iɔ^{0}

黑膏药 xei$^{44-55}$kɔ$^{213-21}$iɔ^{0}

贴膏药 tʰiə$^{44-55}$kɔ$^{213-21}$iɔ^{0}

红糖姜水 xuŋ^{55}tʰɑŋ^{55}tɕiɑŋ^{213}ʂuei^{55}

扎针 tʂa$^{44-55}$tʂə̃^{213}

输水 ʂu^{213}ʂuei^{55} 打吊针

针灸 tʂə̃^{213}tɕiou^{55}

拔罐子 pa$^{55-24}$kuã^{0}tʅ^{0} 拔火罐用具

拔罐子 pa^{55}kuã$^{21-55}$tʅ^{0} 用拔火罐治病

布$^{=}$心毛子 pu^{21}ɕiã^{213}mɔ$^{55-24}$tʅ^{0} 用针把前心后心上的一些汗毛挑掉，用来治病

八　农业

（1）农事

上坡 ʂɑŋ^{21}pʰə^{44}

春耕 tʂʰuə̃$^{213-13}$tɕiŋ^{213}

夏种 ɕia^{21}tʂuŋ^{21}

夏收 ɕia^{21}ʂou^{213}

秋收 tɕʰiou$^{213-13}$ʂou^{213}

快过秋咧 kʰuɛ^{21}kuə^{21}tɕʰiou$^{213-21}$liə^{0}

整地 tʂəŋ^{55}ti^{21}　播种前进行耕地、耙地等劳作

耕地 tɕiŋ$^{213-13}$ti^{21}　用犁整平

墒沟 ʂɑŋ$^{213-21}$kou^{0}　犁地时最后出现的一道沟

□地 tʂua$^{44-55}$ti^{21}

　刨地 pʰɔ^{55}ti^{21}

翻地 fã$^{213-13}$ti^{21}

耧地 lou^{55}ti^{21}　用铁耙整平，多用于小块地

耢地 lɔ^{21}ti^{21}　用耙平地

倒地 tɔ^{21}ti^{21}　收割完地里的庄稼，为下一季农作物腾出地来

点种 tiã^{55}tʂuŋ^{21}　播种的一种方法

下种 ɕia^{21}tʂuŋ^{55}

插秧 tʂʰa$^{44-55}$iɑŋ^{213}

种麦子 tʂuŋ^{21}mei$^{21-55}$tʅ^{0}

耩地 tɕiɑŋ^{55}ti^{21}　用耧来播种

耩麦子 tɕiɑŋ^{55}mei$^{21-55}$tʅ^{0}

耩高粱 tɕiɑŋ^{55}kɔ^{213}liɑŋ^{55}

点棒子 tiã^{55}pɑŋ^{21}tʅ^{0} 手工种玉米

砘地 tuã^{21}ti^{21} 播种后用石砘子把松土压实

窝子 ʋə$^{213-21}$tʅ^{0} 点种庄稼时挖的小坑

刨窝子 pʰɔ^{55}ʋə$^{213-21}$tʅ^{0} 用二板镢挖点种的坑

　□窝子 tʂua$^{44-55}$ʋə$^{213-21}$tʅ^{0}

奔$^{=}$窝子 pã^{213}ʋə$^{213-21}$tʅ^{0} 用锄挖点种的坑

趋打窝子 tɕʰy$^{44-23}$ta^{0}ʋə$^{213-21}$tʅ^{0} 播种后用脚把地踩实

封窝子 fəŋ^{213}ʋə$^{213-21}$tʅ^{0} 插上秧后封住窝子

饮 iã^{21} 无苗时往地里浇水

浇 tɕiɔ^{213} 有苗时为其浇水

　浇水 tɕiɔ^{213}ʂuei^{55}

种<u>棉</u>花 tʂuŋ^{21}ȵiɑŋ$^{55-24}$xua^{0}

地瓜炕 ti^{21}kua^{213}kʰɑŋ^{21} 培育白薯秧苗的温床

地瓜井 ti^{21}kua^{213}tɕiŋ^{55} 用来存储白薯的地窖

下地瓜 ɕia^{21}ti^{21}kua^{213} 把白薯放到地瓜井里

养地瓜秧子 iɑŋ^{55}ti^{21}kua^{213}iɑŋ$^{213-21}$tʅ^{0} 培育白薯幼苗

栽地瓜 tsɛ^{213}ti^{21}kua^{213} 把白薯秧苗种到地里

薅草 xɔ^{213}tsʰɔ^{55} 专指除红萝卜地里的草

拔草 pa^{55}tsʰɔ^{55}

穿谷 tʂʰuã$^{213-13}$ku^{44} 套种谷子

割麦子 kuə$^{44-55}$mei$^{21-55}$tʅ^{0}

割谷 kuə$^{44-55}$ku^{44}

找$^{=}$谷 tʂɔ^{55}ku^{44} 用镰刀切割下谷穗

找$^{=}$麦子 tʂɔ^{55}mei$^{21-55}$tʅ^{0} 用镰刀切割下麦穗

万$^{=}$秫秫穗子 ʋã^{21}ʂu$^{55-24}$ʂu^{0}suei^{21}tʅ^{0} 把高粱穗割下来

掰棒子 pei$^{44-55}$pɑŋ^{21}tʅ^{0} 把玉米从玉米秸上掰下来

剥棒子 pa$^{44-55}$pɑŋ^{21}tʅ^{0} 把玉米的外皮剥下来

割豆子 kuə$^{44-55}$tou^{21}tʅ^{0}

□高粱 tʂua$^{44-55}$kɔ^{213}liɑŋ^{55} 收割高粱

□地瓜 tʂua$^{44-55}$ti^{21}kua^{213} 刨白薯

套地瓜 t^{h}ɔ^{21}ti^{21}kua^{213} 复收白薯

拾麦子 ʂʅ^{55}mei$^{21-55}$tʅ^{0} 在收割过麦子的地里捡麦穗

拾棉花 ʂʅ^{55}miã$^{55-24}$xua^{0} 收摘棉花

□（弄）棒子 luã$^{55-24}$luŋ^{0}pɑŋ^{21}tʅ^{0} 复收玉米

□花生 luã^{55}xua$^{213-13}$ʂəŋ^{213} 复收花生

　套长果 t^{h}ɔ^{21}tʂ^{h}ɑŋ^{55}kuə^{55}

场 tʂ^{h}ɑŋ^{55}

场院 tʂ^{h}ɑŋ$^{55-24}$iã^{0} 翻晒粮食、打谷物的平坦而且坚实的空地

耪场 p^{h}ɑŋ^{55}tʂ^{h}ɑŋ^{55} 翻松场院的地

碾场 ȵiã^{55}tʂ^{h}ɑŋ^{55} 松土后用碾压实场院的地

打场 ta^{55}tʂ^{h}ɑŋ^{55} 麦子等农作物收割后在场院上脱粒

扬场 iɑŋ^{55}tʂ^{h}ɑŋ^{55} 把脱粒后的粮食或其他种子借风力扬去碎壳等杂物

翻场 fã^{213}tʂ^{h}ɑŋ^{55} 打场时，把压后的麦子、谷等翻一翻

锄地 tʂ^{h}u^{55}ti^{21} 用锄松土除草

耪地 p^{h}ɑŋ^{55}ti^{21} 锄地

耙地 pa^{21}ti^{21} 用犁耕地后，用牛拉耙使地平

锄草 tʂ^{h}u^{55}ts^{h}ɔ^{55} 用锄除草

　耪草 p^{h}ɑŋ^{55}ts^{h}ɔ^{55}

剜苗 ʋã^{213}miɔ^{55} 芝麻、谷苗长出后，用工具除草及部分谷苗

间苗 tɕiã^{21}miɔ^{55} 棉花、玉米苗长出后，用手除去杂草及多余的苗

定棵 tiŋ^{21}k^{h}uə^{213}

偎 ʋei^{213} 剜苗后，把留下的苗用土培上，以防倒伏

砸坷拉 tsa^{55}k^{h}a$^{44-23}$la^{0} 把大土块弄碎

沤肥 ŋou^{213}fei^{55} 通过浸泡制造肥料。一般在六月把土、黄麦穰、青草等，加上尿，堆成一堆，并用泥巴糊起来，顶上留一个窟窿，隔两三天加点水，十来天即好

粪 fə̃^{21}

大粪 ta^{21}fə̃^{21} 专指人的粪

晒大粪饼子 ʂɛ^{21}ta^{21}fə̃^{21}piŋ$^{55-21}$tʅ^{0}

糟粪 tsɔ$^{213-13}$fə̃^{21} 造肥的一种方式

使上粪咧 ʂʅ$^{55-21}$ʂɑŋ^{0}fə̃$^{21-55}$liə^{0}

攒粪 tsã^{55}fə̃^{21} 积攒粪肥

拾粪 ʂʅ^{55}fə̃^{21} 为了积攒粪肥而捡粪

刀$^{=}$粪 tɔ$^{213-13}$fə̃^{21} 把上到地里的粪肥弄碎

垫栏 tiã^{21}lã^{55} 往粪坑里填土

炉灰 lu^{55}xuei^{213} 炉子中煤炭等燃烧后的灰烬

化肥 xua^{21}fei^{55}

尿素 ȵiɔ^{21}su^{21}

氨水 ŋã^{213}ʂuei^{55}

打井 ta^{55}tɕiŋ^{55}

浇地 tɕiɔ$^{213-13}$ti^{21} 往地里浇水

看沟子 kã^{21}kou$^{213-21}$tʅ^{0} 浇地时看守水流的情况

改沟子 kɛ^{55}kou$^{213-21}$tʅ^{0} 浇地时改变水流的通道

灌水 kuã^{21}ʂuei^{55} 使水流进地里

打水 ta^{55}ʂuei^{55} 人工从井里汲水

挑水 tʰiɔ^{213}ʂuei^{55} 用扁担肩挑水桶运水

　担水 tã^{213}ʂuei^{55}

抽水 tʂʰou^{213}ʂuei^{55} 用水泵从井里汲水

水车井 ʂuei^{55}tʂʰə^{213}tɕiŋ^{55} 安有水车的井

井坛子 tɕiŋ^{55}tʰã$^{55-24}$tʅ^{0} 井边用石头垒成的水池，井水先倒入其中，再流入地里

双眼井 ʂuɑŋ$^{213-13}$iã^{21}tɕiŋ^{55} 长形井口的井，可安装两个汲水用具，两个井坛子

单眼井 tã$^{213-13}$iã^{21}tɕiŋ^{55}

菜园子 tsʰɛ^{21}yã$^{55-24}$tʅ^{0} 专门种植蔬菜的园地

畦子 ɕi$^{55-24}$tʅ^{0} 由土埂隔开的一块地，多为长条形

宽畦子 kʰuã^{213}ɕi$^{55-24}$tʅ^{0} 比较宽的畦子

窄畦子 tʂei$^{44-55}$ɕi$^{55-24}$tʅ^{0} 比较窄的畦子

调畦子 tʰiɔ^{55}ɕi$^{55-24}$tʅ^{0} 一种平整畦子的劳作

　拉畦子 la^{213}ɕi$^{55-24}$tʅ^{0}

脊子 tɕi$^{44-23}$tʅ^{0} 畦子两边隆起的分界线

调脊子 tʰiɔ^{55}tɕi$^{44-23}$tʅ^{0} 培土成埂的劳作

地瓜沟 ti^{21}kua^{213}kou^{213} 种白薯的地里刨出的埂与埂之间的沟

驾辕的 tɕia^{21}yã$^{55-24}$ti^{0} 在车或犁前用力拉的人或牲畜

扶耩子的 fu^{55}tɕiɑŋ$^{55-21}$tʅ^{0}ti^{0} 耩地时扶着耩子掌握方向的人

拉（旁）套子的 la^{213}（pʰɑŋ^{55}）tʰɔ$^{21-55}$tʅ^{0}ti^{0} 在驾辕者前面帮助拉车或犁的人或牲畜

（2）农具

布袋 pu$^{21-55}$tɛ^{0} 用粗布制成的装粮食等的袋子

麻袋包 ma^{55}tɛ^{21}pɔ^{213} 用麻编成的袋子

地排子车 ti^{21}pʰɛ$^{55-21}$tʅ^{0}tʂʰə^{213}　人力拉的双轮车

耙 pa^{21}　①用来把地整平的农具，有铁齿 ②用耙平地碎土

耢耙 lɔ^{21}pa^{21}　平地用的农具，人踩在上面起调节作用

耙撑子 pa^{21}tʂʰəŋ$^{21-55}$tʅ^{0}　耙上的两条长形木板，人踩在上面

耙齿子 pa^{21}tʂʰʅ$^{55-21}$tʅ^{0}　铁制农具耙的齿

排叉 pʰɛ$^{55-24}$tʂʰa^{0}　打场、晒柴禾用的农具，形似锨而有四个齿子

排叉头 pʰɛ$^{55-24}$tʂʰa^{0}tʰou^{55}　排叉的头部

三股叉子 sã$^{213-21}$ku^{0}tʂʰa$^{213-21}$tʅ^{0}　翻柴禾等用的一种农具。由自然分成三根的树枝弯成

耙 pʰa^{55}　①通称长柄有齿的农具 ②摊煎饼时刮煎饼的用具

　耙子 pʰa$^{55-24}$tʅ^{0}

竹耙子 tʂu$^{44-55}$pʰa$^{55-24}$tʅ^{0}　竹制的耙，搂柴草用

铁耙 tʰiə$^{44-55}$pʰa^{55}　铁制耙子

木耙 mu^{21}pʰa^{55}　打场用的耙子，木制

刀耙 tɔ$^{213-21}$pʰa^{0}　用来把麦秆的叶子去掉的耙子

耙齿子 pʰa^{55}tʂʰʅ$^{55-21}$tʅ^{0}

齿子 tʂʰʅ$^{55-21}$tʅ^{0}　物体上齿形的部分

镐 kɔ^{55}　刨土用具

洋镐 iɑŋ^{55}kɔ^{55}　一头尖、一头稍扁有刃的镐

板镢 pã$^{55-21}$tɕyə^{0}　一种较宽的镢，多用来拉畦子等

板镢头 pã$^{55-21}$tɕyə^{0}tʰou^{55}　板镢的头部，铁制

二板镢 ɭə$^{21-55}$pã^{0}tɕyə^{0}　刨地用，比板镢略窄

条镢子 tʰiɔ$^{55-24}$tɕyə^{0}tʅ^{0}　一种较窄的镢

（小）□镢子（ɕiɔ^{55}）tʂua^{-23}tɕyə^{0}tʅ^{0}　一种短柄小镢，多用于拾柴火

畦绳子 ɕi$^{55-24}$ʂəŋ^{0}tʅ^{0}　拉畦子时用的小绳子

橛子 tɕyə$^{44-23}$tʅ^{0} 拉畦子时拴畦绳子的小木棍

橛子眼子 tɕyə$^{44-23}$tʅ^{0}iã$^{55-21}$tʅ^{0} 埋橛子的洞，拔出橛子后塞上木柴等作为标志

扁担 piã$^{55-21}$tã^{0} 两端没有钩子，多用来抬东西

担杖 tã$^{21-55}$tʂɑŋ^{0} 两端有钩子的扁担

担杖钩 tã$^{21-55}$tʂɑŋ^{0}kou^{213} 用铁环悬吊在扁担两端的铁钩

担担子 tã^{213}tã$^{21-55}$tʅ^{0} 用扁担挑东西

挑挑子 tʰiɔ^{213}tʰiɔ$^{213-21}$tʅ^{0}

套绳 tʰɔ$^{21-55}$ʂəŋ^{0} 拴在牲口身上拉套的绳子

缰绳 kɑŋ$^{213-21}$ʂəŋ^{0}

犁愧$^{=}$ li^{55}kʰuei^{21} 犁上挂钩子拴绳的部件

犁把 li^{55}pa^{55} 犁的扶手

犁铧 li^{55}xua^{55} 安装在犁的下端，用来翻土的铁器

犁镜子 li^{55}tɕiŋ$^{21-55}$tʅ^{0} 用铸铁或钢制成的一块弯板，安在犁铧上方并向一侧倾斜，作用是把犁起的土翻在一边

横杆子 xuŋ^{21}kã^{0}tʅ^{0} 犁地时犁前横放的木杆，连接犁和牛，上有三个鼻子，一个挂在犁上，另两个挂在牛套上

脚踩子 tɕyə$^{44-55}$tʂʰɛ$^{55-21}$tʅ^{0}

牛套 ȵiou^{55}tʰɔ^{21} 连接索头和吊襻子的绳子

吊襻子 tiɔ^{21}pʰã^{0}tʅ^{0} 犁地时连接横杆和牛套的绳子

索$^{=}$头 suə$^{44-23}$tʰou^{0} 跟吊襻子相接，挂在牛脖子上的木制品

夹板子 tɕia$^{44-23}$pã^{0}tʅ^{0} 套在牲口脖子上拉套的两块木板

笼头 luŋ$^{55-24}$tʰou^{0} 装在牲口嘴上使之不能吃东西的器物

笼嘴 luŋ$^{55-24}$tsuei^{0}

捂眼子 u$^{55-21}$iã^{0}tʅ^{0} 牲口推磨时捂住牲口眼睛的器具

耧子 lou$^{55-24}$tʅ^{0} 耩地时盛种子的用具

独脚耧 tu^{55}tɕyə$^{44-55}$lou^{55}

耩子 tɕiɑŋ$^{55-21}$tʅ^{0}

单腿耩子 tã^{213}tʰuei^{55}tɕiɑŋ$^{55-21}$tʅ^{0}

双腿耩子 ʂuɑŋ^{213}tʰuei^{55}tɕiɑŋ$^{55-21}$tʅ^{0}

锄 tʂʰu^{55}

蒜钩子 suã^{21}kou$^{213-21}$tʅ^{0}

二齿钩子 ɭə^{21}tʂʰʅ^{0}kou$^{213-21}$tʅ^{0} 砸土块用的农具，两个齿。有大小之分，小的用于拾柴禾：大～|小～

二钩子 ɭə^{21}kou^{0}tʅ^{0}

二齿子 ɭə^{21}tʂʰʅ^{0}tʅ^{0}

三齿子 sã$^{213-21}$tʂʰʅ^{0}tʅ^{0} 刨白薯用的农具，三个齿。较二齿子长

铡 tʂa^{55} ①切草等的器具 ②用铡铡

铡刀 tʂa$^{55-24}$tɔ^{0}

铡墩 tʂa^{55}tuə̃^{213} 铡的底座

铡刀 tʂa^{55}tɔ^{213} 专指铡上的铁刀

铡牙 tʂa^{55}ia^{55} 铡墩中间、槽两边镶的铁齿

铁牙 tʰiə$^{44-55}$ia^{55}

铡钉 tʂa^{55}tiŋ^{213} 把铡刀固定在铡墩上的钉子

镰 liã^{55} 镰刀

镰头 liã^{55}tʰou^{55} 镰上的刀片

镰把 liã^{55}pa^{55}

镰裤子 liã^{55}kʰu$^{21-55}$tʅ^{0} 镰头上安镰把的部位

锨 ɕiã^{213}

铁锨 tʰiə$^{44-55}$ɕiã^{213}

木锨 mu^{21}ɕiã^{213} 打场用的锨，木制

择$^{=}$筐 tʂei$^{55-24}$kʰuɑŋ^{0} 盛粪或柴火等用的一种筐子

抬筐 tʰɛ$^{55-24}$kʰuɑŋ^{0} 没有提手的筐，用棉槐枝等编成

系子 ɕi^{21}tʅ^{0} 提手

四系子筐 sʅ$^{21-55}$ɕi^{0}tʅ^{0}kʰuɑŋ^{213} 四根提手交叉的筐

三系子筐 sã$^{213-21}$ɕi^{0}tʅ^{0}kʰuɑŋ^{213} 三根提手的筐

篮子 lã$^{55-24}$tʅ^{0}

竹篮子 tʂu$^{44-55}$lã$^{55-24}$tʅ^{0}

提篮 tʰi$^{55-24}$lã^{0}

筦子（头） yã$^{21-55}$tʅ^{0}（tʰou^{55}） 来往送礼时用的藤条编成的篮子

粪篓子 fə̃^{21}lou$^{55-21}$tʅ^{0}

粪叉子 fə̃$^{21-55}$tʂʰa^{0}tʅ^{0} 捡粪用的叉子

碌碡 ly$^{21-55}$tʂu^{0} 农具，石制，圆柱形，用来轧谷物、平场地

碌碡椁子 ly$^{21-55}$tʂu^{0}kuə$^{44-23}$tʅ^{0} 套在碌碡上用来拴绳子的架子

簸箕 pə$^{21-55}$tɕʰi^{0}

薄$^{=}$拉 pə$^{55-24}$la^{0}/luə^{0} 盛粮食的用具，藤条编成，近于方形

傻$^{=}$子 ʂa$^{55-21}$tʅ^{0} 类似簸箕而略深的农具

罗子 luə$^{55-24}$tʅ^{0} 用来筛面粉的圆形器具

罗架 luə^{55}tɕia^{21} 罗面时放罗子的架子

罗面架 luə^{55}miã^{21}tɕia^{21}

褶$^{=}$子 tʂə$^{44-23}$tʅ^{0} 用高粱秆篾等编成的粗席，狭而长，扬场时可以围起来囤粮食

粮仓 liɑŋ^{55}tsʰɑŋ^{213}

囤 tuə̃^{21} 柳条编成的盛粮食用具，一人多高：方～|圆～|扁～

囤架子 tuə̃^{21}tɕia$^{21-55}$tʅ^{0}

囤底子 tuã^{21}ti$^{55-21}$tʅ^{0}

草苫子 tsʰɔ^{55}ʂã$^{213-21}$tʅ^{0} 用草做成的盖东西或放东西的器物

砘子 tuã^{21}tʅ^{0} 播种后用于压实松土的石磙

砘轱辘子 tuã^{21}ku^{0}lu^{0}tʅ^{0}/tuã^{21}ku^{0}lu^{-24}tʅ^{0}

垛 tuə^{21} ①整齐地堆放：把麦秸～起来 ②整齐的堆：柴禾～

垛子 tuə^{21}tʅ^{0} 整齐地堆成的堆

上垛 ʂɑŋ^{21}tuə^{21} 把没打干净的麦秸等堆放在一起

风扇 fəŋ$^{213-13}$ʂã^{21} 扬场用的风车

磨坊 mə^{21}fɑŋ^{0}

磨 mə^{21} 大～|小～

电磨 tiã^{21}mə^{21}

水磨子 ʂuei$^{55-21}$mə^{0}tʅ^{0} 用来磨水泡过的粮食的磨子

旱磨子 xã^{21}mə^{0}tʅ^{0} 磨干的粮食的磨子

推磨子 tʰuei^{213}mə^{21}tʅ^{0} 人力转动磨子磨碎粮食等

推煎饼 tʰuei^{213}tɕiã$^{213-21}$piŋ^{0} 在磨子上磨用来做煎饼的糊

拉糁子 la^{213}ʂã$^{213-21}$tʅ^{0} 在磨子上把玉米等磨碎

磨盘 mə^{21}pʰã^{55} 托着磨的底盘

磨顶子 mə^{21}tiŋ$^{55-21}$tʅ^{0} 磨的上面的一扇

上起磨子 ʂɑŋ^{21}tɕʰi^{55}mə^{21}tʅ^{0}

下起磨子 ɕia^{21}tɕʰi^{55}mə^{21}tʅ^{0} 磨的下面一层，与磨盘粘在一起

磨棋子 mə^{21}tɕʰi$^{55-24}$tʅ^{0} 磨的轴

磨竹⁼子 mə^{21}tʂu$^{44-23}$tʅ^{0} 磨上层拴绳子的两根小木棍

磨套子 mə^{21}tʰɔ$^{21-55}$tʅ^{0} 把磨棍套在磨竹⁼子上的绳子

磨棍 mə^{21}kuã^{21} 推磨用的棍子

磨眼 mə^{21}iã^{55} 磨上层放入粮食的两个圆孔

磨膛 mə^{21}tʰɑŋ^{55} 磨上下两层间碾磨粮食的空隙

碾子 ȵiã^{21}tʅ^{0} 轧碎粮食或去掉谷物表皮的石制工具

推碾子 tɕʰia$^{44-55}$ȵiã^{21}tʅ^{0} 利用碾子轧碎粮食

碾盘 ȵiã^{21}pʰã^{55} 碾子的底盘

碾砣 ȵiã^{21}tʰuə^{55} 碾子上轧粮食的圆柱形石头

碾管芯 ȵiã^{21}kuã$^{55-21}$ɕiə̃^{0} 竖在碾盘中心的铁杆或木杆

碾桲子 ȵiã^{21}kuə$^{44-23}$tʅ^{0} 套在碾砣上的方形框子

推车子 tʰuei$^{213-21}$tʂʰə^{0}tʅ^{0} 独轮车

车轱轮儿 tʂʰə^{213}ku$^{44-23}$lei^{0} 车轮

　车轱轮子 tʂʰə^{213}ku$^{44-23}$lə̃^{0}tʅ^{0}

胶皮轱轮儿 tɕiɔ^{213}pʰi^{55}ku^{-23}lei^{0} 胶皮制车轮

车橛子 tʂʰə^{213}tɕyə$^{44-23}$tʅ^{0} 旧指车轮

车盘子 tʂʰə^{213}pʰã$^{55-24}$tʅ^{0} 独轮车的底盘

上桩子 ʂɑŋ^{21}tʂuɑŋ$^{213-21}$tʅ^{0} 独轮车中间高起的部分

车棂子 tʂʰə^{213}liŋ$^{55-24}$tʅ^{0} 上桩子上竖着的木条

车轴子 tʂʰə^{213}tʂu$^{55-24}$tʅ^{0} 车轴

车耳子 tʂʰə^{213}ɭə$^{55-21}$tʅ^{0} 用来固定车轴的部分，木制

油耳子 iou$^{55-24}$ɭə^{0}tʅ^{0} 车耳子的一种，用于铁制车轴，中间有铁皮，可以上油

车粘橛子 tʂʰə^{213}ȵiã$^{55-24}$tɕyə^{0}tʅ^{0} 车闸

车腿 tʂʰə^{213}tʰuei^{55}

车把 tʂʰə^{213}pa^{55}

车襻 tʂʰə$^{213-13}$pʰã^{21} 车把上挂的绳子，推车时挂在人肩上

爬⁼头子 pʰa$^{55-24}$tʰou^{0}tʅ^{0} 独轮车前面竖着的部分

千金绳子 tɕʰiã$^{213-21}$tɕiə̃^{0}ʂəŋ$^{55-24}$tʅ^{0} 独轮车上拉住爬⁼头子的绳子

边条 piã$^{213-21}$tʰiɔ^{0} 独轮车两边的部分

□ tɕy^{213} 半月形，木制，小推车拴绳子时用

不见天儿 pu$^{44-55}$tɕiã^{21}tʰiɛ^{213} 独轮车的车把下面鼓出来的用来挡襻的部位

楔子 ɕiə$^{44-23}$tʅ^{0} 插在木器的榫子缝里的木片，起固定作用

搸子 tʂɛ^{21}tʅ^{0} 鼓出来的楔子

二把手车子 ɭə^{21}pa^{55}ʂou^{55}tʂʰə$^{213-21}$tʅ^{0} 专用于上山推石头的推车

响轴车子 ɕiɑŋ^{55}tʂu^{55}tʂʰə$^{213-21}$tʅ^{0} 专指木头轴、木头轮的推车

疙瘩辙 ka$^{44-23}$ta^{0}tʂə^{55} 指雨后车走泥路压的车辙，干后使路不平

辘轳 u^{-23}lu^{0} 安装在井上的汲水工具。“辘”变调同入声

辘轳头 u^{-23}lu^{0}tʰou^{55} 辘轳上可以转动的部分

辘轳把 u^{-23}lu^{0}pa^{55} 辘轳上可以用手抓握的把手

铁箍子 tʰiə$^{44-55}$ku$^{213-21}$tʅ^{0} 用来把辘轳把箍在辘轳头上的铁圈

井桩子 tɕiŋ$^{55-21}$tʂuɑŋ^{0}tʅ^{0} 井旁用于安辘轳的石头

夜$^{=}$叉冒$^{=}$ iə^{21}tʂʰa^{0}mɔ^{0} 用来担辘轳的三角架

杆子厅$^{=}$ kã$^{213-21}$tʅ^{0}tʰiŋ^{213} 从辘轳头中间穿过的棍子，相当于轴

键 tɕiã^{21} 辘轳轴上安的铁

井绳 tɕiŋ$^{55-21}$ʂəŋ^{0}

井管筲 tɕiŋ^{55}kuã^{55}ʂɔ^{213} 浇地用的大水桶，底部为椎形，铁制

叫$^{=}$管筲 tɕiɔ$^{21-55}$kuã^{0}ʂɔ^{213}

筲梁子 ʂɔ^{213}liɑŋ$^{55-24}$tʅ^{0} 井管筲的提手，固定不能转动

筲鼻子 ʂɔ^{213}pi$^{55-24}$tʅ^{0} 筲梁子中间的铁环

井架钩 tɕiŋ$^{55-21}$tɕia^{0}kou^{0} 井绳上挂筲的钩子

捞筲钩子 lɔ^{55}ʂɔ^{213}kou$^{213-21}$tʅ^{0} 用来打捞筲的铁制钩子

水车 ʂuei^{55}tʂʰə^{213}

水车斗子 ʂuei^{55}tʂʰə^{213}tou$^{55-21}$tʅ^{0}

九　工商文教等

东家 tuŋ$^{213-21}$tɕia^{0}

掌柜的 tʂɑŋ^{213}kuei^{21}ti^{0}

学徒 ɕyə^{55}tʰu^{55}

二道贩子 ɭə^{21}tɔ^{21}fã$^{21-55}$tʅ^{0}　买进货物再卖出以获取利润的人，有贬义

货郎 xuə$^{-23}$lɑŋ^{0}　流动贩卖日用品的人

　换针换线的 xuã^{21}tʂə̃^{213}xuã^{21}ɕiã$^{21-55}$ti^{0}

收破烂的 ʂou^{213}pʰə^{21}lã^{21}ti^{0}

手艺人 ʂou$^{55\cdot 21}$i$^{}$lə̃^{55}

　耍手艺的 ʂua^{55}ʂou$^{55\cdot 21}$i$^{}$ti^{0}

匠人 tɕiɑŋ^{21}lə̃^{0}

石匠 ʂʅ$^{55-24}$tɕiɑŋ^{0}

木匠 mu$^{21-55}$tɕiɑŋ^{0}

泥瓦匠 ȵi^{55}ʋa^{55}tɕiɑŋ^{21}

大工 ta^{21}kuŋ^{0}　有技术的泥瓦匠

小工 ɕiɔ$^{55-21}$kuŋ^{0}　盖屋时干递泥瓦等工作的人

铁匠 tʰiə$^{44-23}$tɕiɑŋ^{0}

　打铁的 ta^{55}tʰiə$^{44-23}$ti^{0}

铁匠炉 tʰiə$^{44-23}$tɕiɑŋ^{0}lu^{55}　铁匠用的炉子，指铁匠铺

箍露子 ku$^{21-55}$lu^{0}tʅ^{0}　锔盆等的人

裁缝 tsʰɛ$^{55-24}$fɑŋ^{0}

赶大车的 kã^{55}ta^{21}tʂʰə$^{213-21}$ti^{0}

抬轿的 tʰɛ^{55}tɕiɔ^{21}ti^{0}

变戏法的 $piã^{21}çi^{21}fa^{44-23}ti^{0}$

卖艺的 $mɛ^{21}i^{21-55}ti^{0}$

卖膏药的 $mɛ^{21}kɔ^{213-21}iɔ^{0}ti^{0}$

出地摊子 $tʂ^{h}u^{44-55}ti^{21}t^{h}ã^{213-21}tɿ^{0}$ 摆摊儿

做买卖 $tsu^{21}mɛ^{55-21}mɛ^{0}$ 在某地做生意

跑买卖 $p^{h}ɔ^{55}mɛ^{55-21}mɛ^{0}$ 到各地做生意

做买卖的 $tsu^{21}mɛ^{55-21}mɛ^{0}ti^{0}$ 买卖人

包圆儿咧 $pɔ^{213}yɛ^{55-24}liə^{0}$ 买下所有货物

称 $tʂ^{h}əŋ^{213}$

秤 $tʂ^{h}əŋ^{21}$

秤钩子 $tʂ^{h}əŋ^{21}kou^{213-21}tɿ^{0}$

秤砣 $tʂ^{h}əŋ^{21}t^{h}uə^{55}$

磅秤 $pɑŋ^{21}tʂ^{h}əŋ^{21}$

开销 $k^{h}ɛ^{213-13}çiɔ^{213}$ 花费的钱

盘缠钱 $p^{h}ã^{55-24}tʂ^{h}ã^{0}tç^{h}iã^{55}$

本钱 $pə̃^{55-21}tç^{h}iã^{0}$

利息滚利息 $li^{21}çi^{44}kuə̃^{55}li^{21}çi^{44}$

挣 $tʂəŋ^{21}$ ①用劳动换取：他出去～钱的咧 ②获得利润，与“赔”相对：一斤黄瓜～两毛钱

混 $xuə̃^{21}$ 用劳动换取，同“挣”①

赚 $tʂuã^{21}$ 同“挣”②

赔 $p^{h}ei^{55}$ 做买卖损失本钱，同“赚”相对

该 $kɛ^{213}$

欠 $tç^{h}iã^{21}$

赊 $ʂə^{213}$

还 xuã^{55} 归还

铜元儿 tʰuŋ^{55}yɛ^{55} 旧时的铜制硬币，较大

小制儿钱儿 ɕiɔ^{55}tʂei^{21}tɕʰiɛ^{55} 旧时的硬币，较小

老票子 lɔ^{55}pʰiɔ$^{21\text{-}55}$tʅ^{0} 旧时的纸币

毛钱子 mɔ$^{55\text{-}21}$tɕʰiã^{0}tʅ^{0} 一毛钱

分钱子 fə̃$^{213\text{-}21}$tɕʰiã^{0}tʅ^{0} 一分钱

银匠 iə̃$^{55\text{-}24}$tɕiɑŋ^{0}

马店 ma^{55}tiã^{21} 旧时的旅馆

赁货铺子 lə̃^{21}xuə^{21}pʰu$^{21\text{-}55}$tʅ^{0} 旧时租借东西的铺子

抵押 ti^{55}ia^{44}

剃头的 tʰi^{21}tʰou$^{55\text{-}24}$ti^{0}

剃头挑子 tʰi^{21}tʰou^{55}tʰiɔ$^{213\text{-}21}$tʅ^{0} 旧时剃头匠挑的盛放剃头用具的担子

剃头刀子 tʰi^{21}tʰou^{55}tɔ$^{213\text{-}21}$tʅ^{0}

推子 tʰuei$^{213\text{-}21}$tʅ^{0}

剃头 tʰi^{21}tʰou^{55}

刮胡子 kʰu$^{44\text{-}55}$xu$^{55\text{-}24}$tʅ^{0}

澡堂子 tsɔ^{55}tʰɑŋ$^{55\text{-}24}$tʅ^{0}

寿衣铺 ʂou^{21}i^{213}pʰu^{21}

杀猪屠子 ʂa$^{44\text{-}55}$tʂu^{213}tʰu$^{55\text{-}24}$tʅ^{0} 屠夫

　杀猪的 ʂa$^{44\text{-}55}$tʂu$^{213\text{-}21}$ti^{0}

杀猪 ʂa$^{44\text{-}55}$tʂu^{213}

宰羊 tsɛ^{55}iɑŋ^{55}

　杀羊 ʂa$^{44\text{-}55}$iɑŋ^{55}

宰牛 tsɛ^{55}ȵiou^{55}

肉架子 lou^{21}tɕia$^{21\text{-}55}$tʅ^{0} 卖肉时挂肉用的架子

睁眼瞎子 tʂəŋ$^{213-21}$iã^{0}ɕia$^{44-23}$tɿ^{0} 文盲

学堂 ɕyə^{55}t^{h}ɑŋ^{55} 旧时上学的地方

卷子 tɕyã$^{21-55}$tɿ^{0}

交白卷儿 tɕiɔ^{213}pei$^{55-24}$tɕyɛ^{0}

交头卷儿 tɕiɔ^{213}t^{h}ou$^{55-24}$tɕyɛ^{0}

坐唠红油椅子 tsuə^{21}lɔ^{0}xuŋ^{55}iou^{55}i$^{55-21}$tɿ^{0} 最后一名

私塾 sɿ$^{213-13}$ʂu^{213}

上学 ʂɑŋ^{21}ɕiɔ^{55}

放学 fɑŋ^{21}ɕiɔ^{55}

放假 fɑŋ^{21}tɕia^{55}

放秋假 fɑŋ^{21}tɕ^{h}iou^{213}tɕia^{55}

放麦假 fɑŋ^{21}mei^{21}tɕia^{55}

千字文 tɕ^{h}iã$^{213-21}$tsɿ^{0}ʋə̃^{55}

三字经 sã$^{213-21}$tsɿ^{0}tɕiŋ^{213}

写仿 ɕiə^{55}fɑŋ^{55}

仿纸 fɑŋ^{55}tʂʅ^{55}

仿圈 fɑŋ^{55}tɕ^{h}yã^{55} 写仿时用的一个长方形框子，起镇纸的作用

法帖 fa$^{44-23}$t^{h}iə^{0}

满分 mã$^{55-21}$fə̃^{0}

零蛋 liŋ$^{55-24}$tã^{0} 零分

笔筒 pei$^{44-55}$t^{h}uŋ^{55}

砚台 iã^{21}t^{h}ɛ^{0}

笔架 pei$^{44-55}$tɕia^{21}

墨汁子 mei^{21}tʂʅ$^{44-23}$tɿ^{0}

黑墨 xei$^{44-55}$mei^{21}

石板 ʂʅ^{55}pã^{55}

石笔 ʂʅ^{55}pei^{44}

戒尺 tɕiɛ$^{21-55}$tʂʰʅ^{0}

教鞭 tɕiɔ^{21}piã^{213}

拔不倒子 pa$^{55-24}$pu^{0}tɔ$^{55-21}$tʅ^{0} 不倒翁

风筝 fəŋ$^{213-21}$tʂəŋ^{0}

藏猫捂眼 tsʰɑŋ^{55}mɔ^{55}u^{55}iã^{55} 捉迷藏

将军包 tɕiɑŋ^{21}tɕyə̃^{213}pɔ^{213} 儿童游戏：剪子胜包袱，包袱胜锤子，锤子胜剪子。游戏时伸出中指和食指为剪子，张开五指为包袱，伸出拳头为锤子

踢毽子 tʰi$^{44-55}$tɕiã$^{21-55}$tʅ^{0}

沙布袋 ʂa$^{213-21}$pu^{0}tɛ^{0} 布制的内装粮食的小正方体玩具

凫水 fu^{21}ʂuei^{55} 游泳

跳房 tʰiɔ^{21}fɑŋ^{55} 一种游戏

打瓦 ta^{55}ʋa^{55} 一种击打砖块的游戏

捻悠转 ȵiã$^{55-21}$iou^{0}tʂuã^{21} 自制陀螺

打球 ta^{55}tɕʰiou^{55} 用鞭子抽动陀螺的游戏

打行头 ta^{55}ɕiŋ$^{55-24}$tʰou^{0} 旧时玩用线缠成的自制球，类似拍皮球

尜 ka^{55} 一种两头尖中间大的玩具

打尜 ta^{55}ka^{55}

尜棍子 ka$^{55-24}$kuə̃^{0}tʅ^{0}

弹弓 tã$^{21-55}$kuŋ^{0}

圈链子 tɕʰyã$^{213-21}$liã^{0}tʅ^{0} 可推着转的铁圈

钢蹦子 kɑŋ^{213}pəŋ$^{21-55}$tʅ^{0} 扁平的圆形铁

溜窝 liou$^{213-13}$ʋə^{213} 把钢蹦子往小坑里打的一种游戏

抵拐 ti^{55}kuɛ^{55} 一腿蹦跳同时弯曲另一腿以膝盖撞击对方的游戏

黄鼬拉鸡 xuɑŋ$^{55-24}$iou^{0}la$^{213-13}$tɕi^{213} 老鹰捉小鸡的游戏

撅哒锣 tɕyə$^{44-23}$ta^{0}luə^{55} 旧时自制的跷跷板儿

抓石子儿 tʂua^{213}ʂʅ^{55}tsei^{55}

鼓□子 ku^{55}tɑŋ$^{-24}$tʅ^{0} 旧时的一种玩具。极薄的玻璃制成瓶形，用嘴一吹，其底部就一鼓一鼓地发出声音：吹～

踩高跷 tʂʰɛ^{55}kɔ$^{213-21}$tɕʰiɔ^{0}

芯子 ɕiə̃^{21}tʅ^{0} 把四五岁的儿童装扮成某一人物，固定在木杠上。一般一个芯子表现一个剧情或寓意

上芯子 ʂɑŋ^{21}ɕiə̃^{21}tʅ^{0}

抬芯子 tʰɛ$^{55-24}$ɕiə̃^{0}tʅ^{0} 两人或多人抬的芯子

芯杆子 ɕiə̃^{21}kã$^{213-21}$tʅ^{0} 抬芯子用的木杠

抬芯子的 tʰɛ^{55}ɕiə̃^{21}tʅ^{0}ti^{0}

木偶 mu^{21}ŋou^{213}

肘$^{=}$姑子戏 tʂou$^{55-21}$ku^{0}tʅ^{0}ɕi^{21} 五音戏

戏台子 ɕi^{21}tʰɛ$^{55-24}$tʅ^{0}

坤角 kʰuə̃$^{213-13}$tɕyə^{44} 女演员

小生 ɕiɔ$^{55-21}$ʂəŋ^{0} 男演员

花 xua^{213} 烟火

放花 fɑŋ^{21}xua^{213} 燃放烟火

二起 ɭə^{21}tɕʰi^{55} 双响鞭炮

爆仗 pɔ$^{21-55}$tʂɑŋ^{0}

滴儿滴儿金儿 tei$^{44-23}$tei^{0}tɕiei^{213} 一种烟花，可拿在手里，点燃后有美丽的星火不断飘落

猴子花 xou$^{55-24}$tʅ^{0}xua^{213} 一种烟花，泥巴做成，中间放烟火

牌九 pʰɛ^{55}tɕiou^{55} 比麻将薄而长，类似纸牌

推牌九 t^{h}uei^{213}p^{h}ɛ^{55}tɕiou^{55}

押宝 ia$^{44-55}$pɔ^{55}

十　红白事、迷信

（1）婚姻、生育

红白喜事 xuŋ^{55}pei^{55}ɕi^{55}ʂʅ^{21}

喜事 ɕi^{55}ʂʅ^{21}

找对象 tʂɔ^{55}tuei^{21}ɕiɑŋ^{21}

说媳妇 ʂuə$^{44-55}$ɕi$^{44-23}$fu^{0}

找主 tʂɔ^{55}tʂu^{55}

　找个婆婆家 tʂɔ^{55}kə^{21}p^{h}ə$^{55-24}$p^{h}ə^{0}tɕia^{0}

　找个女婿 tʂɔ^{55}kə^{21}ȵy$^{55-21}$ɕy^{0}

娶媳妇 tɕ^{h}y^{55}ɕi$^{44-23}$fu^{0}

长相 tʂɑŋ^{55}ɕiɑŋ^{21} 相貌

年纪 ȵiã$^{55-24}$tɕi^{0} 年龄

时辰 ʂʅ$^{55-24}$ʂə̃^{0}

八字 pa^{-24}tʅ^{0} 他～软

事儿 ʂei^{21} 事情

事儿事儿 ʂei$^{21-55}$ʂei^{0} 麻烦的事情：家里～挺多

分寸 fə̃$^{213-13}$ts^{h}uə̃^{21} 说话做事的尺度：做事有～

场合 tʂ^{h}ɑŋ$^{55-21}$xə^{0} 一定的时间、地点、情况：说话得分～

提亲 t^{h}i^{55}tɕ^{h}iə̃^{213}

老媒婆子 lɔ^{55}mei$^{55-24}$p^{h}ə^{0}tʅ^{0} 媒婆

媒人 mə̃$^{55-24}$lə̃^{0}

　介绍人 tɕiɛ^{21}ʂɔ^{55}lə̃^{55} （新）

倒提媒 tɔ^{21}tʰi^{55}mei^{55} 女方向男方提亲

相 ɕiɑŋ^{213} 女方到男方家相亲

般配 pã$^{213-13}$pʰei^{21}

宜量 i$^{55-24}$liɑŋ^{0} 般配，合适

门窗互对 mə̃^{55}tʂʰuɑŋ^{213}xu$^{213-13}$tuei^{21} 门当户对

对面儿瓦 tuei^{21}miɛ^{21}ʋa^{55} 不通过介绍人而由家长出面商谈子女的婚事

换柬号 xuã^{21}tɕiã^{55}xɔ^{21} 订婚

　换号 xuã^{21}xɔ^{21}

　送柬号 suŋ^{21}tɕiã^{55}xɔ^{21}

拜匣子 pɛ^{21}ɕia$^{55-24}$tʅ^{0} 旧时定亲习俗，由男方送给女方一些礼物，写明生日时辰，放上一块布和半打或一打袜子，以及钱、香、艾等

看日子 kʰã^{21}ɭə$^{21-55}$tʅ^{0} 选择婚期，一般由男方办理

出嫁 tʂʰu$^{44-55}$tɕia^{21}

过门 kuə^{21}mə̃^{55} 女子出嫁进入男方家门

养老婿 iɑŋ^{55}lɔ^{55}ɕy^{21} 入赘的女婿

倒插门儿 tɔ^{21}tʂʰa$^{44-55}$mei^{55} 男子入赘

新女婿 ɕiə̃^{213}ȵy$^{55-21}$ɕy^{0} ①新郎 ②刚结婚不久的男子

新媳妇 ɕiə̃^{213}ɕi$^{44-23}$fu^{0} ①新娘 ②刚结婚不久的女子

新媳妇屋 ɕiə̃^{213}ɕi$^{44-23}$fu^{0}u^{44}

　洞房 tuŋ^{213}fɑŋ^{55}

敛喜联 liã^{55}ɕi^{55}liã^{55} 告知邻居要办喜事，并收份子钱

街谊 tɕiɛ$^{213-13}$i^{21} 办喜事时正屋墙上贴的一张长方形红纸，上写“街谊”以及送礼钱的邻居之名

随钱咧 suei^{55}tɕʰiã$^{55-24}$liə^{0} 跟随别人送礼钱

帐子布 tʂɑŋ$^{21-55}$tʅ^{0}pu^{21} 结婚时亲友送的布，挂在公婆房里的墙上展示

送帐子 suŋ^{21}tʂaŋ$^{21-55}$tʅ^{0}

彩礼 tsʰɛ^{55}li^{55}

缘房 iã$^{55-24}$faŋ^{0} 嫁妆，主要是桌椅等用具

　陪送 pʰei$^{55-24}$suŋ^{0}

送缘房 suŋ^{21}iã$^{55-24}$faŋ^{0} 把娘家陪送的东西送到婆家

嫁妆 tɕia$^{21-55}$tʂuaŋ^{0} 主要是衣服

做嫁妆衣 tsu^{21}tɕia$^{21-55}$tʂuaŋ^{0}i^{213}

发福 fu$^{44-23}$fu^{0} 嫁闺女

开脸儿 kʰɛ^{213}liɛ^{55} 旧时女子婚前用线把汗毛铰去的风俗

双头日子 ʂuaŋ$^{213-21}$tʰou^{0}ɭə$^{21-55}$tʅ^{0} 双数日（四除外），做被褥

全换人 tɕʰyã$^{55-24}$xuã^{0}lə̃^{55} 丈夫、儿女双全的妇女，结婚前请来做被褥

子弟班子 tsʅ^{55}ti^{21}pã$^{213-21}$tʅ^{0}

　吹鼓手 tʂʰuei^{213}ku^{55}ʂou^{55}

开门钱儿 kʰɛ^{213}mə̃^{55}tɕʰiɛ^{55} 男方去女方家迎亲时为了让女方打开大门而给女方的礼钱

吹房 tʂʰuei^{213}faŋ^{55} 在新房里吹喇叭

花轿 xua$^{213-13}$tɕiɔ^{21}

催妆 tsʰuei$^{213-13}$tʂuaŋ^{213} 吹鼓手吹乐曲催促新娘上轿

娶衣 tɕʰy$^{55-21}$i^{0} 男方送给女方上轿时穿的衣服

盖头 kɛ$^{21-55}$tʰou^{0} 旧时女子出嫁盖在头上的红巾，洞房时新郎用擀面杖挑下

上头 ʂaŋ^{21}tʰou^{55} 女方的亲戚送食品等给新娘

压箱子钱儿 ia$^{44-55}$ɕiaŋ$^{213-21}$tʅ^{0}tɕʰiɛ^{55} 女方亲戚送的钱，出嫁时放在箱底或包袱里，祝愿永远有钱之意

送贺礼 suŋ^{21}xuə^{21}li^{55} 男方的亲戚送粉条、肉等作为贺礼

随身盒子 suei^{55}ʂə̃^{213}xuə$^{55-24}$tʅ^{0} 女方出嫁时随身带的盛着馃子、栗子、包子、面条等的食盒

押盒子钱 ia$^{44-55}$xuə$^{55-24}$tʅ^{0}tɕʰiã^{0} 男方给挑食盒的人的赏钱

送儿客 suŋ$^{21-55}$ɭə^{0}kʰei^{44} 旧时女方送女子出嫁的男亲，现在一般是女亲送

送饭的 suŋ^{21}fã$^{21-55}$ti^{0} 女方家和新娘一起去的女客

押轿的 ia$^{44-55}$tɕiɔ^{21}ti^{0} 男方的兄弟或侄子等

陪客 pʰei^{55}kʰei^{44} 陪同客人谈话、饮酒等

陪客 pʰei$^{55-24}$kʰei^{0} 主人邀来陪同客人饮酒、吃饭的人

上拜 ʂɑŋ^{21}pɛ^{21} 拜天地及父母亲戚等

入<u>洞</u>房 lu^{21}tuŋ^{213}fɑŋ^{55}

上首椅子 ʂɑŋ^{21}ʂou^{55}i$^{55-21}$tʅ^{0} 上座

喜酒 ɕi^{55}tɕiou^{55}

开菜钱 kʰɛ$^{213-13}$tsʰɛ^{21}tɕʰiã^{55} 娶亲时每上一道大菜，要给帮忙的赏钱，上小盘则给糖

闹玩的 nɔ^{21}ʋɛ$^{55-24}$ti^{0}

闹新媳妇屋 nɔ^{21}ɕiə̃^{213}ɕi$^{44-23}$fu^{0}u^{44} 闹房

男相傧 nã^{55}ɕiɑŋ$^{213-13}$piə̃^{213}

女相傧 ȵy^{55}ɕiɑŋ$^{213-13}$piə̃^{213}

吃意合面汤 tʂʰʅ$^{44-55}$i^{21}xuə^{0}miã^{21}tʰɑŋ^{213} 结婚后吃的第一顿饭，象征全家和美

认亲 lə̃^{21}tɕʰiə̃^{213} 拜天地入洞房之后，再由主事的带着新郎去女方家认亲

三日客 sã$^{213-21}$ɭə^{21}kʰei^{44} 娶后第二天上午去的两个女的，陪着新娘上午吃饭。走时要问婆婆新娘哪天回门等

扫地钱儿 sɔ^{55}ti^{21}tɕʰiɛ^{55} 新媳妇进门后第二天去近亲家扫地，各家给的

礼钱

回门 xuei^{55}mã^{55} 婚后新夫妇一起到女家的习俗

当日回门 taŋ^{21}ɭə^{21}xuei^{55}mã^{55} 结婚当天，上坟之后就回娘家

三日回门 sã$^{213-21}$ɭə^{0}xuei^{55}mã^{55} 婚后第三天回娘家

改嫁 kɛ^{55}tɕia^{21}

抬身 tʰɛ^{55}ʂã^{213} 再嫁的妇女

寡妇 kua$^{55-24}$fu^{0}

光棍儿 kuɑŋ$^{213-13}$kuei^{21}

老丫头 lɔ^{55}ia$^{213-21}$tʰou^{0} 老姑娘

填房 tʰiã$^{55-24}$fɑŋ^{0}

后婚 xou^{21}xuã^{213} 再嫁的寡妇：找唠个～

许 娘家 ɕy^{55}ȵiɑŋ$^{-24}$tɕia^{0} 前妻的娘家是后妻的～

娃娃亲 ʋa$^{55-24}$ʋa^{0}tɕʰiã^{213}

作主 tsuə$^{44-55}$tʂu^{55}

打离婚 ta^{55}li^{55}xuã^{213}

富咧 fu$^{21-55}$liə^{0} 怀孕，当面说：你又～

　财主咧 tsʰɛ$^{55-24}$tʂu^{0}liə^{0}

有咧 iou$^{55-21}$liə^{0} 怀孕，说别人：某人谁～

　大肚子咧 ta^{21}tu^{21}tɿ^{0}liə^{0}

掉咧 tiɔ^{21}liə^{0}

　小产 ɕiɔ^{55}tʂʰã^{55} ～不如大养活

　小月咧 ɕiɔ$^{55-21}$yə^{0}liə^{0}

坐月子 tsuə^{21}yə$^{21-55}$tɿ^{0}

　养活孩子咧 iɑŋ$^{55-21}$xuə^{0}xɛ$^{55-24}$tɿ^{0}liə^{0}

拾孩子 ʂɿ^{55}xɛ$^{55-24}$tɿ^{0} 接生

破浆包子 p^{h}ə^{21}tɕiaŋ$^{213-21}$pɔ^{0}tʅ^{0} 破羊水

　破衣包子 p^{h}ə^{21}i$^{213-21}$pɔ^{0}tʅ^{0}

衣 i^{213} 胎盘

觉呃病咧 tɕyə$^{44-23}$ə^{0}piŋ^{21}liə^{0} 感觉快生了

开骨缝 k^{h}ɛ^{213}ku$^{44-55}$fəŋ^{21} 生小孩时骨盆后部的连接处向两边裂开

落草 luə^{21}ts^{h}ɔ^{55} 婴儿出生

道喜 tɔ^{21}ɕi^{55} 小孩出生后给娘家报喜

送粥米 suŋ^{21}tʂu$^{44-23}$mei^{0} 娘家送来慰问产妇的食品，如挂面、鸡蛋等

过六日 kuə^{21}liou$^{21-55}$ɭə^{0}

过九日 kuə^{21}tɕiou$^{55-21}$ɭə^{0}

满月 mã$^{55-21}$yə^{0}

叫满月 tɕiɔ^{21}mã$^{55-21}$yə^{0} 小孩满月时，娘家人来叫，但当天要返回婆家，俗语：满月去，满月来，满月不来死奶奶

过百岁 kuə^{21}pei$^{44-23}$suei^{0} 小孩生下一百天的庆典

变$^{=}$锁子 piã^{21}suə$^{55-21}$tʅ^{0} 过百岁时把铜钱用红绳子穿起来，给孩子戴戴，然后挂到厨房供灶王爷的地方，到孩子十二三岁时再拿下来

开锁子 k^{h}ɛ^{213}suə$^{55-21}$tʅ^{0} 孩子十二三岁时举行仪式，把变$^{=}$锁子铰掉，一般正月里举行

坐监 tsuə^{21}tɕiã^{213} 开锁子仪式的一部分。把织布机竖起来，小孩子坐在里面，两侧各有一个人看着

认生 lə̃^{21}ʂəŋ^{213} （小孩子）怕见生人

双把子 ʂuaŋ$^{21-55}$pa^{0}tʅ^{0} 双胞胎

墓生的 mu^{21}ʂəŋ^{0}ti^{0} 旧指遗腹子

　背生子 pei^{21}ʂəŋ^{0}tʅ^{0}

吃妈妈 tʂ^{h}ʅ$^{44-55}$ma$^{213-21}$ma^{0} 吃奶

吃口子 tʂʰʅ$^{44-55}$kʰou$^{55-21}$tʅ^{0}

裹$^{=}$奶 kuə^{55}nɛ^{55} 小孩吃奶：他～开咧

断奶 tuã^{21}nɛ^{55}

尿下咧 suei$^{213-21}$ɕia^{0}liə^{0} 小孩尿床

养活 iɑŋ$^{55-21}$xuə^{0} 生养：～俩孩子

优$^{=}$使 iou$^{213-21}$ʂʅ^{0} 抚养：～起孩子来

扒查 pa$^{213-21}$tʂʰa^{0} 养育：人家～唠三呃孩子

随 suei^{55} 有血缘关系的人之间有相像之处：他长得可～他爹咧

（2）寿辰、丧葬

生日 ʂəŋ$^{213-21}$ɭə^{0}

过生日 kuə^{21}ʂəŋ$^{213-21}$ɭə^{0}

虚岁 ɕy$^{213-13}$suei^{21}

周岁 tʂou$^{213-13}$suei^{21}

丧事 sɑŋ$^{213-13}$ʂʅ^{21}

喜丧 ɕi^{55}sɑŋ^{213}

大丧 ta^{21}sɑŋ^{213} 比较隆重的丧礼

小丧 ɕiɔ^{55}sɑŋ^{213}

三日丧 sã$^{213-21}$ɭə^{0}sɑŋ^{213}

五日丧 u$^{55-21}$ɭə^{0}sɑŋ^{213}

孝子 ɕiɔ$^{21-55}$tʅ^{0} 父母死后居丧的男子

孝子 ɕiɔ^{21}tsʅ^{55} 孝顺的儿子

死咧 sʅ$^{55-21}$liə^{0}

老咧 lɔ$^{55-21}$liə^{0}

不在咧 pu$^{44-55}$tsɛ$^{21-55}$liə^{0}

闪下 ʂã^{55}ɕia^{0} ①（因死亡或离开）遗留下：～三个孩子走咧 ②剩下，落下：

都走咧，就～我咧！

撇下 $p^hiə^{44-23}çia^0$

倒头咧 $tɔ^{55}t^hou^{55-24}liə^0$ 离开人世

倒头饭 $tɔ^{55}t^hou^{55}fã^{21}$ 人死后亲人在灵桌上放的一碗饭，饭上直插一双筷子

打狗饼子 $ta^{55}kou^{55}piŋ^{55-21}tɿ^0$ 人死后亲人在灵桌上放的饼，供死者灵魂去西天路上碰到狗时用

停灵 $t^hiŋ^{55}liŋ^{55}$ 给死者穿寿衣后，将其移至屋中央的灵床上，头朝西，前面挂一帘子，摆上灵桌，放上祭品

烧斜⁼线⁼ $ʂɔ^{213}çiə^{-24}çiã^0$ 一种丧事仪式。人死后，给死者穿好衣服后在家门口烧一捆杆草，里面有纸，烧时死者亲属围着转圈，男女方向相反

送浆水 $suŋ^{21}tçiɑŋ^{213-21}ʂuei^0$ 旧传人死后鬼魂要在土地庙羁押三天，死者的亲属在三天内要每天三次送饭

净面 $tçiŋ^{21}miã^{21}$ 死者入殓前，用棉花球蘸水给死者擦脸，并念道："左边儿丝，右边儿麻，辈辈子出那好头发。"

报丧 $pɔ^{21}sɑŋ^{213}$

哭路 $k^hu^{44-55}lu^{21}$ 报丧时在路上哭

搭灵棚 $ta^{44-55}liŋ^{55}p^həŋ^{55}$ 旧时人死后在院子里搭棚子供孝子下跪以及摆菜等用

守灵 $ʂou^{55}liŋ^{55}$ 人死后死者的亲属守在灵床或灵柩旁

磕头 $k^huə^{44-55}t^hou^{55}$

打祭 $ta^{55}tçi^{21}$ 亲戚抬着食盒来祭奠的仪式

出丧 $tʂ^hu^{44-55}sɑŋ^{213}$ 把灵柩运到墓地

棺材 $kuã^{213-21}ts^hɛ^0$

寿木 $ʂou^{21}mu^{21}$

寿衣 ʂou^{21}i^{213}

铺材被子褥子 pʰu^{213}tsʰɛ^{55}pei^{21}tɿ^{0}lu$^{21-55}$tɿ^{0} 铺在棺材里的被褥

旺钉 ʋɑŋ^{21}tiŋ^{213} 盖棺时用的钉子

赠旌 tsəŋ^{21}tɕiŋ^{213} 儿女送的红布，铺在棺材上

入棺 lu^{21}kuã^{213}

搬灵 pã^{213}liŋ^{55} 出丧时死者的大儿媳妇走在棺材后

摔瓦 ʂuei$^{44-55}$ʋa^{55} 出丧时由死者的大儿子摔一块瓦

打幡 ta^{55}fã^{213}

起灵 tɕʰi^{55}liŋ^{55} 摔瓦时抬起棺材

持服 tʂʰʅ^{55}fu^{55} 死者五服之内的亲属穿孝服等

侄男傍女 tʂʅ^{55}nã^{55}pɑŋ^{21}ȵy^{0} 侄子、侄女等

孝帽子 ɕiɑŋ^{21}mɔ^{21}tɿ^{0} 孝子戴的孝帽

双孝帽子 ʂuɑŋ$^{213-13}$ɕiɑŋ^{21}mɔ^{21}tɿ^{0} 儿子戴的孝帽，有两个角

单孝帽子 tã$^{213-13}$ɕiɑŋ^{21}mɔ^{21}tɿ^{0} 侄子、孙子等戴的孝帽

孝弹子 ɕiɑŋ^{21}tã^{21}tɿ^{0} 双孝帽子上的白棉球，父母皆死戴两个

白扎腰 pei^{55}tʂa$^{44-23}$iɔ^{0} 孝子系在腰间的白带子

披布 pʰei$^{213-21}$pu^{0} 女子披在身上的白布，根据与死者的关系，或长或短

搭头布 ta$^{44-55}$tʰou^{55}pu^{21} 女子戴在头上的白布

麻辫子 ma^{55}piã$^{21-55}$tɿ^{0} 用来绑女子戴在头上的白布的麻绳

哀杖 ŋɛ$^{213-13}$tʂɑŋ^{21} 哭丧棒，由柳条棒缠白纸而成

孝章 ɕiɔ^{21}tʂɑŋ^{213} 亲属带的黑色袖章，有的上面绣一“孝”字

□鞋 fu^{213}ɕiɛ^{55} 旧俗人死后将戴孝的人的鞋子用白布缝住鞋面

明起脸子 miŋ^{55}tɕʰi^{55}liã$^{55-21}$tɿ^{0} 死者儿女缝在鞋面白布中间的一道褶

封门 fəŋ^{213}mə̃^{55} 老人去世后，在门上贴白纸

坟 fə̃^{55}

开坟 kʰɛ^{213}fə̃^{55} 旧时人死之前就修好坟，死后埋葬时先要打开

墓田 mu^{21}tʰiã^{0} 坟地

三日圆坟 sã$^{213-21}$ɭə^{0}yã^{55}fə̃^{55} 埋后第三天，死者儿女穿孝衣围坟转圈

画宅子 xua^{21}tʂei$^{55-24}$tʅ^{0} 三日圆坟时转圈给死者划定阴宅

三七 sã$^{213-21}$tɕʰi^{0} 死者死后二十一天上坟，一般有几个孩子要减去几天

百日坟 pei$^{44-23}$ɭə^{0}fə̃^{55} 死后一百天上坟

祭日 tɕi$^{21-55}$ɭə^{0} 人死的那一天为其祭日，一般亲属每年要在这天上坟

（3）迷信

香 ɕiaŋ^{213}

香台子 ɕiaŋ$^{213-21}$tʰɛ^{0}tʅ^{0} 供香用的台子

香炉子 ɕiaŋ$^{213-21}$lou^{0}tʅ^{0} 插香的器具

末$^{=}$和$^{=}$鱼子 mə^{21}xuə^{0}y$^{55-24}$tʅ^{0} 木鱼

磬 tɕʰiŋ^{21}

供香 kuŋ$^{21-55}$ɕiaŋ^{0} 上供

发钱粮 fa$^{44-55}$tɕʰiã^{55}liaŋ^{55} 初一、十五时在家烧纸供神

宅神 tʂei^{55}ʂə̃^{55}

灶王爷 tsaŋ^{21}maŋ^{0}iə^{55}

神婆子 ʂə̃$^{55-24}$pʰə^{0}tʅ^{0}

姑娘 ku$^{213-21}$ȵiaŋ^{0}

姑姑娘娘的 ku$^{213-21}$ku^{0}ȵiaŋ$^{-33}$ȵiaŋ^{0}ti 像神婆一样：她～，给人呃看病，就能看好唠

山神 ʂã^{213}ʂə̃^{55}

山神庙子 ʂã^{213}ʂə̃^{55}miɔ^{21}tʅ^{0}

菩萨庙子 pʰu$^{55-24}$sa^{0}miɔ^{21}tʅ^{0}

祟 suei^{21} 鬼怪或鬼怪害人：她八字软，好招～

崇锅子 suei$^{21-55}$kuə^{0}tʅ^{0}

妨 faŋ^{213} 旧时迷信认为命凶的妇女会给家人带来灾祸：～男人精

十一 房舍

（1）房子

宅子 tʂei$^{55-24}$tʅ^{0} 住宅，包括屋子和院子

地基 ti^{21}tɕi^{213} 盖房用的地皮：批～

楼 lou^{55}

屋 u^{44} ①整座房子：盖～ ②单间房：北～|南～|东～|西～

上房 ʂaŋ^{21}faŋ^{55}

上房屋 ʂaŋ^{21}faŋ^{55}u^{44}

主房 tʂu^{55}faŋ^{55}

四合子房 sʅ^{21}xə$^{55-24}$tʅ^{0}faŋ^{55} 四合院房子

四六不成宅 sʅ^{21}liou^{21}pu$^{44-55}$tʂʰəŋ^{55}tʂei^{55} 指宅子一般为七间或五间，四间、六间不好安排

瓦屋 ʋa$^{55-21}$u^{0}

草屋 tsʰɔ$^{55-21}$u^{0}

麦秸屋 mei$^{21-55}$tɕiɛ^{0}u^{44} 屋顶铺有麦秸的屋

泥筋子屋 ȵi$^{55-24}$tɕiə̃^{0}tʅ^{0}u^{44} 麦秸屋的一种，只有一层麦秸

薄坯屋 pə$^{55-24}$pʰei^{0}u^{44} 比泥筋子屋用的麦秸多，但也比较少

外间 ʋɛ^{21}tɕiã^{0} 外屋

里间 li$^{55-21}$tɕiã^{0} 里屋

影壁 iŋ$^{55-21}$pei^{0} 迎着大门的用作屏蔽的墙

栅栏子 tʂa$^{21-55}$lã^{0}tʅ^{0} 篱笆

秫秸墙 ʂu$^{55-24}$tɕiɛ^{0}tɕʰiaŋ^{55} 用秫秸做成的墙

栅栏子门 tʂa$^{21-55}$lã^{0}tɿ^{0}mə̃^{55}

寨门 tʂɛ^{21}mə̃^{0} 四方框绑上秫秸、树枝等做成的简易门

钉板子门 tiŋ$^{21-55}$pã^{0}tɿ^{0}mə̃^{55} 钉子钉的薄板门，不太结实。“钉”去声

天心 tʰiã$^{213-21}$ɕiə̃^{0} 院子

门石崖子 mə̃$^{55-24}$ʂɿ^{0}iɛ$^{55-24}$tɿ^{0} 门前的台阶

巽门 ɕyə̃^{21}mə̃^{55} 指西南门

二郎担山 ɭə^{21}lɑŋ^{55}tã$^{213-13}$ʂã^{213} 两头高、中间低的房子样式

（2）房屋结构

屋脊 u$^{44-55}$tɕi^{44}

墙 tɕʰiɑŋ^{55}

屋山 u$^{44-55}$ʂã^{213} 山墙

屋涮 u$^{44-55}$ʂɔ^{21} 山墙顶上呈三角形的两边

涮棒橛子 ʂɔ$^{21-55}$pɑŋ^{0}tɕyə$^{55-24}$tɿ^{0} 用来做屋涮的

涮把子 ʂɔ^{21}pa$^{55-21}$tɿ^{0}

小瓦子涮 ɕiɔ^{55}ʋa$^{55-21}$tɿ^{0}ʂɔ^{21} 用小瓦做的屋涮

四涮 sɿ^{21}ʂɔ^{21} 一个“屋山”有两个涮，一个屋有四涮

挑翅 tʰiɔ$^{55-21}$tʂʰʅ^{0}

屋檐 u$^{44-55}$iã^{55}

屋檐欠子 u$^{44-55}$iã^{55}tɕʰiã$^{21-55}$tɿ^{0}

填欠 tʰiã^{55}tɕʰiã^{21} 把屋檐欠子填实

屋檐橛子 u$^{44-55}$iã^{55}tɕyə$^{55-24}$tɿ^{0} 用来担探出的屋檐

撩檐橛子 liɔ^{55}iã^{55}tɕyə$^{55-24}$tɿ^{0}

四□把子 sɿ^{21}iŋ^{0}pa$^{55-21}$tɿ^{0} 旧时好房子的标志之一，指屋的四个墙角都用砖垒成

砖镶门口 tʂuã$^{213-13}$ɕiɑŋ^{213}mə̃^{55}kʰou^{55} 旧时好房子的标志之一，指屋

门周围的墙镶有砖

海青檐头 $xɛ^{55-21}tɕ^hiŋ^0iã^{55-24}t^hou^0$ 旧时好房子的标志之一，指屋檐用海青色小瓦垒成

地槽 $ti^{21}ts^hɔ^{55}$ 盖屋之前挖的坑：挖～

填槽 $t^hiã^{55}ts^hɔ^{55}$ 把地槽用土石等填上并夯实

压石 $ia^{44-55}ʂʅ^{55}$ ①填槽后垒上石头 ②填槽后垒的石头

挂线 $kua^{21}ɕiã^{21}$ 瓦工工作时水平方向用线取直

吊线 $tiɔ^{21}ɕiã^{21}$ 瓦工、木工工作时纵向垂线取直

打夯 $ta^{55}xaŋ^{213}$

叫夯 $tɕiɔ^{21}xaŋ^{213}$ 打夯时吆喝

根脚 $kə̃^{213-21}tɕyə^0$ 屋墙埋在地下的部分

腿子 $t^huei^{55-21}tʅ^0$ 砸～

减脚 $tɕiã^{55-21}tɕyə^0$ 屋墙地上的一段，旧时多用石头垒成：垒～

梁 $liaŋ^{55}$

屋梁 $u^{44-55}liaŋ^{55}$

叉手 $tʂ^ha^{213-21}ʂou^0$ 与梁构成三角形架子，用于担放檩条

柱子 $tʂu^{21}tʅ^0$

重梁挂柱 $tʂ^huŋ^{55}liaŋ^{55}kua^{21}tʂu^{21}$ 旧时好房子的标志之一，有两根梁，梁上有三根柱子

<u>檩</u>棒子 $lə̃^{55-21}paŋ^0tʅ^0$ 檩

脊檩 $tɕi^{44-23}liə̃^0$ 冲着屋脊的那根檩条

九檩子 $tɕiou^{55-21}liə̃^0tʅ^0$ 盖屋用九根檩条

七檩子 $tɕ^hi^{44-23}liə̃^0tʅ^0$ 盖屋用七根檩条

逢双不成屋 $fəŋ^{55}ʂuaŋ^{213}pu^{44-55}tʂ^həŋ^{55}u^{44}$ 指盖屋用的檩条必须是单数而不能是双数

上顶子 ʂɑŋ^{21}tiŋ$^{55-21}$tʅ^{0} 上梁、叉手等

苇箔 ʋei^{55}pə^{55} 盖屋时担在檩棒子上的席子

秫秸箔 ʂu$^{55-24}$tɕiɛ^{0}pə^{55} 盖屋时铺在苇箔上的席子，上放泥巴，铺麦秸

前出厦子 tɕʰiã^{55}tʂʰu$^{44-55}$ʂa$^{21-55}$tʅ^{0} 房子前面加盖的部分，类似走廊

□台子 kʰa$^{213-21}$tʰɛ^{0}tʅ^{0} 屋墙上凹进用来盛放东西的阁台

顶棚 tiŋ$^{55-21}$pʰəŋ^{0}

　虚棚子 ɕy$^{213-21}$pʰəŋ^{0}tʅ^{0}

田地 tʰia$^{55-24}$ti^{0} 屋里的地面

转身 tʂuã$^{21-55}$ʂə̃^{0} 旧时木门用的轴，使门可转动

插关子 tʂʰa$^{44-23}$kuã^{0}tʅ^{0} 门栓

门石欠子 mə̃$^{55-24}$ʂʅ^{0}tɕʰiã$^{21-55}$tʅ^{0} 门槛

　底欠子 ti$^{55-21}$tɕʰiã^{0}tʅ^{0} 木匠用语

过门石 kuə^{21}mə̃^{55}ʂʅ^{55} 门槛底下的石头

脚台子 tɕyə$^{44-23}$tʰɛ^{0}tʅ^{0} 一蹬一蹬的台阶

大门 ta^{21}mə̃^{55}

大门过道 ta^{21}mə̃^{55}kuə$^{21-55}$tɔ^{0}

二门子 ɭə^{21}mə̃^{0}tʅ^{0} 第二道门

屋门 u$^{44-55}$mə̃^{55}

门框 mə̃^{55}kʰuɑŋ^{21}

门打板子 mə̃$^{55-24}$ta^{0}pã$^{55-21}$tʅ^{0} 旧时大门上类似门槛而高的部分，由一块木板做成，过车时可以拿下来

　门闸子 mə̃^{55}tʂa$^{55-24}$tʅ^{0}

竖梃 ʂu^{21}tʰiŋ^{0} 旧时竖在大门中间的木板

　立梃 li$^{21-55}$tʰiŋ^{0}

顶杠子 tiŋ$^{55-21}$kɑŋ^{0}tʅ^{0} 用来顶门的木棒

腰杠 iɔ$^{213-21}$kaŋ^{0} 可以横挡在大门腰部的木棒，作用同顶杠子

象$^{=}$檐 ɕiaŋ$^{21-55}$iã^{0}

象$^{=}$檐板子 ɕiaŋ$^{21-55}$iã^{0}pã$^{55-21}$tɿ^{0}

门枕石 mã^{55}tʂã^{55}ʂɿ^{55} 门口的石头

□□镲子 kuaŋ$^{55-24}$kuaŋ^{0}tʂ^{h}a$^{55-21}$tɿ^{0} 状如乳房的铁制器具，固定于门上部，上挂铁环，可用来挂滑链子

彪子 piɔ^{21}tɿ^{0} 门上所吊铁环及相连的东西，用来锁门

滑链子 xua$^{55-24}$liã^{0}tɿ^{0} 铁链

穿梃 tʂ^{h}uã$^{213-21}$t^{h}iŋ^{0} 一种锁具

窗户 tʂ^{h}uaŋ$^{213-21}$xu^{0}

窗户棂子 tʂ^{h}uaŋ$^{213-21}$xu^{0}liŋ$^{55-24}$tɿ^{0} ①旧指窗户 ②旧式窗户的棂条

窗户台 tʂ^{h}uaŋ$^{213-21}$xu^{0}t^{h}ɛ^{55}

过木 kuə$^{21-55}$mu^{0} 窗或门上部担住砖头的木头，上面垒砖坯

上槛 ʂaŋ^{21}k^{h}ã^{55} 门框的上部与门槛相对的部分

（3）其他设施

饭屋 fã^{21}u^{0} 厨房

锅头 kuə^{213}t^{h}ou^{55} 灶，一般带风箱

锅台 kuə^{213}t^{h}ɛ^{55}

大锅头 ta^{21}kuə^{213}t^{h}ou^{55} 大灶，多用来做豆腐

小锅头 ɕiɔ^{55}kuə^{213}t^{h}ou^{55} 小型灶

栏 lã^{55} 厕所

栏坑 lã^{55}tɕ^{h}iŋ^{213} 厕所里的屎尿坑

猪窝子 tʂu$^{213-21}$ʋə^{0}tɿ^{0} 猪窝，一般在厕所里

狗窝子 kou$^{55-21}$ʋə^{0}tɿ^{0}

鸡窝子 tɕi$^{213-21}$ʋə^{0}tɿ^{0}

地窨子 ti^{21}iə̃$^{21-55}$tʅ^{0} 地窖

阳沟 iaŋ$^{55-24}$kou^{0} 院子里走水的沟

十二 器具用品

（1）一般家具

家具 tɕia$^{213-13}$tɕy^{21}

家什儿 tɕia$^{213-21}$ʂei^{0}

橱子 tʂʰu$^{55-24}$tʅ^{0}

柜子 kuei^{21}tʅ^{0}

箱子 ɕiaŋ$^{213-21}$tʅ^{0}

木箱子 mu^{21}ɕiaŋ$^{213-21}$tʅ^{0}

柳条箱 liou$^{55-21}$tʰiɔ^{0}ɕiaŋ^{213}

箱子饰件子 ɕiaŋ$^{213-21}$tʅ^{0}ʂʅ^{21}tɕiã^{0}tʅ^{0} 旧指箱子用来挂锁的地方

箱子围裙 ɕiaŋ$^{213-21}$tʅ^{0}ʋei$^{55-24}$tɕʰyə̃^{0} 旧时箱子下部的边

箱子架子 ɕiaŋ$^{213-21}$tʅ^{0}tɕia$^{21-55}$tʅ^{0} 用来放箱子的架子

箱子鼻子 ɕiaŋ$^{213-21}$tʅ^{0}pi$^{55-24}$tʅ^{0} 指木箱两侧的金属，用来固定把手

箱子鼻子抓手 ɕiaŋ$^{213-21}$tʅ^{0}pi$^{55-24}$tʅ^{0}tʂua$^{213-21}$ʂou^{0} 挂在箱子鼻子上的把手

桌子 tʂuə$^{44-23}$tʅ^{0}

桌子牙子 tʂuə$^{44-23}$tʅ^{0}ia$^{55-24}$tʅ^{0} 桌子掌子与桌腿之间的装饰物，可使桌腿更牢固，并且美观

方桌 faŋ$^{213-13}$tʂuə^{44}

大方桌 ta^{21}faŋ$^{213-13}$tʂuə^{44}

矮桌子 iɛ$^{55-21}$tʂuə^{0}tʅ^{0}

抽抽 tʂʰou$^{213-21}$tʂʰou^{0} 抽屉

　抽头 tʂʰou$^{213-21}$tʰou^{0}

带抽抽桌子 tɛ^{21}tʂʰou$^{213-21}$tʂʰou^{0}tʂuə$^{44-23}$tʅ^{0}

条桌子 tʰiɔ$^{55-24}$tʂuə^{0}tʅ^{0}　长方形桌子

搁几 kə$^{44-55}$tɕi^{213}　旧时的一种家具，比桌子长而高

挑山几 tʰiɔ^{55}ʂã^{213}tɕi^{213}　搁几的一种，两头上翘

椅子 i$^{55-21}$tʅ^{0}

圈椅 tɕʰyã^{213}i^{55}　靠背围成圈形的椅子

太师椅 tʰɛ^{21}ʂʅ^{213}i^{55}　旧式的宽大椅子，有靠背、扶手，讲究的在靠背上还雕有图形

藤子椅子 tʰəŋ$^{55-24}$tʅ^{0}i$^{213-21}$tʅ^{0}　藤制椅子

躺椅 tʰɑŋ^{55}i^{55}　靠背特别长而且向后倾斜可供人斜躺的椅子

椅子掌子 i$^{55-21}$tʅ^{0}tʂʰəŋ$^{21-55}$tʅ^{0}

扶手 fu$^{55-24}$ʂou^{0}

沙发 ʂa$^{213-13}$fa^{44}

凳子 təŋ$^{21-55}$tʅ^{0}

搬凳 pã$^{213-13}$təŋ^{21}　长条形凳子

　长条凳 tʂʰɑŋ^{55}tʰiɔ^{55}təŋ^{21}

板凳 pã$^{55-21}$təŋ^{0}　小～

杌子 u$^{21-55}$tʅ^{0}　大～|小～

杌撑子 u^{21}tʂʰəŋ$^{213-21}$tʅ^{0}

蒲墩子 pʰu$^{55-24}$tuã^{0}tʅ^{0}　蒲团

　小蒲墩儿 ɕiɔ^{55}pʰu$^{55-24}$tei^{0}

（2）卧室用具

炕 kʰɑŋ^{21}

炕洞子 kʰɑŋ^{21}tuŋ$^{21-55}$tʅ^{0}　炕下面的洞，可用来盛放杂物

床 $tʂ^{h}uaŋ^{55}$

墙围子 $tɕ^{h}iaŋ^{55}ʋei^{55-24}tʅ^{0}$ 挂在炕或床所靠墙上的布

衬单 $tʂ^{h}ə̃^{21-55}tã^{0}$

　床单 $tʂ^{h}uaŋ^{55}tã^{213}$

　褥单子 $lu^{21}tã^{213-21}tʅ^{0}$

蚊帐 $ʋə̃^{55-24}tʂaŋ^{0}$

蚊帐顶子 $ʋə̃^{55-24}tʂaŋ^{0}tiŋ^{55-21}tʅ^{0}$ 蚊帐顶部

蚊帐杆子 $ʋə̃^{55-24}tʂaŋ^{0}kã^{213-21}tʅ^{0}$ 撑蚊帐用的竹竿等

蚊帐钩子 $ʋə̃^{55-24}tʂaŋ^{0}kou^{213-21}tʅ^{0}$

蚊帐沿子 $ʋə̃^{55-24}tʂaŋ^{0}iã^{55-24}tʅ^{0}$ 蚊帐前面缝的布

线毯子 $ɕiã^{21}t^{h}ã^{55-21}tʅ^{0}$

被子 $pei^{21}tʅ^{0}$

被窝筒子 $pei^{21}ʋə^{0}t^{h}uŋ^{55-21}tʅ^{0}$ 被窝儿

被面子 $pei^{21}miã^{21}tʅ^{0}$

被里子 $pei^{21}li^{55-21}tʅ^{0}$

套子 $t^{h}ɔ^{21-55}tʅ^{0}$ 旧棉絮

被套子 $pei^{21}t^{h}ɔ^{21-55}tʅ^{0}$ 被子里的套子

褥子 $lu^{21-55}tʅ^{0}$

草褥子 $ts^{h}ɔ^{55}lu^{21-55}tʅ^{0}$ 内装黄麦穰的褥子

棉裙子 $miã^{55-24}tɕ^{h}yə̃^{0}tʅ^{0}$ 小褥子

尿盆子 $suei^{213-21}p^{h}ə̃^{0}tʅ^{0}$

尿罐子 $suei^{213-21}kuã^{0}tʅ^{0}$

屙盆子 $ʋə^{44-23}p^{h}ə̃^{0}tʅ^{0}$ ①尿盆子 ②泛指盛脏东西的盆子

汤壶 $t^{h}aŋ^{213}xu^{55}$ 灌热水用来暖脚的用具，锡或陶瓷制品，中空

凉席子 $liaŋ^{55}ɕi^{55-24}tʅ^{0}$

大席 ta^{21}ɕi^{55} 铺在褥子底下的席子

炕席 kʰɑŋ$^{21-55}$ɕi^{0}

豆枕 tou^{21}tʂə̃^{0} 枕头

豆枕顶子 tou^{21}tʂə̃^{0}tiŋ$^{55-21}$tɿ^{0} 旧时长形枕头，两头为方形

豆枕布 tou^{21}tʂə̃^{0}pu^{21} 枕巾

枕席子 tʂə̃^{21}ɕi$^{55-24}$tɿ^{0}

镜子 tɕiŋ$^{21-55}$tɿ^{0}

圆悠镜子 yã$^{55-24}$iou^{0}tɕiŋ$^{21-55}$tɿ^{0} 圆形镜

四方镜子 sɿ$^{21-55}$fɑŋ^{0}tɕiŋ$^{21-55}$tɿ^{0}

照壁子 tʂɔ$^{21-55}$pi^{0}tɿ^{0} 放在桌上对着门的镜子

衣架 i$^{213-13}$tɕia^{21} 用来挂衣服的架子

衣撑子 i^{213}tʂʰəŋ$^{213-21}$tɿ^{0} 用来撑起衣服的用具

烙铁 luə$^{21-55}$tʰiə^{0}

脸盆 liã$^{55-21}$pʰə̃^{0}

暖壶 nuã$^{55-21}$xu^{0} 暖水瓶

鸡毛掸子 tɕi^{213}mɔ^{55}tʰã$^{55-21}$tɿ^{0} 用鸡毛绑成的除灰尘用具

掸桶 tʰã^{55}tʰuŋ^{55} 放鸡毛掸子的用具

搐打子 tʂʰu$^{44-23}$ta^{0}tɿ^{0} 用来拍打身上衣服灰尘的用具，由一根小棍子顶部绑两块布而成

（3）炊事用具

斗盆 tou$^{55-21}$pʰə̃^{0} 大盆

半盆 pã$^{21-55}$pʰə̃^{0} 中等大小的盆

二斗盆 ɭə$^{21-55}$tou^{0}pʰə̃^{0} 比斗盆小、比半盆大的盆

对花盆儿 tuei^{21}xua^{213}pʰei^{55} 五个大小不一可以摞在一起的瓷盆

套五盆 tʰɔ^{21}u^{55}pʰə̃^{55}

面盆 miã^{21}pʰə̃^{55}

和面盆 xuə^{55}miã^{21}pʰə̃^{55}

沫子盆 mə$^{21-55}$tʅ^{0}pʰə̃^{55} 盛摊煎饼用的面糊的盆

瓮 ʋəŋ^{21} 大～|小～

面瓮 miã^{21}ʋəŋ^{21} 盛面用的瓮

瓷瓦碴 tsʰʅ^{55}ʋa$^{55-21}$tʂʰa^{0} 用作器具原料的瓷

罐子 kuã$^{21-55}$tʅ^{0}

瓦罐子 ʋa$^{55-21}$kuã^{0}tʅ^{0} 一种用泥土烧成的罐子

坛子 tʰã$^{55-24}$tʅ^{0}

撮口子坛子 tsuə$^{55-21}$kʰou^{0}tʅ^{0}tʰã$^{55-24}$tʅ^{0} 坛口小、肚子大的坛子

缸 kɑŋ^{213} 大～|小～

面缸 miã^{21}kɑŋ^{213} 盛面粉的缸

水缸 ʂuei^{55}kɑŋ^{213} 盛水的缸

(饭)碗 （fã^{21}）ʋã^{55}

中碗子 tʂuŋ^{213}ʋã$^{55-21}$tʅ^{0} 盛菜用的中等的碗

大件子 ta^{21}tɕiã^{21}tʅ^{0} 盛菜用的大碗

盘子 pʰã$^{55-24}$tʅ^{0}

碟子 tiə$^{55-24}$tʅ^{0}

素浅⁼子 su^{21}tɕʰiã$^{55-21}$tʅ^{0} 小碟子，吃水饺时用来盛醋

筷子 kʰuɛ$^{21-55}$tʅ^{0}

箸笼子 tʂu^{21}luŋ^{0}tʅ^{0} 盛筷子的用具

包子匙子 pɔ$^{213-21}$tʅ^{0}tʂʰʅ$^{55-24}$tʅ^{0} 包包子时用来把馅儿舀到包子皮上的用具

勺子 ʂɔ$^{55-24}$tʅ^{0} 盛饭、汤用的大勺

小勺子 ɕiɔ^{55}ʂɔ$^{55-24}$tʅ^{0} 调羹

食盒 $ʂʅ^{55}xuə^{55}$ 一种盛放食物的大盒子，多为圆形，需两个人抬

手盒子 $ʂou^{55}xuə^{55-24}tʅ^{0}$ 较小的食盒，用手提着即可

挑盒子 $t^{h}iɔ^{213-21}xuə^{0}tʅ^{0}$ 中等大的食盒，一般用扁担挑着

筑⁼子 $tʂu^{44-23}tʅ^{0}$ 瓶塞儿

洋铁壶 $iɑŋ^{55}t^{h}iə^{44-55}xu^{55}$ 洋铁片子打成的水壶

锡壶 $ɕi^{44-55}xu^{55}$

铝壶 $ly^{55}xu^{55}$

酒壶 $tɕiou^{55}xu^{55}$

　酒素⁼子 $tɕiou^{55}su^{21-55}tʅ^{0}$

酒盅子 $tɕiou^{55}tʂuŋ^{213-21}tʅ^{0}$ 酒杯

茶壶 $tʂ^{h}a^{55}xu^{55}$ 烧开水用的水壶

茶素⁼子 $tʂ^{h}a^{55}su^{21-55}tʅ^{0}$ 沏茶用的壶

茶碗 $tʂ^{h}a^{55}ʋã^{55}$ 茶杯

　茶盅子 $tʂ^{h}a^{55}tʂuŋ^{213-21}tʅ^{0}$

锅 $kuə^{213}$ 大～|小～

铝锅 $ly^{55}kuə^{213}$

铁锅 $t^{h}iə^{44-55}kuə^{213}$

砂锅 $ʂa^{213-13}kuə^{213}$

　砂锅子 $ʂa^{213-21}kuə^{0}tʅ^{0}$

（大）九引⁼锅 $(ta^{21})tɕiou^{55}iã^{55}kuə^{213}$ 出豆腐以及蒸较多馒头用的大锅

引⁼ $iə^{55}$ 用来标示锅大小的计量单位：九～锅|八～锅

桶锅（子） $t^{h}uŋ^{55-21}kuə^{0}（tʅ^{0}）$ 煮饭用的锅，似桶，锅沿外翻，无把手

耳锅(子) $ɭə^{55-21}kuə^{0}(tʅ^{0})$ 炒菜用的铁锅，有把手似耳

小耳锅 ɕiɔ^{55}ɭə$^{55-21}$kuə^{0}

锅盖子 kuə^{213}kɛ$^{21-55}$tʅ^{0}

盖垫子 kɛ$^{21-55}$tiã^{0}tʅ^{0} 用来盖瓮以及摆放干粮的用具，一般圆形

筲 ʂɔ^{213} 水桶

水筲 ʂuei^{55}ʂɔ^{213}

铁筲 t^{h}iə$^{44-55}$ʂɔ^{213} 铁制水桶

筲系子 ʂɔ^{213}ɕi^{21}tʅ^{0} 家用水桶的提手

　筲提系 ʂɔ^{213}t^{h}i$^{55-24}$ɕi^{0}

舀瓢 iɔ$^{55-21}$p^{h}iɔ^{0} 舀水用具

　舀子 iɔ$^{55-21}$tʅ^{0}

鏊子 ŋɔ^{21}tʅ^{0} 用于烙制面饼等的炊具，平面圆形，中间稍凸，使用时一般支在砖头上，下面烧草、刨花等

饼鏊子 piŋ$^{55-21}$ŋɔ^{0}tʅ^{0} 小鏊子，一般用来烙饼

煎饼鏊子 tɕiã$^{213-21}$piŋ^{0}ŋɔ^{21}tʅ^{0} 专用于摊煎饼的大鏊子

抢⁼火刀子 tɕ^{h}iɑŋ^{55}xuə^{55}tɔ$^{213-21}$tʅ^{0} 摊煎饼时用来帮助揭起煎饼的用具，类似锅铲而把短

箅子 pi$^{21-55}$tʅ^{0} 统称有空隙而能起间隔作用的器具

笼布子 luŋ$^{55-24}$pu^{0}tʅ^{0} 蒸笼布

笼苫子 luŋ$^{55-24}$ʂã^{0}tʅ^{0} 笼屉

搉臼子 tɕ^{h}ia$^{44-23}$tɕiou^{0}tʅ^{0} 捣蒜泥的用具，多石制，中部凹下

　蒜臼子 suã^{21}tɕiou$^{21-55}$tʅ^{0}

蒜槌子 suã^{21}tʂ^{h}uei$^{55-24}$tʅ^{0} 搉臼子用来捣蒜的部件

　搉臼嘴子 tɕ^{h}ia$^{44-23}$tɕiou^{0}tsuei$^{55-21}$tʅ^{0}

蒜窝子 suã^{21}ʋə$^{213-21}$tʅ^{0} 搉臼子用来盛蒜的部件

　搉臼窝子 tɕ^{h}ia$^{44-23}$tɕiou^{0}ʋə$^{213-21}$tʅ^{0}

刀 tɔ^{213}

菜刀 tsʰɛ^{21}tɔ^{213}

板子 pã$^{55-21}$tʅ^{0} 通称切菜、和面等用的木板

切菜板子 tɕʰiə$^{44-55}$tsʰɛ^{21}pã$^{55-21}$tʅ^{0} 用于切菜的板子

面板子 miã^{21}pã$^{55-21}$tʅ^{0} 用于制作各种面食的板子

擀面杖 kã^{55}miã^{21}tʂɑŋ^{21}

　大轴子 ta^{21}tʂu$^{55-24}$tʅ^{0}

擀饼轴子 kã^{55}piŋ^{55}tʂu$^{55-24}$tʅ^{0} 用于擀饼或包子皮的短圆木棒

　小轴子 ɕiɔ^{55}tʂu$^{55-24}$tʅ^{0}

豆腐架子 tou^{21}fu^{0}tɕia$^{21-55}$tʅ^{0} 做豆腐时用的木架子

豆腐布袋子 tou^{21}fu^{0}pu$^{21-55}$tɛ^{0}tʅ^{0} 盛豆腐沫子的布袋

豆腐包 tou^{21}fu^{0}pɔ^{213} 包豆腐的包袱

风前$^{=}$ fəŋ$^{213-21}$tɕʰiã^{0} 厨房用的风箱

风前$^{=}$杆子 fəŋ$^{213-21}$tɕʰiã^{0}kã$^{213-21}$tʅ^{0} 风箱的拉杆

气嘴 tɕʰi$^{21-55}$tsuei^{0} 风箱出气的地方

烧火铲子 ʂɔ^{213}xuə^{55}tʂʰã$^{55-21}$tʅ^{0} 用来除炭的铲子

炭 tʰã^{21} 煤

渣灰 tʂa$^{55-21}$xuei^{0} 煤渣

阔$^{=}$落子 kʰuə$^{-23}$la^{0}tʅ^{0}/kʰuə$^{-23}$luə^{0}tʅ^{0} 一种灶具，用泥巴做成，下面三条腿，不用风箱，烧柴火、树枝

锅腔子 kuə$^{213-21}$tɕʰiɑŋ^{0}tʅ^{0} 阔$^{=}$落子中空的部分

炉子 lu$^{55-24}$tʅ^{0} 旧时用泥巴、砖等垒炉子：盘～

炉口 lu^{55}kʰou^{55}

炉条 lu$^{55-24}$tʰiɔ^{0} 炉子里的铁条

炭槽子 tʰã^{21}tsʰɔ$^{55-24}$tʅ^{0} 炉灶旁用于盛烧煤的石槽

烟筒 iã$^{213-21}$tʰuŋ^{0}

泥匙子 ȵi^{21}tʂʰʅ^{0}tɿ^{0} 用来除炭泥等用的小铲子

火轴 xuə$^{55-21}$tʂu^{0} 通炉子用的不带钩的铁条

柴火 tʂʰɛ$^{55-24}$xuə^{0} 泛指烧火用的柴草

刨花子 pɔ^{21}xua^{0}tɿ^{0} 刨花，可用来烧火

抹布 ma$^{213-13}$pu^{21}

擦桌布 tsʰa$^{44-55}$tʂuə$^{44-55}$pu^{21}

笊篱 tʂɔ$^{21-55}$li^{0}

漏子 lou^{21}tɿ^{0} 漏斗

洋火 iɑŋ^{55}xuə^{55} 旧称火柴

火柴 xuə^{55}tʂʰɛ^{55}

打火石 ta^{55}xuə^{55}ʂʅ^{55}

擦子 tsʰa$^{44-23}$tɿ^{0} 把萝卜、瓜等擦成丝的器具

炊帚 tʂʰuei$^{213-21}$tʂu^{0} 一种用高粱植株的头部扎成的刷锅用具

刷锅水 ʂua$^{44-55}$kuə^{213}ʂuei^{55}

泔水 kã$^{213-21}$ʂuei^{0} 淘米、刷锅碗用过的水

脏水 tsɑŋ^{213}ʂuei^{55}

（4）工匠用具

刨子 pɔ^{21}tɿ^{0}

斧子 fu$^{55-21}$tɿ^{0}

锛 pã^{213}

锯 tɕy^{21}

凿子 tsuə$^{55-24}$tɿ^{0}

钉子 tiŋ$^{213-21}$tɿ^{0}

螺丝 luə^{55}sɿ^{0}

榫 çyə̃^{55} 木器构件用凹凸方式相接的凸出部分

卯 mɔ^{55} 木器构件用凹凸方式相接的凹进部分

尺子 tʂʰʅ$^{44-23}$tʅ^{0}

软尺 luã^{55}tʂʰʅ^{44}

米尺 mi^{55}tʂʰʅ^{44}

水平尺 ʂuei^{55}pʰiŋ^{55}tʂʰʅ^{44}

三尺杆子 sã$^{213-21}$tʂʰʅ^{0}kã$^{213-21}$tʅ^{0} 木尺

弯尺 ʋã$^{213-13}$tʂʰʅ^{44} 角尺

墨线斗子 mei$^{21-55}$çiã^{0}tou$^{55-21}$tʅ^{0} 木工用来打直线的工具，可拉出墨线

墨线 mei$^{21-55}$çiã^{0} 装在墨斗上用来取直的线

吊线 tiɔ^{21}çiã^{21}

瓦刀 ʋa^{21}tɔ^{0}

抹子 mə$^{55-21}$tʅ^{0} 瓦工用于抹泥灰的工具

泥扳 ȵi^{21}pã^{0} 瓦工泥墙皮等用来放泥灰的工具

泥兜子 ȵi^{55}tou$^{213-21}$tʅ^{0} 瓦工用来盛泥灰的用具

拓坯模子 tʰuə$^{44-23}$pʰei^{0}mu$^{55-24}$tʅ^{0} 用来制坯的一种模具

拓坯 tʰuə$^{44-23}$pʰei^{0} 用“拓坯模子”打成的坯

打坯模子 ta^{55}pʰei^{213}mu$^{55-24}$tʅ^{0} 用来制坯的一种模具，一头固定，一头可以打开，有七寸、九寸之分。打的坯可以直接搬动，多用来盖屋。速度较快

打坯 ta^{55}pʰei^{213} 动词

打坯 ta$^{55-21}$pʰei^{0} 用“打坯模子”打成的坯

杵头 ʂu$^{55-21}$tʰou^{0} 打坯时用来砸坯的用具，底部方形，四面为梯形，上窄下宽，铁制，早期石制

批$^{=}$子 pʰi$^{213-21}$tʅ^{0} ①泥瓦匠用来盖麦秸屋的用具 ②烙饼时用于翻饼的

用具

拢耙 luŋ$^{55-21}$pʰa^{0}　泥瓦匠用具。盖屋顶时拍打麦秸使之整齐的木板，一面有把手，一面类似搓板

锥 tʂuei^{213}　泥瓦匠盖屋用具。粗约 12 厘米，一米多长，头扁平，有眼儿

葛条 kuə$^{44-23}$tʰiɔ^{0}　盖屋时用的葛藤。先泡后煮，用作绳子

滑子 xua$^{55-24}$tɿ^{0}　旧时盖屋用于挡住穿过屋顶的葛藤的小木棍

扒=皮 pa$^{213-21}$pʰi^{0}　旧时盖屋钉在檩上用来固定苇箔的小木板

夯 xɑŋ^{213}　砸实地基的工具。早期木制，一根粗而圆的木棒，上面有均匀分布的三个把手，下部有三个鼻子相对，穿三根绳子；后来用石制夯，形似杵头而较大，四方形，一般需用六七人

绳子 ʂəŋ$^{55-24}$tɿ^{0}

草绳 tsʰɔ^{55}ʂəŋ^{55}

草耀=子 tsʰɔ^{55}iɔ$^{21-55}$tɿ^{0}　捆麦子的草绳

麻绳 ma^{55}ʂəŋ^{55}　麻制的绳子

苘绳 tɕʰiŋ^{55}ʂəŋ^{55}　苘麻绳，不如麻绳结实

皮绳 pʰi^{55}ʂəŋ^{55}

牛皮绳 ȵiou$^{55-24}$pʰi^{0}ʂəŋ^{55}

线绳 ɕiã^{21}ʂəŋ^{55}

棕绳 tsuŋ^{213}ʂəŋ^{55}

扦子 tɕʰiã$^{213-21}$tɿ^{0}　石匠用具。铁制，似削过的铅笔而粗长，尖为多棱

　錾子 tsã^{21}tɿ^{0}

推錾子 tɕʰia$^{44-55}$tsã^{21}tɿ^{0}　扦子不快时放在火中烧后在砧子上砸，然后放入水中冷却

砧子 tʂã$^{213-21}$tɿ^{0}

锤子 tʂʰuei$^{55-24}$tɿ^{0}

大锤 ta^{21}tʂ^{h}uei^{55} 打铁用具

手锤 ʂou$^{55-21}$tʂ^{h}uei^{0} 较小，单手可操作的锤子

手锤把 ʂou$^{55-21}$tʂ^{h}uei^{0}pa^{55} 手锤的把手

钳子 tɕ^{h}iã$^{55-24}$tʅ^{0}

老虎钳子 lɔ^{55}xu^{55}tɕ^{h}iã$^{55-24}$tʅ^{0}

锔子 tɕy$^{44-23}$tʅ^{0} 一种用铜、铁等制成的两头有钩可以连合破裂的陶瓷的工具

剪子 tɕiã$^{55-21}$tʅ^{0}

梳子 ʂu$^{213-21}$tʅ^{0}

　木梳 mu$^{21-55}$ʂu^{0}

缝纫机 fəŋ^{55}lẽ^{21}tɕi^{213}

踏脚子 tʂa$^{213-21}$tɕyə^{0}tʅ^{0} 缝纫机以及其他用具上脚踩的部位

梭子 suə$^{213-21}$tʅ^{0}

纺车子 fɑŋ$^{55-21}$tʂ^{h}a^{0}tʅ^{0}

纑车子 lu$^{55-24}$tʂ^{h}a^{0}tʅ^{0} 纺织用具

拨纑 pə$^{44-55}$lu^{55} 用纑车子把纺成的线团转成线束

椽棚 tʂ^{h}uã$^{55-24}$p^{h}əŋ^{0} 织布之前晒线用的架子

千$^{=}$布 tɕ^{h}iã$^{213-13}$pu^{21} 织布之前的一个程序

籰子 yə$^{21-55}$tʅ^{0} 绕线用的工具

摇桩子 iɔ$^{55-24}$tʂuɑŋ^{0}tʅ^{0}

织布机 tʂʅ$^{44-55}$pu^{21}tɕi^{213}

线子 ɕiã$^{21-55}$tʅ^{0} 织布用的线

经子 tɕiŋ$^{21-55}$tʅ^{0} 织布时的经线

纬子 ʋei$^{55-21}$tʅ^{0} 织布时的纬线

花挣子 xua^{213}tʂəŋ$^{21-55}$tʅ^{0} 绣花时用于绷紧布面的器具

（5）其他生活用具

营生（子） iŋ$^{55-24}$ʂəŋ^{0}（tʅ^{0}）

　东西 tuŋ$^{213-21}$ɕi^{0}

　玩意 ʋã$^{55-24}$·i^{0}

碱 tɕiã^{55}

胰子 i$^{55-24}$tʅ^{0}

香胰子 ɕiɑŋ^{213}·i$^{55-24}$tʅ^{0}

洋胰子 iɑŋ^{55}·i$^{55-24}$tʅ^{0}

猪胰子 tʂu^{213}·i$^{55-24}$tʅ^{0}

黑胰子 xei$^{44-55}$·i$^{55-24}$tʅ^{0} 黑色的猪胰子

家雀子屎 tɕia$^{213-21}$tɕʰyə^{0}tʅ^{0}ʂʅ^{55} 麻雀屎。冬天用来洗手，有润肤作用

雪花膏 ɕyə$^{44-55}$xua^{55}kɔ^{213} 一种膏状润肤用品

马牌油 ma^{55}pʰɛ^{55}iou^{55} 一种润肤用品

手巾 ʂou$^{55-21}$tɕiə̃^{0} 毛巾

擦脚布 tsʰa$^{44-55}$tɕyə$^{44-55}$pu^{21}

蜡烛 la$^{21-55}$tʂu^{0}

蜡台 la^{21}tʰɛ^{55}

洋油灯 iɑŋ^{55}iou^{55}təŋ^{213} 煤油灯

提灯 tʰi^{55}təŋ^{213} 可以手提的煤油灯

灯芯 təŋ$^{213-13}$ɕiə̃^{213}

罩子灯 tʂɔ$^{21-55}$tʅ^{0}təŋ^{213}

电灯 tiã^{21}təŋ^{213}

汽灯 tɕʰi^{21}təŋ^{213}

灯泡 təŋ$^{213-13}$pʰɔ^{213}

灯篓$^{=}$ təŋ$^{213-21}$lou^{0} 灯笼

电棒子 tiã^{21}pɑŋ^{21}tʅ^{0} 手电筒

电石 tiã^{21}ʂʅ^{55} 旧称

　电池 tiã^{21}tʂʰʅ^{55}

火媒子 xuə^{55}mə̃$^{55-24}$tʅ^{0} 引火用的纸卷儿

　火头子 xuə^{55}tʰou$^{55-24}$tʅ^{0}

网兜 ʋɑŋ^{55}tou^{213} 线绳或尼龙丝编成的装东西用的网状兜儿

搓板子 tsʰuə$^{213-21}$pã^{0}tʅ^{0} 搓衣板

笤帚 tʰiɔ$^{55-24}$tʂu^{0} 用去粒的高粱穗等绑成的扫地用具

扫帚 sɔ$^{21-55}$tʂu^{0} 竹枝扎成的用来扫场院的工具

扫帚哭$^{=}$杈子 sɔ$^{21-55}$tʂu^{0}kʰu^{-23}tʂʰa^{0}tʅ^{0} 用秃了的扫帚

筛子 ʂε$^{213-21}$tʅ^{0} 用来筛粮食、沙子等的器具

钩杆 kou$^{213-21}$kã^{0} 用来折香椿芽的杆子，头部有钩子

梯子 tʰi$^{213-21}$tʅ^{0}

座钟 tsuə^{21}tʂuŋ^{213} 能够摆放在桌上的一种钟

挂钟 kua^{21}tʂuŋ^{213} 挂在墙上的钟

花瓶 xua^{213}pʰiŋ^{55}

糨糊 tɕiɑŋ$^{21-55}$xu^{0}

　糨里$^{=}$ tɕiɑŋ$^{21-55}$li^{0}

袼褙 kuə$^{44-23}$pei^{0} 用几层碎布或旧布裱成的布壳，多用来做鞋

铺衬 pʰu$^{213-21}$tʂʰə̃^{0} 碎布头或旧布片

□拉子 tɕʰi$^{213-21}$la^{0}tʅ^{0} 细长的布条

毛沿 mɔ^{55}iã^{55} 棉絮的毛边

针线 tʂə̃$^{213-21}$ɕiã^{0}

针线薄$^{=}$箩子 tʂə̃$^{213-21}$ɕiã^{0}pə$^{55-24}$luə^{0}tʅ^{0} 盛针线的圆形用具

针 tʂə̃^{213}

大针 ta^{21}tʂə̃^{213}

小针 ɕiɔ^{55}tʂə̃^{213}

针鼻子 tʂə̃^{213}pi$^{55-24}$tʅ^{0}

针尖儿 tʂə̃$^{213-13}$tɕiɛ^{213}

纫针 lə̃^{21}tʂə̃^{213} 穿针

缮 iə̃^{55} （大针脚）缝，一般指缝被子：把这床被子来～～

针脚子 tʂə̃$^{213-21}$tɕyə^{0}tʅ^{0}

　扒脚子 pa$^{213-21}$tɕyə^{0}tʅ^{0}

倒脚针子 tɔ$^{21-55}$tɕyə^{0}tʂə̃$^{213-21}$tʅ^{0} 往后缝的针脚

锥子 tʂuei$^{213-21}$tʅ^{0}

顶指子 tiŋ$^{55-21}$tʂʅ^{0}tʅ^{0} 做针线活时戴在中指上用来顶住针鼻的金属圈，上面有许多小窝

线 ɕiã^{21}

线轱轮儿 ɕiã^{21}ku$^{44-23}$lei^{0} 线轴儿

麻线 ma$^{55-24}$ɕiã^{0} 纳鞋底用

绣花线 ɕiou^{21}xua^{213}ɕiã^{21}

洋线子 iɑŋ^{55}ɕiã$^{21-55}$tʅ^{0}

洋布 iɑŋ$^{55-24}$pu^{0} 旧称机器织的平纹布

样子 iɑŋ^{21}tʅ^{0} ①做衣鞋用的纸样 ②形容人的长相好：你看人家长巴的当忙～呃

活扣 xuə$^{55-24}$k^{h}ou^{0} 活结

死扣 sʅ$^{55-21}$k^{h}ou^{0} 死结

洋车 iɑŋ^{55}tʂ^{h}ə^{213} 旧称自行车

东洋车 tuŋ^{213}iɑŋ^{55}tʂ^{h}ə^{213} 旧称日本制自行车

气管子 tɕ^{h}i^{21}kuã$^{55-21}$tʅ^{0} 气筒

鸡食盆子 tɕi^{213}ʂʅ^{55}p^{h}ə̃$^{55-24}$tʅ^{0} 盛鸡食的盆子

槽子 ts^{h}ɔ$^{55-24}$tʅ^{0}

鸡食槽子 tɕi^{213}ʂʅ^{55}ts^{h}ɔ$^{55-24}$tʅ^{0} 盛鸡食的槽，多为石制

猪食槽子 tʂu^{213}ʂʅ^{55}ts^{h}ɔ$^{55-24}$tʅ^{0} 盛猪食的槽，石制

　猪槽子 tʂu^{213}ts^{h}ɔ$^{55-24}$tʅ^{0}

旱烟袋 xã^{21}iã$^{213-13}$tɛ^{21} 吸烟用具

烟袋锅子 iã$^{213-13}$tɛ^{21}kuə$^{213-21}$tʅ^{0} 旱烟袋一端装烟叶的铜斗

烟袋嘴子 iã$^{213-13}$tɛ^{21}tsuei$^{55-21}$tʅ^{0} 烟袋杆儿放进嘴里吸的一端

烟布袋 iã^{213}pu$^{21-55}$tɛ^{0} 用于装旱烟的布口袋

烟袋杆子 iã$^{213-13}$tɛ^{21}kã$^{55-21}$tʅ^{0} 旱烟袋上的细竹管

烟薄$^{=}$箩子 iã^{213}pə$^{-24}$luə^{0}tʅ^{0} 盛烟叶的用具

水烟袋 ʂuei$^{55-21}$iã^{0}tɛ^{21}

烟油 iã^{213}iou^{55}

烟灰 iã$^{213-13}$xuei^{213}

烟灰缸 iã$^{213-13}$xuei^{213}kɑŋ^{213}

火镰 xuə^{55}liã^{55} 旧时取火用具，打在火石上发出火星

棒槌子 pɑŋ^{21}tʂ^{h}uei^{0}tʅ^{0} 洗衣用的木槌

戳子 tʂ^{h}uə$^{44-23}$tʅ^{0} 印章

月份牌 yə^{21}fə̃^{213}p^{h}ɛ^{55} 一种小型日历

挂历 kua^{21}li^{21}

台历 t^{h}ɛ^{55}li^{21}

扇子 ʂã$^{21-55}$tʅ^{0}

拐杖 kuɛ$^{55-21}$tʂɑŋ^{0}

草纸 ts^{h}ɔ^{55}tʂʅ^{55} 旧称比较粗糙的手纸

烧纸 ʂɔ$^{213-21}$tʂʅ^{0} 纸钱：请上两刀～

钱包 tɕ^{h}iã^{55}pɔ^{213}

臭蛋 tʂ^{h}ou^{21}tã^{21} 樟脑球

十三　饮食

（1）统称

粮食 liɑŋ$^{55-24}$ʂʅ^{0}

饭食 fã^{21}ʂʅ^{0} 不吃好～

　饭 fã^{21}

早晨饭 tsɔ$^{55-21}$tɕ^{h}iə̃^{0}fã^{21} 早饭

晌午饭 ʂɑŋ$^{55-21}$u^{0}fã^{21} 中饭

后晌饭 xou^{21}ʂɑŋ^{0}fã^{21} 晚饭

干粮 kã$^{213-21}$liɑŋ^{0}

剩干粮 ʂəŋ^{21}kã$^{213-21}$liɑŋ^{0}

剩饭 ʂəŋ^{21}fã^{21} 剩下的稀饭

（2）米、面类

小米 ɕiɔ^{55}mi^{55} 谷子的子实

江米 tɕiɑŋ$^{213-21}$mi^{0} 糯米

大米 ta^{21}mi^{55}

黏米 ȵiã$^{55-24}$mi^{0} 黏谷子和黍子的子实

大米干饭 ta^{21}mi^{55}kã$^{213-13}$fã^{21} 用大米蒸成用作主食的饭

糗(干)饭 tɕ^{h}iou^{55}(kã$^{213-13}$)fã^{21} 蒸米饭

煳嘎渣 xu$^{55-24}$ka^{0}tʂa^{0} 蒸制米饭、馒头时形成的发黄发干的部分

稀饭 ɕi$^{213-13}$fã^{21} 一种较稠的粥

饭汤 fã^{21}t^{h}ɑŋ^{213} 一种较稀的粥

粽子 tɕyŋ$^{21-55}$tʅ^{0}

江米粽子 tɕiɑŋ$^{213-21}$mi^{0}tɕyŋ$^{21-55}$tɿ^{0}

江米糕 tɕiɑŋ$^{213-21}$mi^{0}kɔ^{213} 一种用糯米加枣蒸成的食品

面 miã^{21} ①面粉 ②专指小麦面粉

白面 pei$^{55-24}$miã^{0} 小麦面粉

死面 sɿ$^{55-21}$miã^{0}

发面 fa$^{44-55}$miã^{21} 动词

发面 fa$^{44-23}$miã^{0} 名词

结面 tɕiə$^{44-23}$miã^{0} 面酵子

酵子 tɕiɔ$^{21-55}$tɿ^{0} 泡上水后的面酵

面□ miã^{21}pu^{55} 揉制面食时的干面粉

棒子面子 pɑŋ^{21}tɿ^{0}miã^{21}tɿ^{0} 玉米面

茶汤面子 tʂʰa$^{55-24}$tʰɑŋ^{0}miã^{21}tɿ^{0} 炒熟的小米面

米面子 mi$^{55-21}$miã^{0}tɿ^{0} ①小米面 ②旧时的一种面食。用小米面发酵后蒸熟

杂面 tsa$^{55-24}$miã^{0} 豆面等杂粮面

地瓜面子 ti^{21}kua^{213}miã^{21}tɿ^{0} 白薯面

发糕 fa$^{44-23}$kɔ^{0} 用小米面和高粱面发酵后蒸成的面食，形似窝头

年糕 ȵiã^{55}kɔ^{213} 用黍子面加枣做成的一种发黏的糕，形似窝头，一般春节前做

糕棋子 kɔ^{213}tɕʰi$^{55-24}$tɿ^{0} 年糕泡软后掺上面做成菱形，晾干后炒熟制成的一种食品

炒面 tʂʰɔ$^{55-21}$miã^{0} 麦子泡湿、炒熟后磨成的一种面。可加水、红糖，捏成团食用

面条 miã^{21}tʰiɔ^{55} 用面粉做成的细长形食品

挂面 kua^{21}miã^{21} 机器加工成的面条

面汤 miã^{21}tʰɑŋ^{213} ①手工擀制的面条：擀～|下～ ②用手工擀制的面条做成的汤面：吃～

凉面 liɑŋ^{55}miã^{21} 夏天吃的一种面条。面条煮熟后放入凉水冷却，捞出后加上黄瓜丝以及切碎的香椿芽咸菜、胡萝卜咸菜、鲜香椿芽，拌上芝麻盐、醋、蒜泥、水和成的调料

汁水子 tʂʅ$^{44-23}$ʂuei^{0}tʅ^{0} 吃凉面时放的汤料，用凉开水放醋、蒜泥、盐、麻汁或芝麻面而成

卤面 lu^{55}miã^{21} 煮熟后放上肉蛋等做成的汤料的面条

卤子 lu$^{55-21}$tʅ^{0} 吃卤面时加的带肉蛋的汤料

饳饦汤 ku$^{213-21}$tʂa^{0}tʰɑŋ^{213} 面粉调成糊状，一点点倒进烧开的汤里煮成的食品

调饳饦 tʰiɔ^{55}ku$^{213-21}$tʂa^{0} 制作饳饦汤的过程

削饳饦 ɕyə$^{44-23}$ku^{0}tʂa^{0} 刀削面

疙瘩汤 ka$^{44-23}$ta^{0}tʰɑŋ^{213} 用南瓜加面煮成的带疙瘩的汤

饸饹 xuə$^{55-24}$luə^{0} 旧时用白薯面等压制而成的长条食物，煮着吃

糊豆$^{=}$ xu$^{55-24}$tou^{0} 用玉米面、小米面等做的粥

茶汤 tʂʰa$^{55-24}$tʰɑŋ^{0} 小米用水泡后碾成面并炒至半熟后再加水煮成的粥

醭 pu^{55} 馒头、醋等长的白色霉

捂咧 u$^{55-21}$liə^{0} 食物发霉变质了

馍馍 mə$^{55-24}$mə^{0} 用发酵的面粉揉制成的半球形食物

卷子 tɕyã$^{55-21}$tʅ^{0} 用发酵的面粉切成的长方形食物

花卷子 xua^{213}tɕyã$^{55-21}$tʅ^{0}

　花卷儿 xua^{213}tɕyɛ^{55}

油卷子 iou$^{55-24}$tɕyã^{0}tʅ^{0} 面抹上油蒸成的花卷

包子 pɔ$^{213-21}$tʅ^{0} 总称蒸包和水饺

大包子 ta^{21}pɔ$^{213-21}$tɿ^{0} 蒸包

蒸包子 tʂəŋ$^{213-21}$pɔ^{0}tɿ^{0}

糖包子 t^{h}ɑŋ^{55}pɔ$^{213-21}$tɿ^{0} 以红糖做馅的三角蒸包

素包子 su^{21}pɔ$^{213-21}$tɿ^{0}

肉包子 lou^{21}pɔ$^{213-21}$tɿ^{0}

小包子 ɕiɔ^{55}pɔ$^{213-21}$tɿ^{0} 水饺

煮包子 tʂu$^{55-21}$pɔ^{0}tɿ^{0}

馄饨 xuə̃$^{55-24}$tuə̃^{0}

剂子 tɕi^{21}tɿ^{0}

窝窝头 ʋə$^{213-21}$ʋə^{0}t^{h}ou^{55} 窝头

窝窝 ʋə$^{213-21}$ʋə^{0}

小饼子 ɕiɔ^{55}piŋ$^{213-21}$tɿ^{0} 用玉米面做的圆形小饼

呼$^{=}$饼子 xu$^{213-21}$piŋ^{0}tɿ^{0}

煎饼 tɕiã$^{213-21}$piŋ^{0} 一种干粮，用小米或玉米等加水磨成糊状在鏊子上摊薄烙成

刮煎饼 k^{h}ua$^{44-23}$tɕiã^{0}piŋ^{0} 烙时用耙子刮得很薄的煎饼

活煎饼 xuə$^{55-24}$tɕiã^{0}piŋ^{0} 把糊状物在鏊子上摊匀烙成的煎饼，不刮，与刮煎饼相对

油煎饼 iou$^{55-24}$tɕiã^{0}piŋ^{0} 把面糊摊匀后加菜制成的煎饼

煎饼汤 tɕiã$^{213-21}$piŋ^{0}t^{h}ɑŋ^{213} 开水泡的煎饼

估$^{=}$作头子 ku$^{213-21}$tʂa^{0}t^{h}ou$^{55-24}$tɿ^{0} 摊煎饼时留在耙子上的面团

糁子 ʂə̃$^{213-21}$tɿ^{0} 磨碎的谷物：棒子～|豆～

拉糁子 la^{213}ʂə̃$^{213-21}$tɿ^{0} 在磨子上把谷物磨碎

趟$^{=}$糁子 t^{h}ɑŋ^{213}ʂə̃$^{213-21}$tɿ^{0} 在碾子上把谷物压碎

沫子 mə$^{21-55}$tɿ^{0} 糁子泡水后磨成的糊状物：推～|煎饼～

布⁼拉子 pu^{21}la^{0}tʅ^{0} 蔬菜加面粉拌匀后蒸熟而成的食品

烧饼 ʂɔ$^{213-21}$piŋ^{0} 一种只烤一面薄而脆的饼：周村～

火烧 xuə$^{55-21}$ʂɔ^{0} 烧饼，两面都烤

肉火烧 lou^{21}xuə$^{55-21}$ʂɔ^{0} 带有肉馅的烧饼

饼 piŋ^{55} ①泛称扁而圆的食品：烧～|煎～|月～ ②像饼的东西：柿～ ③专指手工擀成在鏊子上烙熟的较大的圆形食品：咱擀～吃吧

锅饼 kuə$^{213-21}$piŋ^{0} 一种又硬又大又厚的烙饼

薄饼 pə^{55}piŋ^{55} 一种较薄的烙饼

菜饼 tsʰɛ^{21}piŋ^{55} 由两个薄饼合在一起、中间加菜馅烙成的饼

韭菜饼 tɕiou$^{55-21}$tsʰɛ^{0}piŋ^{55} 加韭菜馅的菜饼

油饼 iou^{55}piŋ^{55} 一种加葱、油烙成的软饼

油条 iou^{55}tʰiɔ^{55}

馃子 kuə$^{55-21}$tʅ^{0} 类似油条口感酥脆的一种油炸食品。旧时红事时常作为礼物

麻<u>花</u> ma$^{55-24}$xuə^{0}

馓子 sã$^{55-21}$tʅ^{0} 一种面食，把面搓成细条，扭成花样，油炸而成

炸糕 tʂa^{55}kɔ^{213}

点心 tiã$^{55-21}$ɕiə̃^{0} 糕点

鸡蛋糕 tɕi$^{213-13}$tã^{21}kɔ^{213} 鸡蛋和面粉加糖、油等制成的松而软的糕点

长寿糕 tʂʰɑŋ^{55}ʂou^{21}kɔ^{213} 一种长条形、两头圆、一面平、一面略微凸起的片状点心

桃酥 tʰɔ^{55}su^{213} 一种圆形的油酥点心

饼干子 piŋ^{55}kã$^{213-21}$tʅ^{0} 饼干

月饼 yə^{21}piŋ^{55}

糖瓜 tʰɑŋ^{55}kua^{213} 麦芽糖

元宵 yã^{55}ɕiɔ^{213}

棒子花 pɑŋ^{21}tʅ^{0}xua^{213} 爆玉米花

烤地瓜 k^{h}ɔ^{55}ti^{21}kua^{213} 烤白薯

歇$^{=}$豆子 ɕiə$^{-23}$tou^{0}tʅ^{0} 二月二吃的一种炒豆

（3）肉、菜类

肉 lou^{21} 猪～|牛～|羊～|鸡～

肥肉 fei^{55}lou^{21}

瘦肉 ʂou^{21}lou^{21}

肉丸子 lou^{21}ʋã$^{55-24}$tʅ^{0}

猪蹄子 tʂu^{213}t^{h}i$^{55-24}$tʅ^{0}

猪下水 tʂu^{213}ɕia^{21}ʂuei^{0} 食用的猪内脏

猪肝 tʂu$^{213-13}$kã^{213}

猪肚子 tʂu^{213}tu$^{44-23}$tʅ^{0}

猪头肉 tʂu$^{213-21}$t^{h}ou^{0}lou^{21}

肘子 tʂou$^{55-21}$tʅ^{0}

前肘 tɕ^{h}iã^{55}tʂou^{55} 猪前腿

后肘 xou^{21}tʂou^{55} 猪后腿

膘子 piɔ$^{213-21}$tʅ^{0} 肉皮与瘦肉之间的肥肉

里肉 li$^{55-21}$lou^{0} 猪腹部的肉

猪血 tʂu$^{213-13}$ɕiə^{44}

血脖子 ɕiə$^{44-55}$pə$^{55-24}$tʅ^{0} 杀猪时捅刀子的部位

鸡肝 tɕi$^{213-13}$kã^{213}

扒鸡 p^{h}a$^{213-13}$tɕi^{213} 煮得烂熟的整鸡

鸡合子 tɕi^{213}xuə$^{55-24}$tʅ^{0} 鸡的胃

鸡内金 tɕi^{213}nei^{21}tɕiã^{213} 鸡胃内层的黄色的膜

鸡血 tɕi$^{213-13}$ɕiə^{44}

鸡嗉子 tɕi^{213}su$^{21-55}$tʅ^{0} 鸡脖子下面储存食物的消化器官

白条鸡 pei$^{55-24}$tʰiɔ^{0}tɕi^{213} 脱毛、去五脏后的生鸡

菜 tsʰɛ^{21}

素菜 su^{21}tsʰɛ^{21}

荤菜 xuə̃$^{213-13}$tsʰɛ^{21}

酥菜 su$^{213-13}$tsʰɛ^{21} 一种把肉、海带、藕、冻豆腐、香菜、白菜叶等依次放好，加佐料用慢火炖烂的菜肴，一般冬季做

松肉 ɕyŋ$^{213-13}$lou^{21} 炸肉

干粉 kã^{213}fə̃^{55} 粉条

粉皮 fə̃^{55}pʰi^{55}

凉粉 liɑŋ^{55}fə̃^{55} 一种用绿豆粉等为原料制成的半透明状食品

木耳 mu^{21}ɭə^{55}

银耳 iə̃^{55}ɭə^{55}

海带 xɛ^{55}tɛ^{21}

海米 xɛ^{55}mi^{55}

虾皮子 ɕia^{213}pʰi$^{55-24}$tʅ^{0}

虾酱 ɕia$^{213-13}$tɕiɑŋ^{21}

藕 ŋou^{55}

藕合子 ŋou^{55}xuə$^{55-24}$tʅ^{0} 切成薄片的藕夹肉馅蘸面糊炸成的食品

茄合子 tɕʰiə^{55}xuə$^{55-24}$tʅ^{0} 切成薄片的茄子夹肉馅蘸面糊炸成的食品

荷包鸡蛋 xuə$^{55-24}$pʰə^{0}tɕi$^{213-13}$tã^{21}

炒鸡蛋 tʂʰɔ^{55}tɕi$^{213-13}$tã^{21}

浸鸡蛋 tɕʰiə̃^{213}tɕi$^{213-13}$tã^{21} 鸡蛋搅匀后加开水冲泡：～喝

鸡蛋汤 tɕi$^{213-13}$tã^{21}tʰɑŋ^{213}

咸鸡蛋 ɕiã^{55}tɕi$^{213-13}$tã^{21}

松花蛋 ɕyŋ$^{213-13}$xua^{213}tã^{21}

豆腐 tou^{21}fu^{0}

豆糁子 tou^{21}ʂə̃$^{213-21}$tʅ^{0} 磨碎去皮的豆子

豆腐沫子 tou^{21}fu^{0}mə$^{21-55}$tʅ^{0} 碎豆泡水后磨成的糊状物

（豆腐）渣 （tou^{21}fu^{0}）tʂa^{213} 做豆腐时滤出的较粗的豆面

豆浆 tou^{21}tɕiɑŋ^{213}

　豆汁儿 tou^{21}tʂei^{44}

豆腐脑子 tou^{21}fu^{0}nɔ$^{55-21}$tʅ^{0}

浆 tɕiɑŋ^{213} 点豆腐后出的水，可用来洗衣

酸浆 suã$^{213-21}$tɕiɑŋ^{0} 点豆腐用的液体，由点豆腐后分离出的水发酵而成

酸浆角子 suã$^{213-21}$tɕiɑŋ^{0}tɕyə$^{44-23}$tʅ^{0} 酸浆的沉淀物

酸浆角子茶汤 suã$^{213-21}$tɕiɑŋ^{0}tɕyə$^{44-23}$tʅ^{0}tʂʰa$^{55-24}$tʰɑŋ^{0} 用炒过的小米面放上酸浆角子、菠菜、豆腐条、姜等做成的粥

炸豆腐 tʂa$^{55-24}$tou^{0}fu^{0} 油炸的豆腐

炸豆腐 tʂa^{55}tou^{21}fu^{0} 动词

豆腐干儿 tou^{21}fu^{0}kɛ^{213}

豆腐乳 tou^{21}fu^{0}lu^{55}

臭豆腐 tʂʰou^{21}tou^{21}fu^{0}

渣豆腐 tʂa$^{213-21}$tou^{0}fu^{0} 一种碎豆加蔬菜煮成的食品

搽渣豆腐 tʂʰa^{55}tʂa$^{213-21}$tou^{0}fu^{0} 制作渣豆腐

炸丸子 tʂa^{55}ʋã$^{55-24}$tʅ^{0} ①油炸的丸子 ②在油中炸丸子

萝卜丸子 luə$^{55-24}$pei^{0}ʋã$^{55-24}$tʅ^{0}

萝卜条子 luə$^{55-24}$pei^{0}tʰiɔ$^{55-24}$tʅ^{0} 萝卜丝

豆腐丸子 tou^{21}fu^{0}ʋã$^{55-24}$tʅ^{0}

绿豆丸子 ly$^{21-55}$tou^{0}ʋã$^{55-24}$tɿ^{0}

咸菜 ɕiã$^{55-24}$tsʰɛ^{0}

老咸菜 lɔ$^{55-21}$ɕiã^{0}tsʰɛ^{0} 陈年咸菜

香椿芽咸菜 ɕiɑŋ$^{213-21}$tʂʰu^{0}ia^{55}ɕiã$^{55-24}$tsʰɛ^{0}

豆豉子 tou^{21}tʂʰʅ^{0}tɿ^{0} 发酵后的豆子

豆豉子咸菜 tou^{21}tʂʰʅ^{0}tɿ^{0}ɕiã$^{55-24}$tsʰɛ^{0} 豆豉子加盐、白萝卜、香菜、姜腌成的咸菜

（4）油盐佐料等

粉户 fə̃^{55}xu^{21}

淀粉 tiã^{21}fə̃^{55}

香油 ɕiɑŋ^{213}iou^{55}

麻汁 ma$^{55-24}$tʂʅ^{0}

大油 ta^{21}iou^{55}

猪油 tʂu^{213}iou^{55}

肉膘子油 lou^{21}piɔ$^{213-21}$tɿ^{0}iou^{55} 猪肥肉上的脂肪

板油 pã^{55}iou^{55} 猪的体腔内壁上呈板状的脂肪

花油 xua^{213}iou^{55} 猪五脏处的脂肪

花生油 xua$^{213-13}$ʂəŋ^{213}iou^{55}

长果油 tʂʰɑŋ^{55}kuə^{55}iou^{55}

豆油 tou^{21}iou^{55}

棉油 miã^{55}iou^{55} 棉籽不去皮榨成的油，发黑

卫生油 ʋei^{21}ʂəŋ^{213}iou^{55} 棉籽去皮榨成的油，不发黑

盐 iã^{55} 粗～|细～

酱油 tɕiɑŋ^{21}iou^{55}

甜酱 tʰiã$^{55-24}$tɕiɑŋ^{0}

豆瓣儿酱 tou^{21}pɛ^{21}tɕiɑŋ^{21}

醋 ts^{h}u^{21}

红糖 xuŋ^{55}t^{h}ɑŋ^{55}

白糖 pei^{55}t^{h}ɑŋ^{55}

冰糖 piŋ$^{55-21}$t^{h}ɑŋ^{0}

佐料 tsuə^{55}liɔ^{21} 调味品的总称

大料 ta^{21}liɔ^{21} 八角

肉桂皮 lou^{21}kuei^{21}p^{h}i^{55}

芥末 tɕiɛ$^{21-55}$mə^{0}

花椒 xua$^{213-13}$tɕiɔ^{213}

花椒面儿 xua$^{213-13}$tɕiɔ^{213}miɛ^{21} 花椒粉

花椒盐儿 xua$^{213-13}$tɕiɔ^{213}iɛ^{55} 加盐的花椒粉

五香 u$^{55-21}$ɕiɑŋ^{0} 一种佐料，煮肉时用

五香面儿 u^{55}ɕiɑŋ^{213}miɛ^{21}

芝麻盐儿 tʂʅ$^{213-21}$ma^{0}iɛ^{55} 芝麻炒后捣碎成面加盐，常用于拌凉菜

味 ʋei^{21} ①味道 ②气味

滋味 tsɿ$^{213-21}$ʋei^{0}

（5）酒水烟

甜酒 t^{h}iã^{55}tɕiou^{55}

白酒 pei^{55}tɕiou^{55}

料酒 liɔ^{21}tɕiou^{55}

黄酒 xuɑŋ^{55}tɕiou^{55}

茶 tʂ^{h}a^{55} 茶水

　大茶 ta^{21}tʂ^{h}a^{55}

茶叶 tʂ^{h}a$^{55-24}$iə^{0}

花茶 xua^{213}tʂʰa^{55}

（白）开水 （pei^{55}）kʰɛ^{213}ʂuei^{55}

浸水 tɕʰiə̃^{213}ʂuei^{55} 泡茶

　浸茶 tɕʰiə̃^{213}tʂʰa^{55}

凉开水 liɑŋ^{55}kʰɛ^{213}ʂuei^{55}

汽水 tɕʰi^{21}ʂuei^{55} 一种含有二氧化碳的清凉饮料

烟 iã^{213}

大烟 ta^{21}iã^{213}

烟叶 iã$^{213-13}$iə^{21}

烟丝 iã$^{213-13}$sɿ^{213}

旱烟 xã^{21}iã^{213}

水烟 ʂuei$^{55-21}$iã^{0}

麦乳精 mei^{21}lu^{55}tɕiŋ^{213} 一种用开水冲饮的含有奶、糖等成分的颗粒状食品

冰棍儿 piŋ$^{213-13}$kuei^{21} 旧时用水和果汁等冰冻而成的一种冰糕

冰糕 piŋ$^{213-13}$kɔ^{213}

十四　服饰

（1）服装鞋帽

穿戴 tʂʰuã$^{213-13}$tɛ^{21}

打扮 ta^{55}pã^{21}

衣裳 i$^{213-21}$ʂɑŋ^{0}

棉衣裳 miã$^{55-24}$i^{0}ʂɑŋ^{0} 通称各种棉衣

单衣裳 tã$^{213-21}$i^{0}ʂɑŋ^{0} 通称各种单衣

制服(衣裳) tʂɿ^{21}fu^{55}（i$^{213-21}$ʂɑŋ^{0}）

便衣 piã^{21}i^{213}

大氅 ta^{21}tʂʰɑŋ^{55}

　大衣 ta^{21}i^{213}

大袄 ta^{21}ŋɔ^{55}　旧时的大衣

棉袄 miã^{55}ŋɔ^{55}　厚～|薄～

夹袄子 tɕia$^{44-55}$ŋɔ$^{55-21}$tʅ^{0}

褂子 kua$^{21-55}$tʅ^{0}

毛衣 mɔ^{55}i^{213}

线衣 ɕiã^{21}i^{213}　针织上衣，棉线织成

背心儿 pei^{21}ɕiei^{213}　夏天穿的机器织成的不带袖子的上衣

马甲 ma^{55}tɕia^{44}　夏天穿的自制背心，大人小孩都穿

顿$^{=}$子 tuə̃^{21}tʅ^{0}　一种小孩冬天穿的背心：棉～|夹～

兜兜 tou$^{213-21}$tou^{0}

褯子 tɕiə^{21}tʅ^{0}　尿布

袖子 ɕiou^{21}tʅ^{0}

领子 liŋ$^{55-21}$tʅ^{0}

领弯子 liŋ$^{55-21}$ʋã^{0}tʅ^{0}　衣服与领子连接处

大襟褂子 ta^{21}tɕiə̃^{213}kua$^{21-55}$tʅ^{0}　女用中式服装

大襟 ta^{21}tɕiə̃^{213}　中式衣服从左向右扣在小襟前面的部分

大襟门子 ta^{21}tɕiə̃^{213}mə̃$^{55-24}$tʅ^{0}　女用中式上衣钉扣子的部位

底襟子 ti$^{55-21}$tɕiə̃^{0}tʅ^{0}　小襟，中式衣服右面掩在大襟里面的狭长部分

对襟子 tuei$^{21-55}$tɕiə̃^{0}tʅ^{0}　中式上衣的一种样式，两襟相对，纽扣在中间

前翘 tɕʰiã^{55}tɕʰiɔ^{21}　对襟子左右两边钉扣子的部位

艳$^{=}$襟 iã^{21}tɕiə̃^{213}　对襟子前翘一侧下面缝的布，用来挡住中缝，使不透风

托肩 tʰuə$^{44-23}$tɕiã^{0}　中式上衣领子下面接的挨肩的部分

汗褂子 xã^{21}kua^{0}tʅ^{0} 旧称夏天穿的中式便衣

口布袋 kʰou$^{55-21}$pu^{0}tɛ^{0} 口袋

布袋 pu$^{21-55}$tɛ^{0} 一般指褂子上的口袋

裤布袋 kʰu$^{21-55}$pu^{0}tɛ^{0} 裤子上的口袋

腰布袋 iɔ$^{213-21}$pu^{0}tɛ^{0} 上衣左右两侧的口袋

扣子 kʰou$^{21-55}$tʅ^{0}

扣鼻子 kʰou^{21}pi$^{55-24}$tʅ^{0} 中式纽扣的纽襻

扣眼儿 kʰou^{21}iɛ^{55} 服装上用来套住扣子的眼儿

葡萄疙瘩 pʰə$^{55-24}$tʰɔ^{0}ka$^{44-23}$ta^{0} 中式上衣的纽扣，用细布条编成

旗袍 tɕʰi^{55}pʰɔ^{55}

裤 kʰu^{21} 统称

裤子 kʰu$^{21-55}$tʅ^{0} ①穿在腰部以下的衣服，有裤腰、裤裆和两条裤腿 ②有柄器具上穿柄用的部位：镰～|棒子～

棉裤 miã^{55}kʰu^{21} 薄～|厚～

插裤 tʂʰa$^{44-55}$kʰu^{21} 旧时穷人穿的一种棉裤，没有裤裆，只有两条腿，拴在单裤腰上

夹裤 tɕia$^{44-55}$kʰu^{21} 有里子的裤

毛裤 mɔ^{55}kʰu^{21}

绒裤 luŋ^{55}kʰu^{21}

单裤 tã$^{213-13}$kʰu^{21}

大拧裆子裤 ta^{21}ȵiŋ$^{55-21}$taŋ^{0}tʅ^{0}kʰu^{21} 一种旧式裤子，穿时要将肥大的裤腰在前面叠起一块再用带子系上

免$^{=}$腰子 miã$^{55-21}$iɔ^{0}tʅ^{0} 旧式裤子的大宽腰，穿时前部要折起来

鸡腿子裤 tɕi$^{213-21}$tʰuei^{0}tʅ^{0}kʰu^{21} 裤腿瘦的一种裤子

喇叭裤 la$^{55-21}$pa^{0}kʰu^{21} 裤腿上细下粗成喇叭形的裤子

撮腿子裤 tsuə$^{55-21}$tʰuei^{0}tɿ^{0}kʰu^{21} 裤脚用松紧带束起的裤子

开裆子裤 kʰɛ$^{213-21}$tɑŋ^{0}tɿ^{0}kʰu^{21} 开裆裤

襻子裤 pʰã$^{21-55}$tɿ^{0}kʰu^{21} 小孩穿的吊带裤，单、夹、棉均有

连脚子裤 liã$^{55-24}$tɕyə^{0}tɿ^{0}kʰu^{21} 小孩穿的那种裤、鞋一体的裤子

搽裆子裤 tʂʰa$^{55-24}$tɑŋ^{0}tɿ^{0}kʰu^{21} 裤裆不开口的童裤，与开裆裤相对

裤衩子 kʰu^{21}tʂʰa$^{55-21}$tɿ^{0} 贴身穿的短裤

大裤衩子 ta^{21}kʰu^{21}tʂʰa$^{55-21}$tɿ^{0} 外穿的短裤

裤头子 kʰu^{21}tʰou$^{55-24}$tɿ^{0} 定亲时送的裤布

裤裆 kʰu^{21}tɑŋ^{213}

裤腰 kʰu^{21}iɔ^{213}

扎腰（带子） tʂa$^{44-23}$iɔ^{0}（tɛ$^{21-55}$tɿ^{0}） 腰带

裤腿 kʰu^{21}tʰuei^{55}

裤腿脚子 kʰu^{21}tʰuei^{55}tɕyə$^{44-23}$tɿ^{0} 裤腿的下端

裤筒 kʰu$^{21-55}$tʰuŋ^{0} 裤腿里面

布头子 pu^{21}tʰou$^{55-24}$tɿ^{0} 布头

裙子 tɕʰyə̃$^{55-24}$tɿ^{0}

雨衣 y^{55}i^{213}

鞋 ɕiɛ^{55}

棉鞋 miã^{55}ɕiɛ^{55}

五眼儿鞋 u^{55}iɛ^{55}ɕiɛ^{55} 棉鞋的一种样式，系鞋带

夹鞋 tɕia$^{44-55}$ɕiɛ^{55} 单鞋

布鞋 pu^{21}ɕiɛ^{55}

圆口鞋 yã^{55}kʰou^{55}ɕiɛ^{55} 布鞋的一种

尖口鞋 tɕiã^{213}kʰou^{55}ɕiɛ^{55} 布鞋的一种，多为老人或男人穿

方口鞋 fɑŋ^{213}kʰou^{55}ɕiɛ^{55} 布鞋的一种，多为女人穿

松紧鞋 suŋ^{213}tɕiə̃^{55}ɕiɛ^{55} 鞋帮两侧缝有松紧带的一种布鞋

牛鼻子鞋 ȵiou^{55}pi$^{55-24}$tʅ^{0}ɕiɛ^{55} 莱芜的一种布鞋

毛疙瘩鞋 mɔ$^{55-24}$ka^{0}ta^{0}ɕiɛ^{55} 一种用一层袼褙做底、上铺铺衬后纳起来的布鞋。结实但不好看，穿着轻快

千层底鞋 tɕʰiã^{213}tsʰuŋ^{55}ti^{55}ɕiɛ^{55} 泛指多层袼褙做底的布鞋

襻带鞋 pʰã^{21}tɛ^{21}ɕiɛ^{55} 女式布鞋

水鞋 ʂuei^{55}ɕiɛ^{55} 雨鞋

油鞋 iou^{55}ɕiɛ^{55} 旧时小脚女人下雨时穿在鞋外的一种鞋，鞋上抹了一层柿子或桐油，晾干后可防雨

胶鞋 tɕiɔ^{213}ɕiɛ^{55}

球鞋 tɕʰiou^{55}ɕiɛ^{55}

拖鞋 tʰuə^{213}ɕiɛ^{55}

凉鞋 liɑŋ^{21}ɕiɛ^{55}

靴子 ɕyə$^{213-21}$tʅ^{0} 旧时年老女性穿的棉鞋

鞋帮子 ɕiɛ^{55}pɑŋ$^{213-21}$tʅ^{0} 鞋的鞋底以外部分

鞋底子 ɕiɛ^{55}ti$^{55-21}$tʅ^{0} 鞋底

鞋垫子 ɕiɛ^{55}tiã$^{21-55}$tʅ^{0}

鞋楦 ɕiɛ^{55}ɕyã^{21} 做鞋时用的木头模型，可使鞋子挺括美观

提鞋把子 tʰi^{55}ɕiɛ^{55}pa$^{21-55}$tʅ^{0} 穿鞋用具，鞋子较紧时放在鞋后跟往上提

鞋带子 ɕiɛ$^{55-24}$tɛ^{0}tʅ^{0}

袜子 ʋa$^{21-55}$tʅ^{0}

布袜子 pu^{21}ʋa$^{21-55}$tʅ^{0} 旧时用布手工缝制而成的袜子

袜带 ʋa^{21}tɛ^{21} 用来绑布袜子的宽布条

洋袜子 iɑŋ^{55}ʋa$^{21-55}$tʅ^{0} 机器织成的线袜

尼龙袜 ȵi^{55}luŋ^{55}ʋa^{21}

裹脚 kuə$^{55-21}$tɕyə^{0} 旧时妇女包小脚的长布条

裹腿 kuə$^{55-21}$tʰuei^{0} 缠在裤子外面小腿部分的长布条

扎腿带子 tʂa$^{44-55}$tʰuei^{55}tɛ$^{21-55}$tʅ^{0}

帽子 mɔ^{21}tʅ^{0} 皮～|棉～

草帽子 tsʰɔ^{55}mɔ^{21}tʅ^{0} 夏天戴的用高粱秸或苇子编的一种帽子

礼帽 li^{55}mɔ^{21} 跟礼服相配的帽子

帽遮檐儿 mɔ^{21}tʂə$^{-23}$iɛ^{0} 帽舌头

脑搭子 nɔ$^{55-21}$ta^{0}tʅ^{0} 小孩戴的一种帽子

围裙 ʋei$^{55-24}$tɕʰyə̃^{0}

围脖 ʋei^{55}pə^{55} 围巾

（2）首饰等

镯子 tʂuə$^{55-24}$tʅ^{0}

手镯子 ʂou^{55}tʂuə$^{55-24}$tʅ^{0}

戒指（子） tɕiɛ$^{21-55}$tʂʅ^{0}（tʅ^{0}）

镏子 liou$^{213-21}$tʅ^{0}

项链 ɕiɑŋ^{21}liã^{21}

簪子 tsã$^{213-21}$tʅ^{0}

胸花 ɕyŋ$^{213-13}$xua^{213}

小手巾 ɕiɔ^{55}ʂou$^{55-21}$tɕiə̃^{0} 手帕

手套子 ʂou^{55}tʰɔ$^{21-55}$tʅ^{0}

眼镜子 iã^{213}tɕiŋ$^{21-55}$tʅ^{0}

挖耳勺子 ʋa^{213}ɭə^{55}ʂɔ$^{55-24}$tʅ^{0}

关针 kuã$^{213-21}$tʂə̃^{0} 别针

头插 tʰou$^{55-24}$tʂʰa^{0} 总称旧时头上饰品

柳叶针 liou$^{55-21}$iə^{0}tʂə̃^{213} 旧时的发具，形似柳叶，一头为球形，银制

网缰子 ʋaŋ^{55}kaŋ$^{213-21}$tʅ^{0} 头绳

发卡子 fa$^{44-55}$tɕʰia$^{213-21}$tʅ^{0} 半圆形发卡，从额前把头发拢住

小卡子 ɕiɔ^{55}tɕʰia$^{213-21}$tʅ^{0} 夹头发用的器具，较小

耳坠子 ɭə^{55}tʂuei^{21}tʅ^{0}

粉 fə̃^{55}

胭脂 iã$^{213-21}$tʂʅ^{0} 搽～抹粉

印干子 iə̃$^{-24}$kã^{0}tʅ^{0} 痕迹：这～咋洗也洗不掉

颜色 iã$^{55-24}$ʂei^{0}

十五　动物

（1）牲畜

牲口 ʂəŋ$^{213-21}$kʰou^{0}

　头牯 tʰou$^{55-24}$ku^{0}

公的 kuŋ$^{213-21}$ti^{0}

母的 mu$^{55-21}$ti^{0}

牛 ȵiou^{55}

犍子 tɕiã$^{213-21}$tʅ^{0} 公牛

　□牯 pʰa^{-23}ku^{0}

实$^{=}$牛 ʂʅ^{55}ȵiou^{55} 母牛

小牛 ɕiɔ^{55}ȵiou^{55}

骟牛 ʂã^{21}ȵiou^{55} 阉牛，只用于公牛

驴 ly^{55}

叫驴 tɕiɔ$^{21-55}$ly^{0}

　公驴 kuŋ$^{213-21}$ly^{0}

驴驹子 ly^{55}tɕy$^{213-21}$tʅ^{0} 小驴

羊 iɑŋ^{55}

山羊 ʂã$^{213-21}$iɑŋ^{0}

绵羊 miã$^{55-24}$iɑŋ^{0}

公羊 kuŋ$^{213-21}$iɑŋ^{0}

母羊 mu$^{55-21}$iɑŋ^{0}

小羊 ɕiɔ^{55}iɑŋ^{55}

大羊 ta^{21}iɑŋ^{55}

猪 tʂu^{213}

牙猪 ia$^{55-24}$tʂu^{0} 小公猪

角猪 tɕyə$^{-23}$tʂu^{0} 种猪

母猪 mu$^{55-21}$tʂu^{0}

小猪 ɕiɔ^{55}tʂu^{213}

骟猪 ʂã^{21}tʂu^{213} 阉公猪

择猪 tʂei^{55}tʂu^{213} 阉母猪

猪鬃 tʂu$^{213-13}$tsuŋ^{213}

猪食 tʂu^{213}ʂʅ^{55}

膘 piɔ^{213} 肥肉

上膘 ʂɑŋ^{21}piɔ^{213} 猪长肉

猪肥咧 tʂu^{213}fei$^{55-24}$liə^{0}

兔子 tʰu$^{21-55}$tʅ^{0}

坡兔子 pʰə$^{44-23}$tʰu^{0}tʅ^{0} 野兔

家兔 tɕia$^{213-13}$tʰu^{21}

狗 kou^{55}

母狗子 mu$^{55-21}$kou^{0}tʅ^{0}

牙狗子 ia$^{55-24}$kou^{0}tʅ^{0} 公狗

狼狗子 $l\alpha\eta^{55-24}kou^{0}t\eta^{0}$

（小）巴狗子 $\varsigma i\text{ɔ}^{55}pa^{213-21}kou^{0}t\eta^{0}$ 体形较小

猫 $m\text{ɔ}^{55}$

牙猫 $ia^{55-24}m\text{ɔ}^{0}$

　公猫 $ku\eta^{213-21}m\text{ɔ}^{0}$

女猫 $\text{ȵ}y^{55-21}m\text{ɔ}^{0}$

　母猫 $mu^{55-21}m\text{ɔ}^{0}$

号猫子 $x\text{ɔ}^{21}m\text{ɔ}^{55-24}t\eta^{0}$ 发情的猫

将 $t\varsigma i\alpha\eta^{213}$ 动物下崽：俺家那狗～咧

鸡 $t\varsigma i^{213}$

公鸡 $ku\eta^{213-21}t\varsigma i^{0}$

母鸡 $mu^{55-21}t\varsigma i^{0}$

蛾鸡 $\upsilon\text{ə}^{55-24}t\varsigma i^{0}$ 母鸡的一个品种，寿光大～

大蛾鸡子 $ta^{21}\upsilon\text{ə}^{55-24}t\varsigma i^{0}t\eta^{0}$

小草鸡子 $\varsigma i\text{ɔ}^{55}ts^{h}\text{ɔ}^{55-21}t\varsigma i^{0}t\eta^{0}$ 当地的鸡，较小

　笨鸡子 $p\tilde{\text{ə}}^{21}t\varsigma i^{0}t\eta^{0}$

鸡冠子 $t\varsigma i^{213}ku\tilde{a}^{213-21}t\eta^{0}$

鸡爪子 $t\varsigma i^{213}t\text{ʂ}ua^{55-21}t\eta^{0}$

翅子 $t\text{ʂ}^{h}\text{ʅ}^{21-55}t\eta^{0}$ 翅膀

菢小鸡儿 $pu^{21}\varsigma i\text{ɔ}^{55}t\varsigma iei^{213}$ 孵小鸡

菢窝鸡 $pu^{21}\upsilon\text{ə}^{213}t\varsigma i^{213}$ 孵蛋的母鸡

嬔 $f\tilde{a}^{21}$ 禽鸟下蛋：那只鸡～开蛋咧

打鸣 $ta^{55}mi\eta^{55}$ 鸡啼

暖鸡 $nu\tilde{a}^{55}t\varsigma i^{213}$ 养鸡场孵小鸡

鸭子 $ia^{44-23}t\eta^{0}$

公鸭子 kuŋ$^{213-21}$ia^{0}tɿ^{0}

母鸭子 mu$^{55-21}$ia^{0}tɿ^{0}

小鸭子 ɕiɔ^{55}ia$^{44-23}$tɿ^{0}

鸭蛋 ia$^{44-55}$tã^{21}

鹅 ŋə^{55}

公鹅 kuŋ$^{213-21}$ŋə^{0}

母鹅 mu$^{55-21}$ŋə^{0}

鹅蛋 ŋə^{55}tã^{21}

（2）鸟兽

野兽 iə^{55}ʂou^{21}

狮子 ʂɿ$^{213-21}$tɿ^{0}

老虎 lɔ^{55}xu^{55}

猴子 xou$^{55-24}$tɿ^{0}

妈$^{=}$虎 ma$^{213-21}$xu^{0} 狼

黑瞎子 xei$^{44-55}$ɕia$^{44-23}$tɿ^{0}

狗熊 kou^{55}ɕyŋ^{55}

狐狸 xu$^{55-21}$li^{0}

貔子 p^{h}i$^{55-24}$tɿ^{0}

獾 xuã^{213}

黄鼬 xuaŋ$^{55-24}$iou^{0}

黄鼠狼子 xuaŋ$^{55-24}$ʂu^{0}laŋ$^{213-21}$tɿ^{0}

老鼠 lɔ$^{55-21}$ʂu^{0}

地老鼠 ti^{21}lɔ^{0}ʂu^{0} 野地里的老鼠

刺猬 ts^{h}ɿ$^{21-55}$ʋei^{0}

长虫 tʂ^{h}aŋ$^{55-24}$tʂ^{h}uŋ^{0} 大蛇

小风梢 ɕiɔ^{55}fəŋ$^{213-21}$ʂɔ^{0} 小蛇

家雀子 tɕia$^{213-21}$tɕʰyə^{0}tɿ^{0} 麻雀

黄家雀子 xuɑŋ$^{55-24}$tɕia^{0}tɕʰyə^{0}tɿ^{0} 一种雀

滴滴水子 ti$^{44-23}$ti^{0}ʂuei$^{55-21}$tɿ^{0} 一种雀，比麻雀的羽毛花一点

鸭栏子 ia$^{44-23}$lã^{0}tɿ^{0} 凤头百灵

山鸡子 ʂã$^{213-21}$tɕi^{0}tɿ^{0} 野鸡

光=棍=打=处= kuɑŋ$^{213-13}$kuə̃^{21}ta^{55}tʂʰu^{21} 布谷鸟

　故=故= ku^{21}ku^{0}

<u>鸧</u>打猫子 tsʰã$^{213-21}$ta^{0}mɔ^{0}tɿ^{0} 啄木鸟

长尾巴狼 tʂʰɑŋ$^{55-24}$i^{0}pa^{0}lɑŋ^{55} 一种鸟，尾巴较喜鹊长，毛灰色

老鸹 lɔ$^{55-21}$kua^{0}

　喜鹊 ɕi^{55}tɕʰyə^{44}

洼=老鸹 ʋa$^{213-21}$lɔ^{0}kua^{0} 乌鸦

老鸹窝 lɔ$^{55-21}$kua^{0}ʋə^{213}

小燕子 ɕiɔ^{55}iã$^{21-55}$tɿ^{0}

大雁 ta^{21}iã^{21}

斑鸠 pã$^{213-21}$tɕiou^{0}

<u>鸪</u>鸪 kuə$^{-24}$kuə^{0} 鸽子

夜猫子 iə^{21}mɔ^{0}tɿ^{0} 猫头鹰

老雕 lɔ^{55}tiɔ^{213} 一种猛禽

棉<u>蝙蝠</u>子 miã$^{55-24}$tʰiã^{0}xu^{0}tɿ^{0} 蝙蝠

　棉蝙<u>蝠</u>子 miã$^{55-24}$pʰiã^{0}xu^{0}tɿ^{0}

　圆<u>蝙蝠</u>子 yã$^{55-24}$tʰiã^{0}xu^{0}tɿ^{0}

（3）虫类

蛹子 luŋ$^{55-21}$tɿ^{0} 昆虫蛹

蚕妹 tsʰã$^{55-24}$mei^{0} 蚕

茧儿 tɕiɛ^{55} 蚕茧

歇虎留$^{=}$子 ɕiə$^{44-23}$xu^{0}liou^{-24}tʅ^{0} 壁虎

地出溜子 ti^{21}tʂʰu^{0}liou$^{213-21}$tʅ^{0} 地里的一种蜥蜴，较壁虎颜色鲜亮

蝈子 kuɛ$^{213-21}$tʅ^{0} 蝈蝈

叫蝈子 tɕiɔ$^{21-55}$kuɛ^{0}tʅ^{0} 公蝈蝈

母蝈子 mu$^{55-21}$kuɛ^{0}tʅ^{0}

荒$^{=}$虫 xuɑŋ$^{213-21}$tʂʰuŋ^{0} 指成灾的蝗虫

蚂蚱 ma$^{21-55}$tʂa^{0} 统称野地里长的蝗虫

少马角 ʂɔ^{21}ma^{55}tɕia^{44} 蝗虫的一种，青绿色，头尖翅长

蹬挡山 təŋ^{21}tɑŋ^{55}ʂã^{213} 一种较大的蝗虫，可吃

小肉头□ ɕiɔ^{55}lou^{21}tʰou^{55}tei^{213} 一种蝗虫，翅短但能飞，体形较小，子多，可吃

跳八丈子 tʰiɔ^{21}pa$^{44-55}$tʂɑŋ^{21}tʅ^{0} 一种蝗虫，跳得很远

蚂蚱鞍子 ma$^{21-55}$tʂa^{0}ŋã$^{213-21}$tʅ^{0} 春天多见的一种蝗虫，翅小，身大，不会飞

飞蝗 fei$^{213-21}$xuɑŋ^{0} 会飞的一种蝗虫

稍钱子 ʂɔ$^{213-21}$tɕʰiã^{0}tʅ^{0} 蝉

蚰螂（龟） iou$^{55-24}$lɑŋ^{0}（kuei^{213}） 蝉的幼虫

麦稍 mei$^{21-55}$ʂɔ^{0} 体形较小的一种蝉

肚□子 tu^{21}liɔ^{0}tʅ^{0} 类似“麦稍”而叫声不同的蝉

籽蝗 tsʅ$^{55-21}$xuɑŋ^{0} 谷上长的一种虫子，绿色

蛛蛛 tʂu$^{213-21}$tʂu^{0} 蜘蛛

山水蚰 ʂã$^{213-21}$ʂuei^{0}iou^{55} 立秋时尤其下雨后山上出的一种昆虫，可吃

木牛 mu^{21}ȵiou^{55} 天牛。长须，身黑色有白点

棒浪蚰子 paŋ^{21}laŋ^{0}iou$^{55-24}$tʅ^{0} 蜗牛

蜻蜓 tʰiŋ$^{213-21}$tʰiŋ^{0}

刀螂 tɔ$^{213-21}$laŋ^{0} 螳螂

蛐蛐 tɕʰy$^{44-23}$tɕʰy^{0}

蚰蜒 iou^{21}iã^{0} 蚯蚓

蛐蟮 tɕʰy$^{44-23}$ʂã^{0} 大蚯蚓，与筷子差不多粗长，据说会叫

马蚰蜒 ma$^{55-21}$iou^{0}iã^{0} 百足虫

土鳖子 tʰu^{55}piə$^{44-23}$tʅ^{0} 地鳖

屎壳螂 ʂʅ$^{55-21}$kʰə^{0}laŋ^{0} 蜣螂

将军 tɕiaŋ$^{213-21}$tɕyə̃^{0} 大的蜣螂

蝼蛄 lou$^{55-24}$kou^{0}

蝎子 ɕiə$^{44-23}$tʅ^{0}

湿湿虫 ʂʅ$^{44-23}$ʂʅ^{0}tʂʰuŋ^{55} 土里生的虫子，一碰身子就团成球形

磕头虫 kʰuə$^{44-55}$tʰou^{55}tʂʰuŋ^{55}

□□ pa^{21}pa^{0} 萤火虫

泛花虫 fã^{21}xua^{0}tʂʰuŋ^{55} 瓢虫

臭大子 tʂʰou$^{21-55}$ta^{0}tʅ^{0} 臭大姐

瞎撞子 ɕia$^{44-55}$tʂʰuaŋ$^{21-55}$tʅ^{0} 一种常在灯下乱飞的甲虫

蜂子 fəŋ$^{213-21}$tʅ^{0} 通称

蜜蜂子 mi$^{21-55}$fəŋ^{0}tʅ^{0} 蜜蜂

马蜂子 ma$^{55-21}$fəŋ^{0}tʅ^{0} 马蜂

闲=郎=党= ɕiã$^{55-24}$laŋ^{0}taŋ^{55} 一种大蜂子，在木头上钻洞为窝，黑色，蛰人厉害

土蜂子 tʰu$^{55-21}$fəŋ^{0}tʅ^{0} 蜂子的一种

蜂窝 fəŋ$^{213-13}$ʋə^{213}

蛾子 υə$^{55-24}$tɿ^{0} 通称蝴蝶和小飞蛾

腻 ȵi^{21} 蚜虫

　腻虫子 ȵi^{21}tʂʰuŋ^{0}tɿ^{0}

蚁蛘 i$^{55-21}$iɑŋ^{0} 蚂蚁

马蚁蛘 ma$^{55-21}$i^{0}iɑŋ^{0} 略大的蚂蚁，不会飞

大翅子蚁蛘 ta^{21}tʂʰʅ$^{21-55}$tɿ^{0}i$^{55-21}$iɑŋ^{0} 长翅膀的大蚂蚁

小蚁蛘 ɕiɔ^{55}i$^{55-21}$iɑŋ^{0}

蚊子 υə̃$^{55-24}$tɿ^{0}

臭蚊子 tʂʰou^{21}υə̃$^{55-24}$tɿ^{0} 绿色大蚊子

苍蛘 tsʰɑŋ$^{213-21}$iɑŋ^{0} 苍蝇

屎苍蝇 ʂʅ$^{55-21}$tsʰɑŋ^{0}iŋ^{0} 大苍蝇

绿豆蝇 ly$^{21-55}$tou^{0}iŋ^{0} 绿色大苍蝇

白渣 pei$^{55-24}$tʂa^{0} 苍蝇卵

蛆 tɕʰy^{213} 苍蝇的幼虫

虼蚤 kuə$^{44-23}$tsɔ^{0} 跳蚤

臭虫 tʂʰou^{21}tʂʰuŋ^{55}

虱子 ʂʅ$^{44-23}$tɿ^{0} 一般指人身上长的虱子

虮子 tɕi$^{55-21}$tɿ^{0} 跳蚤和虱子的幼虫

牛虱子 ȵiou$^{55-24}$ʂʅ^{0}tɿ^{0} 牛身上长的虱子，豆粒大

猪虱子 tʂu$^{213-21}$ʂʅ^{0}tɿ^{0} 猪身上长的虱子

狗虱子 kou$^{55-21}$ʂʅ^{0}tɿ^{0} 狗身上长的虱子，圆形

鸡虱子 tɕi$^{213-21}$ʂʅ^{0}tɿ^{0} 鸡身上长的虱子，很小

豆虫 tou^{21}tʂʰuŋ^{0} 豆地里长的一种绿色的虫子

蛴螬 tsʰɿ$^{55-24}$tsʰɔ^{0} 金龟子的幼虫，害虫

槐虫子 xuɛ$^{55-24}$tʂʰuŋ^{0}tɿ^{0} 槐树上生的虫子

蠓虫子 məŋ$^{55-21}$tʂʰuŋ^{0}tʅ^{0} 秋天的小飞虫

（4）鱼虾类

鱼 y^{55}

秫秫叶鱼 ʂu$^{55-24}$ʂu^{0}iə^{21}y^{55}

带鱼 tɛ$^{21-55}$y^{0}

刀鱼 tɔ$^{213-21}$y^{0}

鲤鱼 li$^{55-21}$y^{0}

鲫鱼 tɕi$^{44-23}$y^{0}

偏口鱼 pʰiã$^{213-21}$kʰou^{0}y^{55} 比目鱼

鲅鱼 pa$^{21-55}$y^{0}

小靠$^{=}$鱼子 ɕiɔ^{55}kʰɔ^{21}y$^{55-24}$tʅ^{0} 小干鱼

草鱼 tsʰɔ$^{55-21}$y^{0}

金鱼 tɕiã^{213}y^{55}

鱼刺 y^{55}tsʰʅ^{21}

鱼鳞 y^{55}liã^{55}

鱼鳃 y^{55}sɛ^{213}

鱼节$^{=}$腮 y^{55}tɕiə$^{44-23}$sɛ^{0} 鱼腮内侧

海参 xɛ$^{55-21}$ʂã^{0}

虾 ɕia^{213}

鳖 piə^{44}

泥鳅 ȵi$^{55-24}$kou^{0}

屎螃蟹 ʂʅ$^{55-21}$pʰɑŋ^{0}ɕiɛ^{0} 河沟里长的螃蟹

草螃蟹 tsʰɔ$^{55-21}$pʰɑŋ^{0}ɕiɛ^{0}

青蛙 tɕʰiŋ^{213}ʋa^{55}

蛙子 ʋɛ$^{55-24}$tʅ^{0}

蛤蟆 xa$^{55-24}$ma^{0}

疥蛤蟆 tɕiɛ$^{21-55}$xa^{0}ma^{0}

蛤蟆蝌子 xa$^{55-24}$ma^{0}kʰuə$^{213-21}$tʅ^{0} 蝌蚪

　蛤蟆蛙子 xa$^{55-24}$ma^{0}ʋɛ$^{55-24}$tʅ^{0}

马蚍 ma^{55}pʰi^{213} 生于水中的一种昆虫，尖嘴

拧蛤拉 ȵiŋ$^{55-21}$ka^{0}la^{0} 螺丝

扣蛤拉 kʰou$^{21-55}$ka^{0}la^{0}

　蛤拉 ka^{-24}la^{0}

十六　植物

（1）谷物棉麻

庄稼 tʂuɑŋ$^{213-21}$tɕia^{0}

五谷 u^{55}ku^{44}

杂粮 tsa^{55}liɑŋ^{55}

种粮子 tʂuŋ$^{55-21}$liɑŋ^{0}tʅ^{0} 留作种子的粮食

麦子 mei$^{21-55}$tʅ^{0}

小麦 ɕiɔ^{55}mei^{21}

大麦 ta^{21}mei^{21}

麦秸 mei$^{21-55}$tɕiɛ^{0}

麦秸脖子 mei$^{21-55}$tɕiɛ^{0}pə$^{55-24}$tʅ^{0} 麦穗下面的麦秸

　麦秸梃子 mei$^{21-55}$tɕiɛ^{0}tʰiŋ$^{55-24}$tʅ^{0}

麦穗头子 mei$^{21-55}$suei^{0}tʰou$^{55-24}$tʅ^{0} 麦穗

麦芒 mei^{21}ʋɑŋ^{55}

麦萼子 mei^{21}ʋə$^{21-55}$tʅ^{0} 包麦子的皮

麸子 fu$^{213-21}$tʅ^{0} 麦子磨成面筛过后剩下的皮和碎屑

糠 kʰaŋ^{213}

麦糠 mei$^{21-55}$kʰaŋ^{0}

麦粒子 mei$^{21-55}$li^{0}tʅ^{0}

麦茬 mei$^{21-55}$tʂʰa^{0} 麦子割下后留在地里的根茎

割麦子 kuə$^{44-55}$mei$^{21-55}$tʅ^{0}

黄麦穰 xuaŋ$^{55-24}$mei^{0}laŋ^{55} 打过麦子后的碎麦秸或切断的麦秸，旧时多用来装枕头、拌泥巴

荞麦 tɕʰiɔ$^{55-24}$mei^{0}

谷 ku^{44} 粟，脱壳后是小米

谷糠 ku$^{44-23}$kʰaŋ^{0}

黏谷子 ȵiã$^{55-24}$ku^{0}tʅ^{0} 与小米一样大，穗子发红

秫谷子 ʂu$^{55-24}$ku^{0}tʅ^{0}

黍子 ʂu$^{55-21}$tʅ^{0} 子实发黏、比小米大的谷类作物

秕子 pi$^{55-21}$tʅ^{0} 有壳无实的谷

苗子 miɔ$^{55-24}$tʅ^{0} 初生的种子植物

稙谷 tʂʅ$^{44-23}$ku^{0} 春天种的谷子。稙，《广韵》：竹力切，早种禾

二生子 ɭə^{21}ʂəŋ^{0}tʅ^{0} 麦子未割时在麦地里穿种的谷子

晚谷 ʋã$^{55-21}$ku^{0} 割麦子后种的谷，生长时间短

圆孢 yã^{55}pʰɔ^{213} 子实成熟、谷穗开始低垂

上开黄粒咧 ʂaŋ^{21}kʰɛ^{213}xuaŋ$^{55-24}$li^{0}liə^{0} 开始长谷粒子

谷秸 ku$^{44-23}$tɕiɛ^{0} 谷秆儿

秆草 kã$^{55-21}$tsʰɔ^{0}

棒子 paŋ^{21}tʅ^{0} 玉米

春棒子 tʂʰuã$^{213-21}$paŋ^{0}tʅ^{0} 春季种的玉米

晚棒子 ʋã$^{55-21}$paŋ^{0}tʅ^{0} 夏季种的玉米

黄棒子 xuaŋ$^{55-24}$paŋ^{0}tʅ^{0} 子粒黄色的玉米

白棒子 pei$^{55-24}$paŋ^{0}tʅ^{0} 子粒白色的玉米

小黏棒子 ɕiɔ^{55}ȵiã$^{55-24}$paŋ^{0}tʅ^{0} 体形较小、子粒发黏的玉米

鲜棒子 ɕiã^{213}paŋ^{21}tʅ^{0} 刚收割的玉米

棒子苗 paŋ^{21}tʅ^{0}miɔ^{55} 玉米幼株

棒子秸 paŋ^{21}tʅ^{0}tɕiɛ^{213} 玉米秸秆

寥$^{=}$穗子 liɔ$^{55-21}$suei^{0}tʅ^{0} 玉米秸顶上的花

棒子萼子 paŋ^{21}tʅ^{0}ʋə$^{21-55}$tʅ^{0} 包在玉米穗外面的包皮

棒子穰子 paŋ^{21}tʅ^{0}laŋ$^{55-24}$tʅ^{0} 玉米芯

脐子 tɕʰi$^{55-24}$tʅ^{0} 玉米粒中的胚芽

棒子缨子 paŋ^{21}tʅ^{0}iŋ$^{213-21}$tʅ^{0} 玉米缨

卖红花线儿的时候咧 mɛ^{21}xuŋ^{55}xua^{213}ɕiɛ$^{21-55}$ti^{0}ʂʅ$^{55-24}$xou^{0}liə^{0}

玉米刚开花而尚未授粉的时候

棒子根儿 paŋ^{21}tʅ^{0}kei^{213} 玉米棵的根

秫秫 ʂu$^{55-24}$ʂu^{0}

高粱 kɔ^{213}liaŋ^{55}

黏秫秫 ȵiã$^{55-24}$ʂu^{0}ʂu^{0}

葩鸡梃子 pu^{21}tɕi^{0}tʰiŋ$^{55-24}$tʅ^{0} 高粱穗下面的杆，可用来做箅子

秫秸 ʂu$^{55-24}$tɕiɛ^{0} 整根的高粱秸

乌霉 u$^{213-21}$mə̃^{0} 玉米、高粱等作物患有黑穗病长的外包白皮的黑色块状物，可食用

格档 kə$^{-24}$taŋ^{0} 通称玉米秸、高粱秸等：～瓤子

格档瓤子 kə$^{-24}$taŋ^{0}laŋ$^{55-24}$tʅ^{0} 高粱秆、玉米秸皮里松软的部分

秫秸棵子 ʂu$^{55-24}$tɕiɛ^{0}kʰuə$^{213-21}$tʅ^{0} 高粱植株

席席篾子 ɕi$^{55-24}$ɕi^{0}mi^{-24}tʅ^{0} 高粱秆的外皮，可用于编制席子等用品

稻子 tɔ^{21}tʅ^{0}

棒子炸$^{=}$ pɑŋ^{21}tʅ^{0}tʂa^{21} 玉米割后留在地里的根部

秫秸炸$^{=}$ ʂu$^{55-24}$tɕiɛ^{0}tʂa^{21} 高粱割后留在地里的根部

莠穗子草 iou$^{55-21}$suei^{0}tʅ^{0}tsʰɔ^{55} 稻田中的害草及其子实

　莠子 iou$^{55-21}$tʅ^{0}

棉花 miɑŋ$^{55-24}$xua^{0}/ȵiɑŋ$^{55-24}$xua^{0}

棉花棵子 miɑŋ$^{55-24}$xua^{0}kʰuə$^{213-21}$tʅ^{0} 棉花植株

棉花柴 miɑŋ$^{55-24}$xua^{0}tʂʰɛ^{55} 收棉花之后的棉花植株

棉花萼子 miɑŋ$^{55-24}$xua^{0}ʋə$^{21-55}$tʅ^{0} 棉桃开裂后包着棉花的外皮

棉花桃子 miɑŋ$^{55-24}$xua^{0}tʰɔ$^{55-24}$tʅ^{0} 棉花的果实，形状像桃

棉花种 miɑŋ$^{55-24}$xua^{0}tʂuŋ^{55}/ȵiɑŋ$^{55-24}$xua^{0}tʂuŋ^{55}

囔$^{=}$子 lɑŋ$^{55-21}$tʅ^{0} 去种后的棉花

漾叉子 iɑŋ^{21}tʂʰa$^{21-55}$tʅ^{0} 棉花植株分叉

麻 ma^{55}

芝麻 tʂʅ$^{213-21}$ma^{0}

芝麻刷子 tʂʅ$^{213-21}$ma^{0}ʂua$^{44-23}$tʅ^{0} 芝麻粒外面的壳

蓖麻子 pi$^{44-23}$ma^{0}tʅ^{0}

蓖麻子仁儿 pi$^{44-23}$ma^{0}tʅ^{0}lei^{55}

蓖麻油 pi$^{44-23}$ma^{0}iou^{55}

　麻籽油 ma^{55}tsʅ^{55}iou^{55}

朝阳花 tʂʰɑŋ^{55}iɑŋ^{55}xua^{213} ①葵花 ②葵花子：买点儿～吃吧

朝阳花种子 tʂʰɑŋ^{55}iɑŋ^{55}xua^{213}tʂuŋ$^{55-21}$tʅ^{0} 葵花子

朝阳花秆子 tʂʰɑŋ^{55}iɑŋ^{55}xua^{213}kã$^{55-21}$tʅ^{0} 葵花秆

地瓜 ti^{21}kua^{213} 白薯

地瓜秧子 ti^{21}kua^{213}iɑŋ$^{213-21}$tʅ^{0} 白薯蔓

春瓜 tʂʰuə̃$^{213-21}$kua^{0} 春天种的白薯，较面

麦瓜 mei$^{21-55}$kua^{0} 过麦后种的白薯，较甜但不面

地瓜干子 ti^{21}kua^{213}kã$^{213-21}$tʅ^{0} 白薯干，由生白薯切片晒成。过去是主食之一

　地瓜干儿 ti^{21}kua^{213}kɛ^{213}

地瓜母子 ti^{21}kua^{213}mu$^{55-21}$tʅ^{0} 选留的用于培育幼苗的白薯，培育幼苗之后，不能再吃，晒干后可用作柴火

蛤蟆眼儿 xa$^{55-24}$ma^{0}iɛ^{55} 白薯、马铃薯等根块上面抽芽的部位

黑斑 xei$^{44-55}$pã^{213} 白薯表面黑褐色的病斑

（2）豆类、菜蔬

豆子 tou^{21}tʅ^{0}

黄豆 xuɑŋ$^{55-24}$tou^{0}

黑豆 xei$^{44-23}$tou^{0}

豆棵子 tou^{21}kʰuə$^{213-21}$tʅ^{0} 豆类植株

豆秸 tou^{21}tɕiɛ^{0}

豆荚子 tou^{21}tɕia$^{44-23}$tʅ^{0}

夹皮 tɕia$^{44-23}$pʰi^{0} 豆荚的外皮

豆皮 tou^{21}pʰi^{0} 豆粒的外皮

豆叶 tou^{21}iə^{21}

豇豆 tɕiɑŋ$^{213-21}$tou^{0}

爬$^{=}$豆 pʰa$^{55-24}$tou^{0}

青豆 tɕʰiŋ$^{213-21}$tou^{0}

绿豆 ly$^{21-55}$tou^{0}

毛绿豆 mɔ$^{55-24}$ly^{0}tou^{0} 绿豆的一种，表皮有绒毛

秧绿豆 iɑŋ$^{213-21}$ly^{0}tou^{0} 秧子较多的一种绿豆

胡绿豆 $xu^{55-24}ly^{0}tou^{0}$ 野生的绿豆，发黑，很难煮烂

野绿豆 $iə^{55-21}ly^{0}tou^{0}$

小豆 $ɕiɔ^{55-21}tou^{0}$

红小豆 $xuŋ^{55}ɕiɔ^{55-21}tou^{0}$

芸豆 $yə̃^{55-24}tou^{0}$ 菜豆

老来少 $lɔ^{55}lɛ^{55}ʂɔ^{21}$ 菜豆的一种，白色

豆角子 $tou^{21}tɕia^{0}tʅ^{0}$ 豇豆的嫩荚，是一种常见蔬菜

线豆角子 $ɕiã^{21}tou^{21}tɕia^{0}tʅ^{0}$ 细长的豆角子

兔子腿 $t^{h}u^{21-55}tʅ^{0}t^{h}uei^{55}$ 短的豆角子

扁豆 $piã^{55-21}tou^{0}$ 一种荚果扁平微弯的蔬菜，种子白色或紫黑色

猪耳朵扁豆 $tʂu^{213}ɭə^{55-21}tuə^{0}piã^{55-21}tou^{0}$ 形状像猪耳朵的一种扁豆

鱼扁豆 $y^{55-24}piã^{0}tou^{0}$ 形状较小的一种扁豆

地蛋 $ti^{21}tã^{21}$ 马铃薯

土豆 $t^{h}u^{55}tou^{21}$

芋头 $y^{21-55}t^{h}ou^{0}$

山药 $ʂã^{213-21}iɔ^{0}$

山药豆 $ʂã^{213-21}iɔ^{0}tou^{21}$ 山药茎上结的豆形果实

茄子 $tɕ^{h}iə^{55-24}tʅ^{0}$

洋柿子 $iɑŋ^{55}ʂʅ^{21}tʅ^{0}$ 番茄

黄瓜 $xuɑŋ^{55-24}kua^{0}$

丝瓜 $sʅ^{213-21}kua^{0}$

丝瓜瓤 $sʅ^{213-21}kua^{0}lɑŋ^{55}$ 丝瓜络，可用来洗碗

菠菜 $pə^{213-21}ts^{h}ɛ^{0}$

白菜 $pei^{55-24}ts^{h}ɛ^{0}$

大白菜 $ta^{21}pei^{55-24}ts^{h}ɛ^{0}$

小白菜 çiɔ^{55}pei$^{55-24}$ts^{h}ε^{0}

洋白菜 iɑŋ^{55}pei$^{55-24}$ts^{h}ε^{0} 卷心菜

莴苣 ʋə$^{213-21}$tçy^{0}

芫荽 iã$^{55-24}$suei^{0} 香菜

西葫芦 çi^{213}xu$^{55-24}$lou^{0}

番瓜 fã$^{213-21}$kua^{0} 地上爬秧的南瓜

砘轱芦子 tuə̃^{21}ku^{0}lu$^{55-24}$tʅ^{0} 番瓜的一种，圆形，花皮或青皮

金香炉 tçiə̃^{213}çiɑŋ$^{213-21}$lou^{0} 番瓜的一种，金黄色，圆形，下面有三个突出，类似香炉子

吊瓜 tiɔ$^{21-55}$kua^{0} 吊在架子上的南瓜

绞瓜 tçiɔ$^{55-21}$kua^{0} 类似冬瓜，吃时去皮

冬瓜 tuŋ$^{213-21}$kua^{0}

利=枝= li^{21}tʂʅ^{0} 过去本地长的苦瓜，比现在的苦瓜短

葫芦 xu$^{55-24}$lou^{0}

鸭=拉葫芦 ia^{-23}la^{0}xu$^{55-24}$lou^{0} 两头粗中间细的葫芦

瓠子 xu^{21}tʅ^{0} 瓠瓜

长果子 tʂ^{h}ɑŋ^{55}kuə$^{55-21}$tʅ^{0} 带皮的花生

　长果 tʂ^{h}ɑŋ^{55}kuə^{55}

长果仁儿 tʂ^{h}ɑŋ^{55}kuə^{55}lei^{55} 花生米

葱 ts^{h}uŋ^{213}

大葱 ta^{21}ts^{h}uŋ^{213}

大五花子葱 ta^{21}u$^{55-21}$xua^{0}tʅ^{0}ts^{h}uŋ^{213} 一种冬天吃的葱，较大

火葱 xuə$^{55-21}$ts^{h}uŋ^{0} 春天吃的葱，较小

鸡腿子葱 tçi$^{213-21}$t^{h}uei^{0}tʅ^{0} ts^{h}uŋ^{213} 一种短而粗的葱

葱秧子葱 ts^{h}uŋ^{213}iɑŋ$^{213-21}$tʅ^{0}ts^{h}uŋ^{213} 去种后长的葱

葱种 tsʰuŋ$^{213-21}$tʂuŋ^{0}

葱白子 tsʰuŋ^{213}pei$^{55-24}$tɿ^{0}

葱叶子 tsʰuŋ^{213}iə$^{21-55}$tɿ^{0}

葱五花子 tsʰuŋ^{213}u$^{55-21}$xua^{0}tɿ^{0} 葱白子和葱叶子相接的地方

洋葱 iɑŋ^{55}tsʰuŋ^{213}

　圆葱 yã^{55}tsʰuŋ^{213}

姜 tɕiɑŋ^{213}

鲜姜 ɕiã$^{213-13}$tɕiɑŋ^{213}

老姜 lɔ$^{55-21}$tɕiɑŋ^{0}

洋姜 iɑŋ^{55}tɕiɑŋ^{213} 外皮光滑，脆而不辣，一般用来腌咸菜的一种姜

蒜 suã^{21}

大蒜 ta^{21}suã^{21}

蒜瓣子 sua^{21}pã^{21}tɿ^{0}

红皮子蒜 xuŋ^{55}pʰi$^{55-24}$tɿ^{0}suã^{21}

白皮子蒜 pei^{55}pʰi$^{55-24}$tɿ^{0}suã^{21}

蒜毫子 suã^{21}xɔ$^{55-24}$tɿ^{0}

　蒜薹 suã^{21}tʰɛ^{55}

蒜苗 suã^{21}miɔ^{55} 蒜的嫩苗，露天长成

　青蒜 tɕʰiŋ$^{213-13}$suã^{21}

蒜黄 suã^{21}xuɑŋ^{55} 嫩黄色蒜苗，不见阳光长成

鲜蒜 ɕiã$^{213-13}$suã^{21} 抽了蒜薹后七八天刨出的蒜

韭菜 tɕiou$^{55-21}$tsʰɛ^{0}

韭花 tɕiou^{55}xua^{213}

韭薹 tɕiou^{55}tʰɛ^{55}

大椒 ta^{21}tɕiɔ^{213}

辣椒 la^{21}tɕiɔ^{213}

大椒面儿 ta^{21}tɕiɔ^{213}miɛ^{21} 辣椒粉

柿子椒 ʂʅ^{21}tʅ^{0}tɕiɔ^{213}

青椒 tɕʰiŋ$^{213-13}$tɕiɔ^{213}

茴香 xuə̃$^{55-24}$ɕiɑŋ^{0}

菜花 tsʰɛ^{21}xua^{213}

芹菜 tɕʰiə̃$^{55-24}$tsʰɛ^{0}

萝贝 luə$^{55-24}$pei^{0}

水萝贝 ʂuei$^{55-21}$luə^{0}pei^{0} 白萝卜

红萝贝 xuŋ^{55}luə$^{55-24}$pei^{0} 胡萝卜

脆萝贝 tsʰuei^{21}luə$^{55-24}$pei^{0} 脆而甜的红心萝卜

糠咧 kʰɑŋ$^{213-21}$liə^{0} 萝卜等失去水分变得不脆

萝贝缨子 luə$^{55-24}$pei^{0}iŋ$^{213-21}$tʅ^{0}

萝贝干儿 luə$^{55-24}$pei^{0}kɛ^{213}

蔓菁 mã$^{55-24}$tɕiə̃^{0} 芜菁

疙瘩 ka$^{44-23}$ta^{0} 腌咸菜用的一种球状植物

苤拉 pʰi$^{55-21}$la^{0} 苤蓝

黄花菜 xuɑŋ^{55}xua^{213}tsʰɛ^{21} 未晒的金针菜的花

金针 tɕiə̃$^{213-13}$tʂə̃^{213} 金针菜

（3）树木

树 ʂu^{21}

树林子 ʂu^{21}liə̃$^{55-24}$tʅ^{0}

树苗 ʂu^{21}miɔ^{55}

树身子 ʂu^{21}ʂə̃$^{213-21}$tʅ^{0}

树梢子 ʂu^{21}ʂɔ$^{213-21}$tʅ^{0}

树杈子 ʂu^{21}tʂʰa$^{21-55}$tʅ^{0}

树皮 ʂu^{21}pʰi^{55}

树根 ʂu^{21}kə̃^{213}

树叶子 ʂu^{21}iə$^{21-55}$tʅ^{0}

树枝子 ʂu^{21}tʂʅ$^{213-21}$tʅ^{0}

树墩子 ʂu^{21}tuə̃$^{213-21}$tʅ^{0}

栽树 tsɛ$^{213-13}$ʂu^{21}

除树 tʂʰu^{55}ʂu^{21} 指把树放倒的过程

砍树 kʰa^{55}ʂu^{21}

木头 mu$^{21-55}$tʰou^{0}

松树 ɕyŋ$^{213-21}$ʂu^{0}

柏树 pei$^{44-23}$ʂu^{0}

香椿芽树 ɕiɑŋ$^{213-21}$tʂʰu^{0}ia^{55}ʂu^{21}

香椿芽 ɕiɑŋ$^{213-21}$tʂʰu^{0}ia^{55}

扳香椿芽 pã^{213}ɕiɑŋ$^{213-21}$tʂʰu^{0}ia^{55} 大批地把香椿芽从树上摘下来

锛香椿芽 pə̃^{213}ɕiɑŋ$^{213-21}$tʂʰu^{0}ia^{55} 把单枝的香椿芽摘下来

臭椿芽树 tʂʰou$^{21-55}$tʂʰu^{0}ia^{55}ʂu^{21}

榆树 y$^{55-24}$ʂu^{0}

榆钱子 y$^{55-24}$tɕʰiã^{0}tʅ^{0}

榆叶 y$^{55-24}$iə^{0}

杨树 iɑŋ$^{55-24}$ʂu^{0}

杨树芒子 iɑŋ$^{55-24}$ʂu^{0}mɑŋ$^{55-24}$tʅ^{0} 杨树开的花

柳树 liou$^{55-21}$ʂu^{0}

柳条子 liou$^{55-21}$tʰiɔ^{0}tʅ^{0}

柳叶 liou$^{55-21}$iə^{0}

柳花 liou$^{55-21}$xua^{0}

柳绒 liou^{55}luŋ^{55} 柳絮

白腊条子 pei$^{55-24}$la^{0}tʰiɔ$^{55-24}$tɿ^{0} 一种灌木，专用于编筐

桐树 tʰuŋ$^{55-24}$ʂu^{0}

桐树花 tʰuŋ$^{55-24}$ʂu^{0}xua^{213}

槐树 xuɛ$^{55-24}$ʂu^{0}

洋槐 iɑŋ^{55}xuɛ^{55}

槐花子 xuɛ$^{55-24}$xua^{0}tɿ^{0} 洋槐开的花，可食用

笨槐 pə̃^{21}xuɛ^{55}

槐郎豆 xuɛ$^{55-24}$lɑŋ^{0}tou^{21} 笨槐开花后结的果实，烧后可泡茶

槐郎皮 xuɛ$^{55-24}$lɑŋ^{0}pʰi^{55} 槐郎豆的皮，可食用

槐米 xuɛ^{55}mi^{55} 笨槐的花蕾

楸树 tɕʰiou$^{213-21}$ʂu^{0}

冬青 tuŋ$^{213-13}$tɕʰiŋ^{213}

果树 kuə^{55}ʂu^{21}

杏树 ɕiŋ^{21}ʂu^{0}

石榴树 ʂʅ$^{55-24}$liou^{0}ʂu^{21}

苹果树 pʰiŋ$^{55-24}$kuə^{0}ʂu^{21}

软枣子树 luã$^{55-21}$tsɔ^{0}tɿ^{0}ʂu^{21}

枣树 tsɔ$^{55-21}$ʂu^{0}

葡萄树 pʰə$^{55-24}$tʰɔ^{0}ʂu^{21}

葡萄架子 pʰə$^{55-24}$tʰɔ^{0}tɕia$^{21-55}$tɿ^{0}

桑树 sɑŋ$^{213-21}$ʂu^{0}

桃树 tɔ$^{55-24}$ʂu^{0}

毛桃树 mɔ^{55}tʰɔ^{55}ʂu^{21} 与桃树不同，果实成熟后表层发红

梨树 li$^{55-24}$ʂu^{0}

白果树 pei^{55}kuə^{55}ʂu^{21}

花椒树 xua$^{213-13}$tɕiɔ^{213}ʂu^{21}

（4）瓜果

果木子 kuə$^{55-21}$mu^{0}tʅ^{0} 泛指水果

桃 tʰɔ^{55}

大节⁼桃 ta^{21}tɕiə$^{-23}$tʰɔ^{0} 大桃

五月鲜 u$^{55-21}$yə^{0}ɕiã^{213} 桃的一个品种

小秋桃 ɕiɔ^{55}tɕʰiou$^{213-21}$tʰɔ^{0}

毛桃 mɔ^{55}tʰɔ^{55} 毛桃树结的果实，红色，熟透发紫

桃核子 tʰɔ^{55}xu$^{55-24}$tʅ^{0}

桃仁儿 tʰɔ^{55}lei^{55}

杏 ɕiŋ^{21}

杏仁儿 ɕiŋ^{21}lei^{55}

李子 li$^{55-21}$tʅ^{0}

苹果 pʰiŋ$^{55-24}$kuə^{0}

枣 tsɔ^{55}

长枣 tʂʰɑŋ$^{55-24}$tsɔ^{0}

圆枣 yã$^{55-24}$tsɔ^{0}

铃枣 liŋ$^{55-24}$tsɔ^{0}

软枣子 luã$^{55-21}$tsɔ^{0}tʅ^{0}

酸楂 suã$^{213-13}$tʂa^{213} 山楂

酸枣子 suã$^{213-21}$tsɔ^{0}tʅ^{0}

吃⁼粒子 tʂʰʅ$^{-23}$li^{0}tʅ^{0} 一种野生草本植物结的果实，大的与山楂近似，可食用，不熟时较麻，成熟后有香味

葡萄 pʰə$^{55-24}$tʰɔ^{0}

梨 li^{55}

柿子 ʂʅ^{21}tʅ^{0}

窝窝头柿子 ʋə$^{213-21}$ʋə^{0}tʰou^{55}ʂʅ^{21}tʅ^{0} 用来制柿饼的一种柿子

漤柿子 lã^{55}ʂʅ^{21}tʅ^{0} ①给柿子除去涩味 ②漤过的柿子

柿饼 ʂʅ^{21}piŋ^{55}

石榴 ʂʅ$^{55-24}$liou^{0}

甜石榴 tʰiã$^{55-24}$ʂʅ^{0}liou^{0}

酸石榴 suã$^{213-21}$ʂʅ^{0}liou^{0}

栗子 li$^{21-55}$tʅ^{0}

核桃 xuə$^{55-24}$tʰɔ^{0}

荸荠 pi$^{55-24}$tɕʰi^{0}

西瓜 ɕi$^{213-21}$kua^{0}

沙瓤 ʂa^{213}lɑŋ^{55}

西瓜种 ɕi$^{213-21}$kua^{0}tʂuŋ^{55} 西瓜子

甜瓜 tʰiã$^{55-24}$kua^{0}

面瓜 miã^{21}kua^{0}

　面甜瓜 miã^{21}tʰiã$^{55-24}$kua^{0}

脆瓜 tsʰuei$^{21-55}$kua^{0}

　脆甜瓜 tsʰuei$^{21-55}$tʰiã^{0}kua^{0}

草莓 tsʰɔ^{55}mei^{55}

甘蔗 kã$^{213-21}$tʂʅ^{0}

甜秫秸 tʰiã$^{55-24}$ʂu^{0}tɕiɛ^{213} 带甜味的鲜玉米秸或高粱秸

葚子 ʂə̃^{21}tʅ^{0} 桑葚

（5）花草、菌类

花 xua^{213}

菊花 tɕy$^{44-23}$xua^{0}

桃花 tʰɔ$^{55-24}$xua^{0}

杏花 ɕiŋ^{21}xua^{0}

梨花 li$^{55-24}$xua^{0}

枣花 tsɔ$^{55-21}$xua^{0}

爬山虎子 pʰa^{55}ʂã^{213}xu$^{55-21}$tʅ^{0} 爬墙虎

指甲桃子 tʂʅ$^{-23}$tɕia^{0}tʰɔ$^{55-24}$tʅ^{0} 凤仙花

鸡冠子花 tɕi$^{213-21}$kuã^{0}tʅ^{0}xua^{213}

荷花 xuə$^{55-24}$xua^{0}

荷叶 xuə$^{55-24}$iə^{0}

莲蓬 liã$^{55-24}$pʰəŋ^{0}

地瓜花 ti^{21}kua^{213}xua^{213} 大丽花

□□花 kuɑŋ$^{55-24}$kuɑŋ^{0}xua^{213} 蜀葵。多年生草本植物，茎直立，叶心形，花有红、紫、黄、白、粉多种颜色，花瓣五片

美人蕉 mei^{55}lə̃^{55}tɕiɔ^{213}

蝎子草 ɕiə$^{44-23}$tʅ^{0}tsʰɔ^{55}

丁香 tiŋ$^{213-21}$ɕiɑŋ^{0}

花骨葖 xua^{213}ku$^{44-23}$tou^{0}

心门儿 ɕiə̃$^{213-21}$mei^{0} 花心

　花心门儿 xua^{213}ɕiə̃$^{213-21}$mei^{0}

苇子 ʋei$^{55-21}$tʅ^{0}

草苇 tsʰɔ^{55}ʋei^{55}

莪子 ʋə$^{55-24}$tʅ^{0} 野生蘑菇

青秧 tɕʰiŋ$^{213-21}$iɑŋ^{0} 青苔

棵棵子 kʰuə$^{213-21}$kʰuə^{0}tʅ^{0} 泛指不知名的野菜

黄麦秆子 xuɑŋ$^{55-24}$mei^{0}kã$^{55-21}$tʅ^{0} 野草，可用于坯屋等

白草秆子 pei$^{55-24}$tsʰɔ^{0}kã$^{55-21}$tʅ^{0} 山里长的发白的野草，较软

车辙子 tʂʰə^{213}tʂə$^{55-24}$tʅ^{0} 车前子

栝楼 kua^{-24}lu^{0}/lou^{0} 一种药材。果实成熟后金黄色，其瓤用开水冲食，可治咳嗽；冬天用来洗手，可防冻裂

马扎菜 ma$^{55-21}$tʂa^{0}tsʰɛ^{21} 马齿苋

麦拉蒿 mei$^{21-55}$la^{0}xɔ^{213}/mi$^{21-55}$la^{0}xɔ^{213} 麦地里长的蒿草

辣蒿 la$^{21-55}$xɔ^{0}

白蒿 pei$^{55-24}$xɔ^{0} 茵陈，一种草药，黑蒿的前身：二月里茵陈三月里蒿

黑蒿 xei$^{44-23}$xɔ^{0} 可以用来熏蚊子

黄蒿 xuɑŋ$^{55-24}$xɔ^{0} 一种香料，发黄，不能吃，做豆豉咸菜时可以用来熏黄豆

荠荠菜 tɕi^{21}tɕi^{0}tsʰɛ^{21} 荠菜

青青菜 tɕʰiŋ$^{213-21}$tɕʰiŋ^{0}tsʰɛ^{21}

山花子 ʂã$^{213-21}$xua^{0}tʅ^{0} 金棘子

流流嘴 liou^{-24}liou^{0}tsuei^{55}

扁扁叶 piã$^{55-21}$piã^{0}iə^{21}

曲曲菜 tɕʰy^{-23}tɕʰy^{0}tsʰɛ^{21}

蓬蓬菜 pʰəŋ$^{55-24}$pʰəŋ^{0}tsʰɛ^{21}

织$^{=}$<u>荆</u> tʂʅ$^{-23}$tɕiə̃^{0} 酸枣棵

串子秧 tʂʰuã$^{21-55}$tʅ^{0}iɑŋ^{213} 一种中草药

瞎老婆坠子 ɕia$^{44-23}$lɔ^{0}pʰə^{0}tʂuei^{21}tʅ^{0} 枸杞子

柳柳叶 liou$^{55-21}$liou^{0}iə^{21}

灰菜 xuei$^{213-21}$tsʰɛ^{0}

扫帚菜 sɔ$^{21-55}$tʂu^{0}ts^{h}ɛ^{21}

苜蓿芽 mu$^{21-55}$ɕy^{0}ia^{55}

苦菜子 k^{h}u$^{55-21}$ts^{h}ɛ^{0}tʅ^{0}

大妇子苗 ta^{21}fu^{21}tʅ^{0}miɔ^{55}

估咋头 ku$^{213-21}$tʂa^{0}t^{h}ou^{55}

　羊蹄角子 iɑŋ^{55}t^{h}i$^{55-24}$tɕia^{0}tʅ^{0}

灯楼$^{=}$棵 təŋ$^{213-21}$lou^{0}k^{h}uə^{213}

羊角瓢子(棵) iɑŋ$^{55-24}$tɕia^{0}p^{h}iɔ$^{55-24}$tʅ^{0}（k^{h}uə^{213}） 一种野菜。有大小之分，可食用

鸪鸪丁 kuə$^{-24}$kuə^{0}tiŋ^{213} 蒲公英

秃妮子头 t^{h}u$^{44-23}$ȵi^{0}tʅ^{0}t^{h}ou^{55} 叶子大而宽的一种草

地环子 ti^{21}xuã$^{55-24}$tʅ^{0} 长于潮湿处，棵子不大，根粗

痒痒草 iɑŋ$^{55-21}$iɑŋ^{0}ts^{h}ɔ^{55}

家雀子蓑衣 tɕia$^{213-21}$tɕ^{h}yə^{0}tʅ^{0}suə$^{213-21}$i^{0} 长在地皮上的茎细叶小的一种草

狗狗子芽 kou$^{55-21}$kou^{0}tʅ^{0}ia^{55}

人性$^{=}$菜 lə̃$^{55-24}$ɕiŋ^{0}ts^{h}ɛ^{21}

山韭 ʂã^{213}tɕiou^{55}

　野韭菜 iə^{55}tɕiou$^{55-21}$ts^{h}ɛ^{0}

小择蒜 ɕiɔ^{55}tʂei$^{55-24}$suã^{0} 野生蒜

纺车子棵 fɑŋ$^{55-21}$tʂ^{h}a^{0}tʅ^{0}k^{h}uə^{213}

十七　人体动作

看 k^{h}ã^{21}

看见 k^{h}ã$^{21-55}$tɕiã^{0}

俗⁼过 $ɕy^{55-24}kuə^{0}$ 看见过，注意到：这东西俺没～

听 $t^{h}iŋ^{213}$

闻 $ʋã^{55}$

咬 $iɔ^{55}$

嚼 $tɕyə^{55}$

舔 $t^{h}iã^{55}$

吸 $ɕi^{44}$

吐 $t^{h}u^{55}$ ～痰

吐 $t^{h}u^{21}$ 呕吐：～咧

拿 na^{55}

给 $tɕi^{55}$/kei^{55}

掐 $tɕ^{h}ia^{44}$ ～巴

拧 $ȵiŋ^{55}$ ①用手扭人：～你 ②在老式井上打水：～水

扭 $ȵiou^{55}$ 拧

捏 $ȵiə^{213}$ ～巴

□ kua^{213} 摸，碰：别～我

捻 $ȵiã^{55}$

圈 $tɕ^{h}yã^{213}$ 揉：～面

搋 $tʂ^{h}uɛ^{213}$ 和面时手握成拳头，用指关节压面：～面

掰 pei^{44}

撕 $sɿ^{213}$

揪 $tɕiou^{213}$/$tɕiou^{55}$ ～下来|一～就断唠

□悠 $tɕi^{-24}iou^{0}$ 多指用手在身上搓

搓 $ts^{h}uə^{213}$

□先 $ȵi^{-23}ɕiã^{0}$ 用一只手的拇指与食指或中指搓

刻 kʰei^{44} 用指甲揭物：别～下来唠

刻查 kʰei$^{44-23}$tʂʰa^{0}

拔 pa^{55}

站 tʂã^{21}

倚 i^{55} 靠

跍得 ku$^{213-21}$tei^{0} 蹲

蹦 pəŋ^{21}

跳 tʰiɔ^{21}

迈 mei^{21}

踏 tʂa^{213}

　踩 tʂʰɛ^{55}

爬 pʰa^{55}

走 tsou^{55}

跑 pʰɔ^{55} ①跑步：～过去 ②逃跑：小偷～咧

撵 ȵiã^{55} ①追：我～上你咧 ②轰：～他走

抓 tʂua^{213} ～住别放下

逮 tɛ^{55} ～住小偷咧

抱 pu^{21} ～孩子

拥 yŋ^{213} 用手推：～唠他一下

推 tʰuei^{213} ～小车|别～我

摔 ʂuei^{44} ～倒咧

　跌 tiə^{44}

碰 pʰəŋ^{21}

撞 tʂʰuɑŋ^{21}/tʂuɑŋ^{21} 叫车～咧

蹭 tsʰɑŋ^{21} ～唠一身灰

招 tʂɔ^{213}

扶 fu^{55}

揽 lã^{55} 坐时抱在怀里：俺小姑～倒孩子骑到那驴当中间里

搂 lou^{55} 躺时抱在怀里：～倒孩子睡觉

藏 ts^{h}ɑŋ^{55}

搁 kə^{44}/kə^{21}

占$^{=}$ tʂã^{21} 放：～到橱子里吧

摞 luə^{55}

埋 mɛ^{55}

盖 kɛ^{21} ～上盖子|～屋

压 ia^{44} 拿石头～住

摁 ŋə̃^{21} ～手印|～门铃

捅 t^{h}uŋ^{55} ～刀子|～家雀子窝

擤 ɕiŋ^{55} ～鼻子

砍 k^{h}ã^{55}

剁 tuə^{21}

切 tɕ^{h}iə^{44}

削 ɕyə^{44}

□ k^{h}uei^{21} 折：别把这张纸～唠，还有用咧

蜷 tɕ^{h}yã^{55} 折，卷：别把书～咧

裂 liə^{55} 买（布）：～唠一块布

裂 liə^{21} ～唠璺咧

换 xuã^{21} ①物物交换：～鸡蛋 ②替换：那双鞋买小咧，又去～唠一双

擦 ts^{h}a^{44} ～窗户

抹 ma^{213} ～桌子

倒 $tɔ^{21}$ 倾倒：～唠吧，没人吃咧

拽 $tʂuɛ^{213}$ ①扔：～唠吧，没法使咧 ②投掷：看谁～得远

□ $ts^{h}ɿ^{213}$ 用小石头等瞄准目标扔：你再说我拿石头～你

□ $tʂã^{55}$ 用大石头等瞄准目标扔，较狠：我～死你

　□ u^{213}

掉 $tiɔ^{21}$ ①掉落：～到地上咧 ②丢：～唠钥匙咧

找 $tʂɔ^{55}$ ①寻找：～东西 ②找还：～给你十块钱

拾 $ʂʅ^{55}$ 捡：～唠十块钱|～起来|～粪

<u>提</u>溜 $ti^{55-24}liou^{0}$ 俺娘～倒篮子赶集去咧

　<u>提</u> ti^{55}

　携 $çiə^{55}$

挑 $t^{h}iɔ^{213}$ ～水|～柴火

　担 $tã^{213}$

挑 $t^{h}iɔ^{213}$ 选择，拣：你自家～吧

抬 $t^{h}ɛ^{55}$

揍 $tsou^{21}$ ～唠他一顿

　打 ta^{55}

　多$^{=}$ $tuə^{213}$ 打：不听说我就～你

　搰 xu^{213} 《广韵》没韵，苦骨切：击也

毁 $xuei^{55}$ （旧时专用于对女孩子）打：我～你

多$^{=}$ $tuə^{213}$ （用泥巴）捏制：我～唠一啯小狗|～炉子

勒 $luei^{21}$ 使劲收住绳子使不松：把布袋用绳子～紧点儿

绑 $pɑŋ^{55}$ 把头发～起来

　扎 $tʂa^{44}$

叠 $tiə^{55}$ ～被子

刷 ʂua^{44} ～锅|～碗

涮 ʂuã^{21} ①把衣服放在水里摆动使干净：把衣服～出来吧 ②把水放在器物里面摇动，把器物冲洗干净：～～这呃瓶子吧

绸⁼ tʂʰou^{55} 洗：～衣裳

摧 tɕʰia^{44} 捣，敲击：～蒜

掎 tɕi^{213} 用筷子夹

剥 pa^{44} 脱：～下衣裳来|～下鞋来

扒 pa^{213} 拆：～唠这屋再盖新的

扒翻 pa$^{213-21}$fã^{0} 翻：别乱～！

攮 tsuã^{21}

搐 tʂʰu^{44} ①抽打：我使鞭～你 ②缩：这块布见水就～～咧

搐打 tʂʰu$^{44-23}$ta^{0} 抽打

闯⁼ tʂʰuɑŋ^{55} 涮拖布的动作：把拖布来待桶里～～|～哒～哒

爽⁼ ʂuɑŋ^{55} 将条状物朝一面运动，使整齐或结实：把筷子～齐咧|～～麻袋，再装上点儿

抖搂 tou$^{55-21}$lou^{0} 抖动使散开：把这捆草～开

楔 ɕiə^{44} ①楔入：～钉子 ②打：我～你一顿

舞扎 u$^{55-21}$tʂa^{0} 舞动：拿倒棍子～啥

研悠 iã$^{55-24}$iou^{0} 细磨

蜷轰 tɕʰyã$^{55-21}$xuŋ^{0} 腿脚伸不开

团轰 tʰuã$^{55-24}$xuŋ^{0}

十八 日常生活

干活 kã^{21}xuə^{55} 上地里～的咧

做活 tsu^{21}xuə^{55} 做家务活

动弹 tuŋ^{21}tʰã^{0} ①动：～不了 ②指干活：待家里也不～～

活路 xuə$^{55-24}$lu^{0} 多指家务活：做～

拥撮 yŋ$^{213-21}$tsʰuə^{0} 过分照顾：你看看，～得你知不道说啥好咧

伺候 tsʰɿ$^{21-55}$xou^{0}

支使 tʂʅ$^{213-21}$ʂʅ^{0}

睡觉 ʂuei^{21}tɕiɔ^{21}

倒 tɔ^{55} 躺：～一霎霎

倒下 tɔ$^{55-21}$ɕia^{0} 躺下：累唠就～歇歇吧

起 tɕʰi^{55} 起床：快倒～呃，别睡咧

起来 tɕʰi$^{55-21}$lɛ^{0} ①起床：都几点咧，还不～ ②让开：～，别待这里碍事

屙屎 ʋə^{213}ʂʅ^{55} 大便

　屙屙 ʋə$^{213-13}$ʋə^{0}

尿尿 suei$^{213-13}$suei^{0} 小便

上栏 ʂɑŋ^{21}lã^{55} 上厕所

打夜作 ta^{55}iə^{21}tsuə^{0} 熬夜

打通宵 ta^{55}tʰuŋ$^{213-13}$ɕiɔ^{213} 彻夜工作

掌倒灯 tʂɑŋ$^{55-21}$tɔ^{0}təŋ^{213} 点着灯：～干活看得清楚

瓦= ʋa^{55} 用勺、瓢等舀取：～面|～粮食

　□ ʋei^{55}

袜= ʋa^{21} 米少，慢慢从底下舀取稠饭

舀 iɔ^{55} 舀取液体：～水|～汤

撇 pʰiə^{44} 从上面舀取稀的：～上点儿汤

盛 tʂʰəŋ^{55} ～饭

掀 ɕiã^{213} ～锅盖

合 xə^{55} ～上盖子|～上嘴

坐 tsuə^{21} 把锅放在炉子上：十一点咧，～上锅吧

喀嚓 kʰa^{-23}tʂʰa^{0} 开锅后继续煮：开唠锅再～～就好咧

　哭=嚓 kʰu$^{44-23}$tʂʰa^{0}

抢= tɕʰiɑŋ^{55} 用铲子把鏊子上或锅底的东西铲起来

续 ɕy^{21} 添加，接着放：～上点儿水吧

竹= tʂu^{44} ①塞：～住它就不漏咧 ②背地里送人东西：～送

拾掇 ʂʅ$^{55-24}$tuə^{0} ①收拾：～～家里 ②修理：～车子

收拾 ʂou$^{213-21}$ʂʅ^{0} ①收，收藏：天热咧，该把棉衣裳来～起来咧 ②整理、打扫：～屋子

嘱咐 tʂu$^{44-23}$fu^{0}

说话 ʂuə$^{44-55}$xua^{21}

撇家舍业 pʰiə$^{44-55}$tɕia^{213}ʂə^{55}iə^{21}

家去 tɕia$^{213-21}$tɕʰi^{0} 回家

闹玩儿 nɔ^{21}ʋɛ^{55}

玩儿 ʋɛ^{55}

哭 kʰu^{44}

穴 ɕyə^{55} 围：～起来

展= tʂã^{55} 弄脏（衣服、床单、被褥等）：别～唠衣裳

漾 iɑŋ^{21} 满溢：水都～出来咧

鼓捣 ku$^{55-21}$tɔ^{0} 弄：都叫黄鼬～没咧

　捣鼓 tɔ$^{55-21}$ku^{0}

捂求 u$^{55-21}$tɕʰiou^{0} 长时间闷头做某事：～唠三天，～出啥来咧？

糗古 tɕʰiou$^{55-21}$ku^{0} 不出门，也不做什么：待屋里～倒

窝憋 ʋə$^{213-21}$piə^{0} ①心里有事憋着不说出来：成天～倒不作声 ②在某处不出门：吃唠就去屋里～倒

呼$^{=}$ xu^{213} 敷，敷盖：～上贴膏药

讨换 tʰɔ$^{55-24}$xuã^{0} 设法弄到：～鸡蛋

漤 lã^{55} 除去涩味：～柿子

叫$^{=}$过 tɕiɔ$^{21-55}$kuə^{0} 用，消耗：这些还不够你～的呃？|一辈子得～多少东西呃

逗引 tou$^{21-55}$iə̃^{0} 逗：～孩子

坍 tʰã^{213} 倒塌

雨渣 y$^{55-21}$tʂa^{0} 雨水侵蚀石碑等

滋洇 tsɿ$^{213-21}$iə̃^{0} ①水慢慢渗透 ②日子过得舒服自在：你过得倒是挺～的

上 ʂɑŋ^{21} ①去：你待～哪里呃？ ②向某一方向走：他～东咧

截 tɕiə^{55} ①切断：把木头～成两段 ②量词，段：话说唠半～ ③阻拦：快把他～住 ④特指买布：～唠一块花布

论堆 luə̃^{21}tsuei^{213} 指卖东西最后处理分成一堆一堆来卖，引申为没有干劲做事：今年干不动咧，～咧

忌 tɕi^{21} 戒：我～唠烟咧

嗝气 kə$^{213-13}$tɕʰi^{21}/kə^{21}tɕʰi^{21} 胃里的气体从嘴里发出来

嗝拉 kə^{21}la^{0} 嗝气时发出声音：我一揉就～

打嗝得 ta^{55}kə$^{-24}$tei^{0} 有声音，但没有气

打□歇 ta^{55}xuə$^{213-21}$ɕiə^{0} 打哈欠

打带$^{=}$喷 ta^{55}tɛ$^{21-55}$pʰə̃^{0} 打喷嚏

折$^{=}$澄 tʂə$^{55-24}$təŋ^{0} 澄：～～再倒

秃鲁 tʰu$^{44-23}$lu^{0} 绳头或线头、辫子等散开

扑$^{=}$拉 pʰu$^{44-23}$la^{0}

秃茬 tʰu$^{44-23}$tʂʰa^{0} 布的线散开

披散 pʰei^{-55}sã^{0} 长头发散开不绑起来：～倒头发和呃疯子似的

打囤 $ta^{55}tuõ^{21}$ 正月二十五，在院子里用炉灰围成粮囤形，祈望丰收之意

治 $tʂʅ^{21}$ ①办：没法～咧 ②医治 ③折腾：～得你啥也干不了

置 $tʂʅ^{21}$ 置办：你待想～点儿啥

省下 $ʂəŋ^{55-21}ɕia^{0}$ 节省下：你不要就给我～咧

有 iou^{55}

没有 $mu^{55}iou^{55}$

待 $tɛ^{55}$ 在：他～家里

十九 交往

串门子 $tʂ^{h}uɑŋ^{21}mã^{55-24}tʅ^{0}$ 串门

啦 la^{55} 聊天，讲故事

啦呱 $la^{55}kua^{55}$

呱 kua^{55} 闲话，故事：啦个～

瞎话 $ɕia^{44-23}xua^{0}$ 谎话

口头语 $k^{h}ou^{55-21}t^{h}ou^{0}y^{55}$

大五荤 $ta^{21}u^{55}xuõ^{213}$ 不文明的话

荤话 $xuõ^{213-13}xua^{21}$

坎子 $k^{h}ã^{55-21}tʅ^{0}$ 俏皮话：说话就带倒～

悠话 $iou^{213-21}xua^{0}$ 有意思的、引人发笑的话：他净说些～

笑话 $ɕiɔ^{21-55}xua^{0}$ ①讥笑：～人 ②引人发笑的故事或事情：说～|闹～

臭摆 $tʂ^{h}ou^{21-55}pɛ^{0}$ 说人坏话

委⁼划 $ʋei^{55-21}xua^{0}$ 用手指点划人

对付 $tuei^{21-55}fu^{0}$ 对人对事采取措施办法

降 $ɕiɑŋ^{55}$ 降服

让服 $lɑŋ^{21-55}fu^{0}$ 谦让，让：他是你兄弟，就～倒他点儿吧

不佮 pu$^{44-55}$kuə^{44} 两个人脾气、性格不合

教调 tɕiɔ^{213}tʰiɔ^{55} 调教：没有人～俺

搭耳 ta$^{44-23}$ɭə^{0} 理睬，常用于否定：不～你

耳睬 ɭə$^{55-21}$tsʰɛ^{0}

知道 tʂʅ$^{213-21}$tɔ^{0}

知不道 tʂʅ$^{213-21}$pu^{0}tɔ^{0} 不知道

认得 lə̃^{21}ti^{0}

不认得 pu$^{44-55}$lə̃^{21}ti^{0}

卷⁼ tɕyã^{55} 骂

熊 ɕyŋ^{55} 训斥：他叫他爹～唠一顿

□ ŋɑŋ^{55} 数落：～他一顿

诓 kʰuɑŋ^{213} 欺骗（小孩）：你可别～他

坑 kʰəŋ^{213} 欺骗（成人）：他叫人家～咧

刨治 pʰɔ$^{55-24}$tʂʅ^{0} 故意为难人：他净～人

腆哈倒脸 tʰiã$^{55-21}$xa^{0}tɔ^{0}liã^{55} 厚着脸皮（求人帮忙）

使性子 ʂʅ^{55}ɕiŋ$^{21-55}$tʅ^{0} 发脾气

狗摆 kou$^{55-21}$pɛ^{0} 不断地换衣服，有贬义：今日～这件子，明日～那件子

铺排 pʰu$^{213-21}$pʰɛ^{0} 铺张浪费：人呃谁家娶媳妇～得挺大|丧事挺能～

掉价 tiɔ^{21}tɕia^{21} 身份降低：我要干那工作的时候不就～咧

作败 tsuə$^{44-23}$pɛ^{0} ①胡折腾：～得孩子长病咧 ②败坏：东西都叫你～咧

踢弄 tʰi$^{44-23}$luŋ^{0} 不务正业，败坏：啥也～烂唠

打仗 ta^{55}tʂɑŋ^{21} ①吵架 ②打仗

抗 kʰɑŋ^{21} 两个人不合适，～得长病

仗倒 tʂɑŋ$^{21-55}$tɔ^{0} 依靠，依仗：～有几个钱，净瞎作败|～我识字，要不就叫人家骗咧

拉倒 la^{213}tɔ^{55} 算了：不去～，谁还稀罕呃

凑合 ts^{h}ou$^{21-55}$xuə^{0} ①将就 ②接近：你对他好，他就老是～到你呃跟前

截就 tɕiə$^{55-24}$tɕiou^{0} 将就：～倒过吧，和谁待成堆都一样

惯 kuã^{21} ①习惯：我待那里～咧 ②娇惯：别净～倒孩子

瞒$^{=}$ mã^{55} 从上面通过：～倒墙往外拽东西

赶上趟 kã$^{55-21}$ʂɑŋ^{0}t^{h}ɑŋ^{21} 抓住了机会：～的话就能以转正咧

上脸 ʂɑŋ^{21}liã^{55} 得意，言谈行为得寸进尺：踩倒鼻子～

二十　感觉

寻思 ɕiə̃$^{55-24}$sɿ^{0}

　想想 ɕiɑŋ^{55}ɕiɑŋ^{0}

心话 ɕiə̃$^{213-13}$xua^{21} 心想：我～

约摸 yə$^{44-23}$mə^{0} 估摸：我～倒他准来

<u>恐</u>怕 k^{h}uŋ$^{-24}$p^{h}a^{0}/p^{h}əŋ$^{-24}$p^{h}a^{0} 担心：～叫人呃拿唠

怕 p^{h}a^{21}

　害怕 xɛ^{21}p^{h}a^{21}

害 xɛ^{21} 怕：～冷|～热

刺约$^{=}$ ts^{h}ɿ$^{21-55}$yə^{0} 想到：人啊还有～他的曼

出$^{=}$摸 tʂ^{h}u^{-23}mə^{0} 说人不好：她就会～我

要 iɔ^{21} ①希望得到：我～这个 ②索取：～账

叫 tɕiɔ^{21} ①呼，唤：～他来吃饭吧 ②名为：他～刚子

能以 nəŋ^{55}i^{55} 能够：干唠两回，我就～织布咧

打<u>谱</u> ta^{55}p^{h}u^{213} 打算，计划：我～去济南玩

犯恶 fã^{21}u^{21} 嫌弃，讨厌：我可～这人咧

□ kə^{55} 经受得住：也就是你娘～冻

好 xɔ^{21} ①喜欢：她～做衣裳 ②易于：狗身上～长虱子

顿混 tuã^{21}xuã^{0} ①变得清醒：～～再起来 ②明白过来：开始没想起他是谁来，过唠一霎才～过来

拇量 mu$^{55-21}$liɑŋ^{0} 猜测（时间）：我～倒他快来咧

□摸 mei^{-23}mə^{0}

估摸 ku$^{55-21}$mə^{0} 估计（重量）：你～～这堆粮食有当忙沉

掂量 tiã$^{213-21}$liɑŋ^{0} 用手托东西估计重量

抽心 tʂʰou$^{213-21}$ɕiə̃^{0} 琢磨：得～倒做点儿事儿，还能闲倒玩曼

琢磨 tsuə$^{55-24}$mə^{0} 仔细思考：碰见事儿就～～

恣 tsɿ^{21} 高兴

欢气 xuã$^{213-21}$tɕʰi^{0} 高兴：挺～的

稀罕 ɕi$^{213-21}$xã^{0}

眼红 iã^{55}xuŋ^{55} 看见别人的东西而羡慕、嫉妒：净～人家的东西

眼馋 iã^{55}tʂʰã^{55} 看见自己喜欢的东西而想得到

难为得慌 nã^{55}ʋei^{21}ti^{0}xuɑŋ^{0} 为难得很：挺～

瓦鼓 ʋa$^{55-21}$ku^{0} ①中间凹：～起手来 ②感觉委屈：心里～得慌

□□ tiə$^{213-21}$ɕiə^{0} 脸色阴沉不好看：成天～倒脸

腌臜 ŋa$^{44-23}$tsa^{0} 懊丧：你爹钱叫人呃抢唠去，心里挺～得慌

挂挂 kua$^{21-55}$kua^{0} 挂念：你不来我就成天～倒

瞎唠 ɕia$^{44-23}$lɔ^{0} 浪费：东西别～

割舍 kuə$^{44-23}$ʂɔ^{0} 舍得，多用于否定或反问句：他啥也不～得给人

二十一　性质状态

丑 tʂʰou^{55}

难看 nã^{55}kʰã^{21}

俊 tɕyə̃^{21}

漂亮 pʰiɔ$^{21-55}$liaŋ^{0} 形容办事或穿着打扮好

漂漂亮亮的 pʰiɔ$^{21-55}$pʰiɔ^{0}liaŋ$^{-23}$liaŋ^{0}ti^{0} 打扮得～

好看 xɔ^{55}kʰã^{21}

受看 ʂou^{21}kʰã^{21} 耐看

壮 tʂuaŋ^{21} 形容人身体结实

大样 ta^{21}iaŋ^{0} 长相大方：长巴得挺～

样子 iaŋ^{21}tsɿ^{0} 指鞋穿上合适、好看：你这鞋挺～

陪=陪=洒洒的 pʰei$^{55-24}$pʰei^{0}sa^{-23}sa^{0}ti^{0} 形容不瘦不胖，且很水灵

支翘 tʂʅ$^{213-21}$tɕʰiɔ^{0} 形容人瘦弱、不健壮

支支翘翘的 tʂʅ$^{213-21}$tʂʅ^{0}tɕʰiɔ$^{-23}$tɕʰiɔ^{0}ti^{0} 这人长巴得～

芥根 tɕiɛ$^{21-55}$kə̃^{0} 形容瘦小而干，干瘦

□壮 tuə̃$^{-24}$tʂuaŋ^{0} 形容秧苗或人长得不瘦弱：从小人啊长巴得挺～

粗老笨壮的 tsʰu^{213}lɔ^{55}pə̃^{21}tʂuaŋ$^{21-55}$ti^{0}

大老么的 ta^{21}lɔ^{55}mə$^{55-21}$ti^{0} 一般形容身高：～个子，〈你看〉好哦

老相 lɔ$^{55-21}$ɕiaŋ^{0} 相貌比实际年龄大

少相 ʂɔ$^{21-55}$ɕiaŋ^{0} 相貌比实际年龄小

四称 sɿ^{21}tʂʰə̃^{21} 形容人长得魁伟而匀称：人家长巴得挺～

一瘸一点的 i$^{44-55}$tɕʰyə^{55}i$^{44-55}$tiã$^{55-21}$ti^{0} 瘸子走路的样子

瘸拉把拐的 tɕʰyə$^{55-24}$la^{0}pa^{55}kuɛ$^{55-21}$ti^{0}

耳朵唇子朝后 ɭə$^{55-21}$tuə^{0}tʂʰuə̃$^{55-24}$tʅ^{0}tʂʰɔ^{55}xou^{21} 形容不好，人快死时就这样

拿捏 na$^{55-24}$ȵiə^{0} 举止不自然：挺～得慌

蹀躞 tiə$^{-23}$ɕiə^{0} 献殷勤、套近乎：～～的就来咧

噇 tʂuaŋ^{55} 饭量大：他家里人吃饭挺～

口嚏 $k^h ou^{55-21} tʂuaŋ^{0}$ 形容人不挑食，什么都能吃

狼叉虎咽 $laŋ^{55} tʂ^h a^{213} xu^{55} iã^{21}$ 形容吃饭快

滴滴叨叨的 $ti^{44-23} ti^{0} tɔ^{-23} tɔ^{0} ti^{0}$ 由于事情多而不间断地干活：～干呃这个干那个

吞吞吐吐的 $t^h uã^{213-13} t^h uã^{213} t^h u^{55} t^h u^{55-21} ti^{0}$ 说话不痛快

抻和 $tʂ^h ã^{213-21} xuə^{0}$ 慢慢做事：～倒干，急啥？

　抻量 $tʂ^h ã^{213-21} liaŋ^{0}$

汗津儿津儿的 $xã^{21} tɕiei^{213} tɕiei^{213-21} ti^{0}$

忙 $maŋ^{55}$

挺忙忙的 $t^h iŋ^{55} maŋ^{55-24} maŋ^{0} ti^{0}$ 很忙

忙忙活活的 $maŋ^{55-24} maŋ^{0} xuə^{-23} xuə^{0} ti^{0}$ 忙个不停的样子：～一年又过去咧

年轻轻的 $ȵiã^{55} tɕ^h iŋ^{-55} tɕ^h iŋ^{213-21} ti^{0}$ 年青

害羞 $xɛ^{21} ɕiɔ^{213}$

腼腆 $miã^{55-21} p^h iã^{0}$

羞羞答答的 $ɕiou^{213-21} ɕiou^{0} ta^{-23} ta^{0} ti^{0}$

冷冷淡淡的 $ləŋ^{55-21} ləŋ^{0} tã^{-23} tã^{0} ti^{0}$

待搭不理的 $tɛ^{21} ta^{44} pu^{44-55} li^{55-21} ti^{0}$

鼓得慌 $ku^{55-21} ti^{0} xuaŋ^{213}$ 内急

脏 $tsaŋ^{213}$

脏而不唧的 $tsaŋ^{213-21} ɭə^{0} pu^{-23} tɕi^{0} ti^{0}$ 脏

窝脏 $ʋə^{213-21} tsaŋ^{0}$ ①肮脏：他家里真～ ②因受委屈或事情不顺而烦恼：这事弄得我挺～得慌

　窝囊 $ʋə^{213-21} naŋ^{0}$

窝窝囊囊的 $ʋə^{213-21} ʋə^{0} naŋ^{-23} naŋ^{0} ti^{0}$

晴亮 tɕʰiŋ$^{55-24}$liɑŋ^{0} 干净

镇$^{=}$ tʂə̃^{21} 凉，冷：这屋里挺～|冰～西瓜

丁（把）凉 tiŋ^{213}（pa^{55}）liɑŋ^{55} 很凉：河崖里水～

炸$^{=}$ tʂa^{55} 因水凉而使皮肤受到刺激：小心别～着唠

冻 tuŋ^{21} 寒冷：～得慌

□□倒 ku^{-24}ku^{0}tɔ^{0} 身体不舒展，缩成一团：冻得成天～

冷冷哈哈的 ləŋ$^{55-21}$ləŋ^{0}xa^{-23}xa^{0}ti^{0} 很冷

凉湿儿 liɑŋ$^{55-24}$ʂei^{0} 凉：冰糕吃倒挺～

凉湿儿湿儿的 liɑŋ^{55}ʂei$^{44-55}$ʂei$^{213-21}$ti^{0} ～喝上一口，就不热咧

热把滚儿的 ɭə^{21}pa^{55}kuei$^{55-21}$ti^{0} 形容水热

暖和 nɑŋ$^{55-21}$xuə^{0}

暖和和的 nɑŋ^{55}xuə$^{-55}$xuə$^{213-21}$ti^{0}

热乎拉的 ɭə^{21}xu^{-55}la$^{213-21}$ti^{0} 热辣辣的

潮乎 tʂʰɔ$^{55-24}$xu^{0}

阴潮地暗的 iə̃^{213}tʂʰɔ^{55}ti^{21}ŋã$^{21-55}$ti^{0} 天阴沉沉的

酸而不唧的 suã$^{213-21}$ɭə^{0}pu^{-23}tɕi^{0}ti^{0} ①形容食物因为时间长而变酸，不好吃 ②人的举止言谈过于斯文、过于要好

酸酸溜溜的 suã$^{213-21}$suã^{0}liou^{-23}liou^{0}ti^{0} ①形容醋、水果等有酸味：～挺好吃 ②形容人干净利索

酸溜溜的 suã^{213}liou^{-55}liou$^{213-21}$ti^{0} 形容醋、水果等有酸味

水性到气的 ʂuei$^{55-21}$ɕiŋ^{0}tɔ^{21}tɕʰi$^{21-55}$ti^{0} 形容西瓜没有滋味

屁臭呱唧的 pʰi$^{21-55}$tʂʰou^{0}kua^{-23}tɕi^{0}ti^{0} 形容水果不好吃

少滋盐味的 ʂɔ^{55}tsɿ^{213}iã^{55}ʋei$^{21-55}$ti^{0} 形容菜没有滋味

水性哒咕的 ʂuei$^{55-21}$ɕiŋ^{0}ta^{-23}ku^{0}ti^{0} 形容小豆腐豆面少菜多

和照灵汤似的 xuə^{55}tʂɔ^{21}liŋ^{55}tʰɑŋ$^{213-21}$ʂʅ^{0}ti^{0} 形容稀饭稀薄

辣酥酥的 la^{21}su^{213}su$^{213-21}$ti^{0} 轻微的辣

苦溜溜的 k^{h}u^{55}liou^{55}liou$^{213-21}$ti^{0} 淡淡的苦

涩拉阔 ʂʅ$^{44-23}$la^{0}k^{h}uə^{0} 形容柿子涩

甘甜甘甜的 kã^{213}t^{h}iã^{55}kã^{213}t^{h}iã$^{55-24}$ti^{0}

咸渍渍的 ɕiã^{55}tʂei^{-55}tʂei$^{213-21}$ti^{0} 有点咸

齁咸 xou^{213}ɕiã^{55} 很咸

齁咸齁咸的 xou^{213}ɕiã^{55}xou^{213}ɕiã$^{55-24}$ti^{0} 非常咸

臭 tʂ^{h}ou^{21}

臭烘烘的 tʂ^{h}ou^{21}xuŋ$^{-55}$xuŋ$^{213-21}$ti^{0}

麻答拉梭的 ma^{55}ta^{55}la^{21}suə$^{213-21}$ti^{0} 味道、感觉有点麻：炒菜放花椒放多咧，吃起来～|胳膊～

兀兀秃秃 u$^{44-23}$u^{0}t^{h}u$^{44-23}$t^{h}u^{0}ti^{0} 水不新鲜

艮 kə̃^{55} ①水果、地瓜等不熟时吃的感觉 ②形容人说话不好听

筋条 tɕiə̃$^{213-21}$t^{h}iɔ^{0} 食物有韧性，有嚼头：面挺～

筋筋拽拽的 tɕiə̃$^{213-21}$tɕiə̃^{0}tʂuɛ$^{-23}$tʂuɛ^{0}ti^{0}

散酥 sã$^{55-21}$su^{0} 与"筋条"相对：棒子窝窝挺～

散酥酥的 sã^{55}su^{-55}su$^{213-21}$ti^{0}

面悠悠的 miã^{21}iou^{-55}iou$^{213-21}$ti^{0}

面兜兜的 miã^{21}tou^{-55}tou$^{213-21}$ti^{0}

暄和 ɕyã$^{213-21}$xuə^{0} （衣服、食物）松软：馍馍挺～

暄和和的 ɕyã^{213}xuə$^{-55}$xuə$^{213-21}$ti^{0}

松缓 suŋ$^{213-21}$xuã^{0} ①衣服、鞋等肥大、宽松 ②手头钱宽裕：孩子挣开钱唠就～些咧

松缓缓的 suŋ^{213}xuã^{55}xuã$^{213-21}$ti^{0} 穿鞋、衣服较宽松

烂乎乎的 lã^{21}xu^{-55}xu$^{213-21}$ti^{0} 松软：地瓜煮得～

稀烂 ɕi$^{213-13}$lã^{21} 非常松软

稀糊烂 ɕi^{213}xu^{55}lã^{21}

胎 tʰɛ^{213} ①质地松软：这豆腐挺～，水分挺大 ②体质弱：这孩子挺～，骨架软

胎乎 tʰɛ$^{213-21}$xu^{0}

胎乎乎的 tʰɛ^{213}xu^{-55}xu$^{213-21}$ti^{0}

软和 luã$^{55-21}$xuə^{0}

软和和的 luã^{55}xuə$^{-55}$xuə$^{213-21}$ti^{0}

软悠悠的 luã^{55}iou^{-55}iou$^{213-21}$ti^{0} 柔软：头发～

柴 tʂʰɛ^{55} ①头发干涩 ②（煎饼）吃起来不软和

柴各棱的 tʂʰɛ^{55}kə$^{-55}$ləŋ$^{213-21}$ti^{0}

回哩花哨的 xuei$^{55-24}$li^{0}xua^{-23}ʂɔ^{0}ti^{0} 颜色多：你看你治得脸上～

花花溜溜的 xua$^{213-21}$xua^{0}liou^{-23}liou^{0}ti^{0} 色彩鲜艳

鲜活 ɕiã$^{21-55}$xuə^{0} ①衣服、花等颜色鲜艳 ②粮食颜色新鲜

乌 u^{213} 颜色暗淡

乌黑 u$^{213-13}$xei^{44}

黑乎拉巴的 xei$^{44-23}$xu^{0}la^{-23}pa^{0}ti^{0}

白生 pei$^{55-24}$ʂəŋ^{0} 白

白生生的 pei^{55}ʂəŋ$^{-55}$ʂəŋ$^{213-21}$ti^{0}

白扯咧的 pei^{55}tʂʰə$^{-55}$liə$^{213-21}$ti^{0} 形容人的脸色或衣服颜色发白，带贬义

白花花的 pei^{55}xua^{-55}xua$^{213-21}$ti^{0}

漂白 pʰiɔ^{213}pei^{55} 很白

黄来来的 xuaŋ^{55}lɛ^{55}lɛ$^{213-21}$ti^{0} 形容食物颜色，食物烤或烙得微黄

红汪汪的 xuŋ^{55}ʋaŋ$^{-55}$ʋaŋ$^{213-21}$ti^{0}

红敷敷的 xuŋ^{55}fu^{-55}fu$^{213-21}$ti^{0} ～模样，你看好哦

四方 sɿ$^{21-55}$faŋ^{0} 方形的

四方方的 sɿ^{21}faŋ^{213}faŋ$^{213-21}$ti^{0}

齐截 tɕʰi$^{55-24}$tɕiə^{0} 齐

齐截截的 tɕʰi^{55}tɕiə^{55}tɕiə$^{213-21}$ti^{0}

齐角齐棱的 tɕʰi^{55}tɕia$^{44-55}$tɕʰi^{55}ləŋ$^{21-55}$ti^{0}

齐嘎得的 tɕʰi^{55}ka^{55}tei$^{213-21}$ti^{0}

圆悠 yã$^{55-24}$iou^{0} 形容圆

圆悠悠的 yã^{55}iou^{-55}iou$^{213-21}$ti^{0}

团团的 tʰuã$^{55-24}$tʰuã^{0}ti^{0} 圆的

长长的 tʂʰɑŋ$^{55-24}$tʂʰɑŋ^{0}ti^{0}

长溜 tʂʰɑŋ$^{55-24}$liou^{0}

长溜溜的 tʂʰɑŋ^{55}liou^{-55}liou$^{213-21}$ti^{0}

扁古拉的 piã^{55}ku^{55}la$^{213-21}$ti^{0} 扁扁的

侧棱 tʂei$^{44-23}$ləŋ^{0}

瓦棱 ʋa$^{55-21}$ləŋ^{0} 凹

竖立 ʂu^{21}li^{0} 竖

横立 xuŋ^{21}li^{0} ①横，与“竖立”相对 ②小孩不听话，做事任性

直立 tʂʅ$^{55-24}$li^{0} 直：坐～唠，别弯倒腰

直立儿立儿的 tʂʅ^{55}liei^{55}liei$^{213-21}$ti^{0} 站得～

直溜 tʂʅ$^{55-24}$liou^{0} （树等长得）直

直溜溜的 tʂʅ^{55}liou^{55}liou$^{213-21}$ti^{0}

细 ɕi^{21}

细溜 ɕi$^{21-55}$liou^{0} ①细 ②身材苗条：你看人家～啯

瓢偏 pʰiɔ$^{55-24}$pʰiã^{0} 木板、木器变形

走捷$^{=}$ tsou$^{55-21}$tɕiə^{0} 木器变形：这扇门～咧！

正当 tʂəŋ$^{21-55}$tɑŋ^{0} ①端正：摆～点儿 ②使端正：把帽子～一下

板板正正的 pã$^{55-21}$pã^{0}tʂəŋ$^{-23}$tʂəŋ^{0}ti^{0}

弯弯 ʋã$^{213-21}$ʋã^{0} 不直：挺～

弯弯不拉的 ʋã$^{213-21}$ʋã^{0}pu^{-23}la^{0}ti^{0} 做的东西不直，如剪布、拉畦子等

弯弯不棱的 ʋã$^{213-21}$ʋã^{0}pu$^{44-23}$ləŋ^{0}ti^{0} 木棍等东西弯曲

七长八短的 tɕʰi$^{44-55}$tʂʰɑŋ^{55}pa$^{44-55}$tuã$^{55-21}$ti^{0}

半截拉块的 pã^{21}tɕiə^{55}la^{21}kʰuɛ$^{21-55}$ti^{0} 砖瓦、干粮等物体不完整，一块一块的

懈里懈晃的 ɕiɛ^{21}li^{0}ɕiɛ^{21}xuɑŋ^{0}ti^{0} 形容桌子等不牢固

结实 tɕiə$^{44-23}$ʂʅ^{0} ①牢固，不易松开：绳子绑的挺～ ②身体壮 ③生活过得宽绰：俺和你爹过得多么～

结实实的 tɕiə$^{44-55}$ʂʅ^{55}ʂʅ$^{213-21}$ti^{0}

轴壮 tʂu$^{55-24}$tʂuɑŋ^{0} 形容器具等结实、牢靠

牢稳 lɔ$^{55-21}$ʋə̃^{0} ①牢靠：这板凳挺～，你踩吧 ②稳：你坐～唠，别乱动 ③稳妥：他办事挺～，你就放心吧

逛荡 kuɑŋ$^{21-55}$tɑŋ^{0} 晃动：一瓶子不满，半瓶子～

浓 nuŋ^{21} 地里泥泞

浓乎乎的 nuŋ^{21}xu^{55}xu$^{213-21}$ti^{0} 地里～进不去呢

浞 tʂʰua^{55} 道路泥泞

浞泥薄水的 tʂʰua^{55}ȵi^{55}pa^{55}ʂuei$^{55-21}$ti^{0} 道路泥泞

温凉不展的 ʋə̃^{213}liɑŋ^{55}pu$^{44-55}$tʂã$^{55-21}$ti^{0} 形容喝的水或稀饭不凉不热：～，不能喝呢，喝唠难受

浮流浮流的 fu^{-23}liou^{0}fu^{-23}liou^{0}ti^{0} 形容水满的样子

浑浆浆的 xuə̃^{55}tɕiɑŋ$^{-55}$tɕiɑŋ$^{213-21}$ti^{0} 浑浊：这水～，不能喝

深 tʂʰə̃^{213}

浅 tɕʰiã^{55}

稀拉 ɕi$^{213-21}$la^{0} ①稀少：地里出的棒子苗挺～ ②（粥）稀

稀拉拉的 ɕi^{213}la^{-55}la$^{213-21}$ti^{0}

稀朗朗的 ɕi^{213}laŋ$^{-55}$laŋ$^{213-21}$ti^{0}

薄 pə^{55} ①稀：做糊豆做得～倒点儿 ②不厚：布有厚的有～的

薄溜 pə$^{55-24}$liou^{0} （被子、棉衣等）薄：你别做厚唠，做得～倒点儿就行

薄溜溜的 pə^{55}liou^{-55}liou$^{213-21}$ti^{0}

薄里呼拉的 pə$^{55-24}$li^{0}xu^{-23}la^{0}ti^{0} 多用来形容拉稀

稠 tʂʰou^{55}

糨 kaŋ^{55} 液体很稠：做饭没点儿数，做得章忙～

密 mei^{21} 密度高，结果多：今年枣长得可～咧

不稠不薄的 pu$^{44-55}$tʂʰou^{55}pu$^{44-55}$pə$^{55-24}$ti^{0}

厚堆 xou^{21}tuei^{0} 厚

铺散 pʰu$^{213-21}$sã^{0} 向四周散开的样子：～倒长

𡜌 naŋ^{21} 拥挤：集上挺～呃，挤不过去

虚空 ɕy$^{213-21}$kʰuŋ^{0} 不实

拉茬 la$^{55-24}$tʂʰa^{0} 不光滑，粗糙

拉拉茬茬的 la$^{55-24}$la^{0}tʂʰa^{-23}tʂʰa^{0}ti^{0}

刺刺约约的 tsʰɿ$^{21-55}$tsʰɿ^{0}yə$^{-23}$yə^{0}ti^{0} 不光滑

光悠 kuaŋ$^{213-21}$iou^{0}

光光悠悠的 kuaŋ$^{213-21}$kuaŋ^{0}iou^{-23}iou^{0}ti^{0}

光悠悠的 kuaŋ^{213}iou^{-55}iou$^{213-21}$ti^{0}

光滑 kuaŋ$^{213-21}$xua^{0}

滑溜 xua$^{55-24}$liou^{0} 滑

滑溜溜的 xua^{55}liou^{55}liou$^{213-21}$ti^{0} 鱼～抓不住|豆腐吃起来～

滑出溜的 xua^{55}tʂʰu^{-55}liou$^{213-21}$ti^{0} ～差点摔倒

平分 pʰiŋ$^{55-24}$fə̃^{0} 平整，平

平分儿分儿的 pʰiŋ^{55}fei^{-55}fei$^{213-21}$ti^{0}

敞□倒 tʂʰɑŋ$^{55-21}$ɕiə^{0}tɔ^{0} ①做事没做完：～口还没做完 ②敞开着：盖的屋～没有大门|衣裳～怀不扣上

敞门大户 tʂʰɑŋ^{55}mə̃^{55}ta^{21}xu^{21} 大门敞开着

宽快 kʰuã$^{213-21}$kʰuɛ^{0} ①宽敞：这房子挺～ ②钱、物充足：手里挺～

宽绰 kʰuã$^{213-21}$tʂʰɔ^{0}

宽房大屋的 kʰuã^{213}fɑŋ^{55}ta^{21}u^{-23}ti^{0} 形容房屋宽敞

窄住 tʂei$^{44-23}$tʂu^{0} 形容住处狭窄：屋里挺～

明快 miŋ$^{55-24}$kʰuɛ^{0} 明亮

亮堂 liɑŋ^{21}tʰɑŋ^{0} 宽敞明亮：屋里挺～

清 tɕʰyə̃^{213} （看、听）清楚：俺看～唠，不用再开灯咧|听～唠

近便 tɕiə̃^{21}piã^{0} 近

近便便的 tɕiə̃^{21}piã$^{-55}$piã$^{213-21}$ti^{0}

大近远的 ta^{21}tɕiə̃^{21}yã$^{55-21}$ti^{0} 很远：～来咧，你咋好意思的

老近远的 lɔ^{55}tɕiə̃^{21}yã$^{55-21}$ti^{0}

大老远的 ta^{21}lɔ^{55}yã$^{55-21}$ti^{0}

老么粗 lɔ^{55}mə$^{-55}$tsʰu^{213} （树等）非常粗

跟头骨碌的 kə̃$^{213-21}$tʰou^{0}ku^{-23}lu^{0}ti^{0} 形容日子过得困难：～这不就过到这咧

紧巴 tɕiə̃$^{55-21}$pa^{0} 日子过得挺～：生活困难

肥泛 fei$^{55-24}$fã^{0} 富裕：过得挺～

紧□ tɕiə̃$^{55-21}$tsuŋ^{0} 衣服、鞋子穿着略瘦小

匀和 yə̃$^{55-24}$xuə^{0} ①均匀 ②形容做事、吃饭等有规律：吃饭挺～

匀匀和和的 yə̃$^{55-24}$yə̃^{0}xuə$^{-23}$xuə^{0}ti^{0}

匀和和的 yə̃^{55}xuə$^{-55}$xuə$^{213-21}$ti^{0}

悠和 iou$^{55-24}$xuə^{0} 缓慢，不剧烈

悠悠和和的 iou$^{55-24}$iou^{0}xuə$^{-23}$xuə^{0}ti^{0}

细法 ɕi$^{21-55}$fa^{0} ①制作的东西精细：你看人家这东西做得真～呃 ②做事细致：她是个～人，让她做你就放心吧 ③吃饭精细：人呃吃巴得挺～

细法法的 ɕi^{21}fa^{-55}fa$^{213-21}$ti^{0}

粗拉 ts^{h}u$^{213-21}$la^{0}

粗粗拉拉的 ts^{h}u$^{213-21}$ts^{h}u^{0}la^{-23}la^{0}ti^{0}

目乱 mu^{21}luã^{0} 因人多而感觉乱：挺～得慌|别待这里～我，上半别子一边去

便宜 p^{h}iã$^{55-24}$i^{0}

贱 tɕiã^{21} ①价格低 ②形容小孩在大人跟前任性撒娇

贱溜不唧的 tɕiã^{21}liou^{0}pu^{-23}tɕi^{0}ti^{0} 形容小孩在大人跟前任性撒娇

贵 kuei^{21}

山气 ʂã$^{213-21}$tɕ^{h}i^{0}

土气 t^{h}u$^{55-21}$tɕ^{h}i^{0}

老气 lɔ$^{55-21}$tɕ^{h}i^{0} 陈旧：～东西

整装 tʂəŋ$^{55-21}$tʂuɑŋ^{0} ①东西好：买的东西挺～ ②吃的饭多：吃饭挺～

出息 tʂ^{h}u$^{44-23}$ɕi^{0} 他家里那些孩子，一个个的都挺～

孬 nɔ^{213}

不孬 pu$^{44-55}$nɔ^{213}

不赖 pu$^{44-55}$lɛ^{213} 不错：他能干唠，可～

合尧相 xuə^{55}iɔ$^{55-24}$ɕiɑŋ^{0} 合适，指做事用的东西能够相配，不能形容人

应当该的 iŋ$^{213-13}$tɑŋ^{213}kɛ$^{213-21}$ti^{0} 应该

寥寥的 liɔ^{55}liɔ$^{55-21}$ti^{0} 形容少

一丁点儿点儿 i$^{44-55}$tiŋ^{213}tiɛ$^{55-21}$tiɛ^{0}

一点儿点儿 i$^{44-55}$tiɛ$^{55-21}$tiɛ^{0}

小打小闹的 ɕiɔ^{55}ta^{55}ɕiɔ^{55}nɔ^{21}ti^{0} ～干点儿就行咧，别累着唠

拐拐拉拉的 kuɛ$^{55-21}$kuɛ^{0}la^{-23}la^{0}ti^{0} ①形容街道不直：这条路～ ②形容人说话不直截了当：他～说唠半天才说到正事

拐弯儿抹角的 kuɛ^{55}ʋɛ^{213}mə^{21}tɕyə$^{-23}$ti^{0}

飞扬飞扬的 fei^{-23}iɑŋ^{0}fei^{-23}iɑŋ^{0}ti^{0} 形容很多小虫子在空中飞

毛毛茸茸的 mɔ$^{55-24}$mɔ^{0}luŋ$^{-23}$luŋ^{0}ti^{0} 有比较多的毛：你上哪里弄的身上～

揸揸煞煞的 tʂa$^{213-21}$tʂa^{0}ʂa^{-23}ʂa^{0}ti^{0} ①形容装筐等虚空、不实：筐里的柴火装得～的 ②形容人不实在：张三就是～

光秃鲁的 kuɑŋ^{213}tʰu$^{44-55}$lu$^{213-21}$ti^{0} 光秃秃的

末末落落的 mə$^{-23}$mə^{0}luə$^{-23}$luə^{0}ti^{0} 很多碎屑的样子

疙疙瘩瘩的 ka$^{44-23}$ka^{0}ta^{-23}ta^{0}ti^{0}

丝丝拉拉的 sɿ$^{213-21}$sɿ^{0}la^{-23}la^{0}ti^{0} ①有很多丝的样子 ②说话办事不痛快、不利索：～扯拉了一会子就算咧

粘粘糊糊的 ȵiã$^{55-24}$ȵiã^{0}xu^{-23}xu^{0}ti^{0}

油脂摸活的 iou$^{55-24}$tʂʅ^{0}mə$^{-23}$xuə^{0}ti^{0} 衣服等抹得一块块油的样子

油花花的 iou^{55}xua^{-55}xua$^{213-21}$ti^{0} 形容做的菜有很多油

出溜出溜的 tʂʰu$^{44-23}$liou^{0}tʂʰu$^{44-23}$liou^{0}ti^{0} 形容老鼠等跑得迅速：～那老鼠不断

一遭遭的 i$^{44-55}$tsɔ^{213}tsɔ$^{213-21}$ti^{0} 很多次

一遭一遭的 i$^{44-55}$tsɔ^{213}i$^{44-55}$tsɔ$^{213-21}$ti^{0}

时时刻刻的 ʂʅ$^{55-24}$ʂʅ^{0}kʰei$^{44-23}$kʰei^{0}ti^{0}

鲜 ɕiã^{213}

枝盛 tʂʅ$^{213-21}$ʂəŋ^{0} ①植物新鲜水灵 ②变得水灵：浇唠水就～过来咧

眼生 iã$^{55-21}$ʂəŋ^{0} 不熟悉

烂七二八糟 lã^{21}tɕʰi^{44}ɭə^{21}pa$^{44-55}$tsɔ^{213} 乱糟糟的

差的差咧 tʂʰa$^{213-21}$ti^{0}tʂʰa$^{213-21}$liə^{0} 程度比从前轻：俺现在比倒以前～

狗惊乱跳的 kou^{55}tɕiŋ^{213}luã^{21}tʰiɔ$^{21-55}$ti^{0} 骂人时用于形容人得了便宜卖乖：烧得你这家人～

狗精 kou$^{55-21}$tɕiŋ^{0} 形容人占了便宜得意忘形，带有贬义，骂人时用

狗败 kou$^{55-21}$pɛ^{0} 不节俭、过度使用：啥东西吧，都快倒～倒吃唠、穿唠

溜滑 liou$^{213-21}$xua^{0} 说话很流利、顺嘴：说巴的可～咧

全换$^{=}$ tɕʰyã$^{55-24}$xuã^{0} 齐全，什么都有：人啊都置得挺～

好倒的来 xɔ$^{55-21}$tɔ^{0}ti^{0}lɛ^{55} 很好

不要紧 pu$^{44-55}$iɔ^{213}tɕiã^{55} 没关系，不重要，不严重：晚唠就晚唠，～|他只是感冒，～

吓人吱拉 ɕia^{21}lã^{55}tʂʅ$^{-23}$la^{0} 令人害怕的

围帮靠沿儿的 ʋei^{55}pɑŋ^{213}kʰɔ^{21}iɛ$^{55-24}$ti^{0} 形容互相依靠、团结在一起：小的时候孩子都围护倒你，～

围护 ʋei$^{55-24}$xu^{0} 小鸡围着母鸡的样子

颤乎颤乎的 tʂʰã$^{-23}$xu^{0}tʂʰã$^{-23}$xu^{0}ti^{0} 上下颤动的样子：抬的芯子～

够够巴巴的 kou$^{21-55}$kou^{0}pa$^{44-23}$pa^{0}ti^{0} 形容去够不容易够到的东西的样子：我把电话放桌上，省得你爹接电话～

屁哧狼嫌的 pʰi^{21}tʂʰʅ$^{-55}$lɑŋ^{55}ɕiã$^{55-24}$ti^{0} 形容放屁多

二十二　才能品性

草鸡 tsʰɔ$^{55-21}$tɕi^{0} ①赖皮：说话不算数，真～呃 ②支撑不住：这两天累得

我都～咧

豁燎 xuə$^{44-23}$liɔ^{0} 形容做事着急、冒失

豁豁燎燎的 xuə$^{44-23}$xuə^{0}liɔ$^{-23}$liɔ^{0}ti^{0}

豁燎豁燎的 xuə$^{44-23}$liɔ^{0}xuə$^{44-23}$liɔ^{0}ti^{0}

咋咋呼呼的 tʂa$^{213-21}$tʂa^{0}xu^{-23}xu^{0}ti^{0} 说话声音高，不沉稳

咋咋呜呜的 tʂa$^{213-21}$tʂa^{0}u^{-23}u^{0}ti^{0}

得胆哆嗦的 tei^{-23}tã^{0}tuə$^{-23}$suə^{0}ti^{0} 举止不沉稳

二崩 ɭə$^{21-55}$pəŋ^{0} 形容说话做事不妥当，傻傻的

二二崩崩的 ɭə$^{21-55}$ɭə^{0}pəŋ$^{-23}$pəŋ^{0}ti^{0}

二不棱腾的 ɭə^{21}pu^{0}ləŋ$^{-23}$t^{h}əŋ^{0}ti^{0} 办事不妥当，傻乎乎的

耳耳崩崩的 ɭə$^{55-21}$ɭə^{0}pəŋ$^{-23}$pəŋ^{0}ti^{0} 办事不沉稳：你看这人～

耳光 ɭə$^{55-21}$kuɑŋ^{0}

愣而巴赤的 ləŋ^{21}ɭə^{0}pa^{-23}tʂ^{h}ʅ^{0}ti^{0} 鲁莽冒失的样子

□□挣挣的 u$^{55-24}$u^{0}tʂəŋ$^{-23}$tʂəŋ^{0}ti^{0} 不讲理，行为粗鲁，好打仗

粗而巴唧的 ts^{h}u$^{213-21}$ɭə^{0}pa^{-23}tɕi^{0}ti^{0} 粗鲁没教养

张$^{=}$精 tsɑŋ$^{213-21}$tɕiŋ^{0} 张狂

扬风乍帽 iɑŋ^{55}fəŋ^{213}tʂa^{21}mɔ^{21} 张狂

踢踢蹬蹬的 t^{h}i$^{44-23}$t^{h}i^{0}təŋ$^{-23}$təŋ^{0}ti^{0} 做事没有长性，没有目标

大咧咧的 ta^{21}liə$^{-55}$liə$^{213-21}$ti^{0} 凡事不太在乎

浪 lɑŋ^{21} 不庄重

浪声浪气的 lɑŋ^{21}ʂəŋ^{213}lɑŋ^{21}tɕ^{h}i$^{21-55}$ti^{0} 形容说话阴阳怪气的

阴阴阳阳的 iã$^{213-21}$iã^{0}iɑŋ$^{-23}$iɑŋ^{0}ti^{0}

乔声怪气 tɕ^{h}iɔ^{55}ʂəŋ^{213}kuɛ^{21}tɕ^{h}i^{0} 阴阳怪气

乔气 tɕ^{h}iɔ$^{55-24}$tɕ^{h}i^{0} 脾气古怪易变

乔而咕咚的 tɕ^{h}iɔ$^{55-24}$ɭə^{0}ku^{-23}tuŋ^{0}ti^{0}

拿邪摆尾的 na^{55}ɕiə^{55}pɛ^{55}ʋei$^{55-21}$ti^{0} 脾气易变

摆邪 pɛ$^{55-21}$ɕiə^{0} 脾气时好时坏

摆唠鼻咧 pɛ$^{55-21}$lɔ^{0}pi$^{55-24}$liə^{0} 闹小脾气

　拿唠邪咧 na$^{55-24}$lɔ^{0}ɕiə$^{55-24}$liə^{0}

嗙嗙生生的 pʰɑŋ$^{213-21}$pʰɑŋ^{0}ʂəŋ$^{-23}$ʂəŋ^{0}ti^{0} 说话抢头

胡吹海嗙 xu^{55}tʂʰuei^{213}xɛ^{55}pʰɑŋ^{55} 说大话坑蒙拐骗

吹吹乎乎 tʂʰuei$^{213-21}$tʂʰuei^{0}xu^{-23}xu^{0}

扯干 tʂʰə$^{213-21}$kã^{0} 说话没有分寸

扯扯干干的 tʂʰə$^{55-21}$tʂʰə^{0}kã$^{-23}$kã^{0}ti^{0}

□哧□哧的 pʰiə$^{55-21}$tʂʰʅ^{0}pʰiə$^{55-21}$tʂʰʅ^{0}ti^{0} ①总是说一些没用的话 ② 形容走路不好看的样子

云山雾罩的 yə̃^{55}ʂã^{213}u^{21}tʂɔ$^{21-55}$ti^{0} 说话没有准头，不着边际

狂言辣语 kʰuɑŋ^{55}iã^{55}la^{21}y^{55} 说话很狂，爱吹牛

照三不着两 tʂɔ^{21}sã^{213}pu$^{44-55}$tʂuə^{55}liɑŋ^{55} 说话捕风捉影的

晕 yə̃^{213} 不务正业，四处游荡：～到外头不回来

晕而不哧的 yə̃$^{213-21}$ɭə^{0}pu$^{44-23}$tʂʰʅ^{0}ti^{0}

拿模作样的 na$^{55-24}$mə^{0}/mu^{0}tsuə$^{44-23}$iɑŋ^{0}ti^{0} 装模作样

擦尖抹滑 tsʰa$^{44-55}$tɕiã^{213}mə^{55}xua^{55} 做事偷懒耍滑

草鸡抹古 tsʰɔ$^{55-21}$tɕi^{0}mə$^{55-21}$ku^{0} 做事不光明正大，爱耍小聪明

贼骨流滑的 tsei^{55}ku^{44}liou^{55}xua$^{55-24}$ti^{0} 奸猾，遇到好事向前，遇上问题靠后

㞞答拉哧的 suŋ^{213}ta^{55}la^{-21}tʂʰʅ$^{213-21}$ti^{0} 形容人软弱，遇事顶不起来

胚答拉哧的 pʰei^{213}ta^{55}la^{-21}tʂʰʅ$^{213-21}$ti^{0} 做事不紧凑，行动迟缓

抠索 kʰou$^{213-21}$suə^{0} 行事吝啬小气

抠抠索索的 kʰou$^{213-21}$kʰou^{0}suə$^{-23}$suə^{0}ti^{0}

掐掐捏捏的 tɕ^{h}ia$^{44-23}$tɕ^{h}ia^{0}ȵiə$^{-23}$ȵiə^{0}ti^{0} ①治病时又掐又捏的样子 ② 行事不大方

狗指 kou$^{55-21}$tʂʅ^{0} 装模作样

狗狗指指的 kou$^{55-21}$kou^{0}tʂʅ$^{-23}$tʂʅ^{0}ti^{0} ①装模做样 ②患羊角风病发作的样子

烧包 ʂɔ$^{213-13}$pɔ^{213} 头脑发热忘乎所以：别有俩钱就～开咧

奸 tɕiã^{213} 爱耍小心眼

奸生 tɕiã$^{213-21}$ʂəŋ^{0} 形容爱耍滑头

强梁 tɕ^{h}iɑŋ$^{55-24}$liɑŋ^{0} 做事爱占上风，不肯吃亏：你姥娘不去～倒去要那点儿东西

山猫野兽的 ʂã^{213}mɔ^{55}iə^{55}ʂou$^{21-55}$ti^{0} 形容村野之人

絮叨 ɕy^{-24}tɔ^{0} 罗嗦

絮絮叨叨的 ɕy^{-24}ɕy^{0}tɔ$^{-23}$tɔ^{0}ti^{0}

放屁打呱啦 fɑŋ^{21}p^{h}i^{21}ta^{55}kua^{-23}la^{0} 瞎说，形容说话不得体

吵吵喝喝的 tʂ^{h}ɔ$^{-23}$tʂ^{h}ɔ^{0}xuə$^{44-23}$xuə^{0}ti^{0}

嘶嘶咬咬的 sʅ$^{213-21}$sʅ^{0}iɔ$^{-23}$iɔ^{0}ti^{0} 经常吵架、闹矛盾

骂骂吱吱的 ma$^{21-55}$ma^{0}tʂʅ$^{-23}$tʂʅ^{0}ti^{0} 骂骂咧咧

多嘴拉舌的 tuə^{213}tsuei^{55}la^{-21}ʂə$^{55-24}$ti^{0} 多嘴多舌

条条架架的 t^{h}iɔ^{55}t^{h}iɔ^{55}tɕia^{21}tɕia$^{21-55}$ti^{0} 爱挑拨是非

扇乎扇乎的 ʂã$^{-23}$xu^{0}ʂã$^{-23}$xu^{0}ti^{0} 形容人很厉害，不吃亏

踩半截桩 tʂ^{h}ɛ^{55}pã^{21}tɕiə^{55}tʂuɑŋ^{213}

虚和 ɕy$^{213-21}$xuə^{0} 指不能吃苦，一受点儿苦就表现出来

虚虚和和的 ɕy$^{213-21}$ɕy^{0}xuə$^{-23}$xuə^{0}ti^{0}

疯疯势势的 fəŋ$^{213-21}$fəŋ^{0}ʂʅ$^{-23}$ʂʅ^{0}ti^{0} 疯疯癫癫

孤僻 ku$^{213-21}$p^{h}i^{0} 性格孤独不开朗

胡而马约的 xu$^{55-24}$ɭə^{0}ma^{55}yə$^{-23}$ti^{0} 做事不认真，大大咧咧

撇二落三的 p^{h}iə$^{44-55}$ɭə^{21}la^{21}sã$^{213-21}$ti^{0} 马虎，不认真

一治不治 i$^{44-55}$tʂʅ^{21}pu$^{44-55}$tʂʅ^{21} 没有能力，水平太差

拿龙捉虎的 na^{55}lyŋ^{55}tʂuə$^{44-55}$xu$^{55-21}$ti^{0} 形容人做事不像样

沉沉稳稳的 tʂ^{h}ə̃^{55}tʂ^{h}ə̃^{55}ʋə̃^{55}ʋə̃$^{55-21}$ti^{0}

稳重 ʋə̃$^{-24}$tʂuŋ^{0}

稳稳重重的 ʋə̃$^{-24}$ʋə̃^{0}tʂuŋ$^{-23}$tʂuŋ^{0}ti^{0}

自$^{=}$本 tsʅ$^{21-55}$pə̃^{0} 稳重，踏实

安练 ŋã$^{213-21}$liã^{0} 稳重：你姐姐挺～

秀秀美美的 ɕiou$^{21-55}$ɕiou^{0}mi^{-23}mi^{0}ti^{0} 长相、举止秀气、紧凑

闷答拉哧的 mə̃^{213}ta^{-55}la^{-21}tʂ^{h}ʅ$^{213-21}$ti^{0} 形容人身体粗笨、行动迟缓的样子

老巴 lɔ$^{55-21}$pa^{0} 做事让人信得过，稳重

依老本等的 i^{213}lɔ^{55}pə̃^{55}təŋ$^{55-21}$ti^{0} 老老实实的：人家～，见唠人不叫啥不说话

大方 ta^{21}fɑŋ^{0} 行事～

夹细 tɕia$^{44-23}$ɕi^{0} 行事不大方：做事挺～

寒碜 xã$^{55-24}$tʂ^{h}ə̃^{0}

撮丁撮哧的 tsuə$^{55-21}$tiŋ^{0}tsuə$^{55-21}$tʂ^{h}ʅ^{0}ti^{0} 行事不大方

小手小脚的 ɕiɔ^{55}ʂou^{55}ɕiɔ^{55}tɕyə$^{44-23}$ti^{0} 不大方

夹悠 tɕia$^{44-23}$iou^{0} 不大方

夹夹悠悠的 tɕia$^{44-23}$tɕia^{0}iou^{-23}iou^{0}ti^{0}

黑乎 xei$^{44-23}$xu^{0} 比“夹细”的程度更深一些：他家里人都挺～，要不出东西来

雷厉风行的 luei^{55}li^{21}fəŋ^{213}ɕiŋ$^{55-24}$ti^{0}

急气 tɕi$^{44-23}$tɕʰi^{0} 令人心急：他做事真让人～得慌

着急 tʂuə^{55}tɕi^{55}

急眼急赤的 tɕi$^{55-24}$iã^{0}tɕi$^{55-24}$tʂʰʅ^{0}ti^{0}

顺顺发发的 ʂuã^{21}ʂuã^{0}fa$^{44-23}$fa^{0}ti^{0} 做事有条理

狼耳狗腮的 lɑŋ^{55}ɭə^{0}kou^{55}sɛ$^{213-21}$ti^{0} 做事不利索，不仔细

顺条顺缕的 ʂuã^{21}tʰiɔ^{55}ʂuã^{21}ly$^{55-21}$ti^{0} 形容长相、穿着、做事等让人顺眼

迷迷怏怏的 mi$^{55-24}$mi^{0}iɑŋ$^{-23}$iɑŋ^{0}ti^{0} 精神不振：成天～

迷糊 mi$^{55-24}$xu^{0}

<u>稀</u>里糊<u>涂</u>的 ɕi^{-24}li^{0}xu^{-23}tu^{0}ti^{0}

皮皮拉拉的 pʰi$^{55-24}$pʰi^{0}la^{-23}la^{0}ti^{0} 性格皮实，不存心事

心焦把鬼的 ɕiã$^{213-13}$tɕiɔ^{213}pa^{55}kuei$^{55-21}$ti^{0} 心急

邪溜咣当的 ɕiə$^{55-24}$liou^{0}kuɑŋ$^{-23}$tɑŋ^{0}ti^{0} ①指人脾气邪 ②不正当：这棵树长得～

瞎包 ɕia$^{44-23}$pɔ^{0} （小孩）不学好、不成器：这孩子真～，不好上学习

光棍 kuɑŋ$^{213-21}$kuã^{0} 形容人爱占便宜

□ kʰou^{55} 精明厉害，凡事要占上风

□气 kʰou$^{55-24}$tɕʰi^{0}

不善 pu$^{44-55}$ʂã^{21} ①厉害，不弱 ②做得好：他可～，能干这样的活

不拉理 pu$^{44-55}$la^{55}li^{55} 不讲理

倔强 tɕyə$^{55-24}$tɕiɑŋ^{0}

野犷 iə$^{55-21}$kuɑŋ^{0} 性子野，大胆，好冒险：他挺～，别人不敢干的事他敢干

野犷不拉的 iə$^{55-21}$kuɑŋ^{0}pu$^{44-23}$la^{0}ti^{0}

野而巴哧的 iə$^{55-21}$ɭə^{0}pa^{-23}tʂʰʅ^{0}ti^{0} 粗野

促狭 tsʰu$^{44-23}$ɕiə^{0}　非常坏：这人很～，不和好人一样

善乎 ʂã^{21}xu^{0}　形容人善，不与人争斗：这人不好和人打仗，脾气挺～

紧趁 tɕiã^{55}tʂʰã^{21}　①做事利索、麻利 ②长得精神

铺囊 pʰu$^{213-21}$nɑŋ^{0}　形容人长得不精神，与“紧趁”相对

铺铺囊囊的 pʰu$^{213-21}$pʰu^{0}nɑŋ$^{-23}$nɑŋ^{0}ti^{0}

□囊 ʋei$^{213-21}$nɑŋ^{0}　形容人不会说话做事

正派 tʂəŋ^{21}pʰɛ^{0}

直实 tʂʅ$^{55-24}$ʂʅ^{0}　诚实、正直，不贪便宜

实落 ʂʅ$^{55-24}$luə^{0}　实在，令人放心

实实落落的 ʂʅ$^{55-24}$ʂʅ^{0}luə$^{-23}$luə^{0}ti^{0}

实落落的 ʂʅ^{55}luə$^{-55}$luə$^{213-21}$ti^{0}

实在 ʂʅ$^{55-24}$tsɛ^{0}

实实在在的 ʂʅ$^{55-24}$ʂʅ^{0}tsɛ$^{-23}$tsɛ^{0}ti^{0}

实在在的 ʂʅ^{55}tsɛ$^{-55}$tsɛ$^{213-21}$ti^{0}

实着 ʂʅ$^{55-24}$tʂɔ^{0}

心实心直的 ɕiã^{213}ʂʅ^{55}ɕiã^{213}tʂʅ$^{55-24}$ti^{0}

煞实 ʂa^{-23}ʂʅ^{0}　①扎实：干啥挺～ ②非常，表示程度深：今日冷得挺～

糊弄 u$^{55-24}$nuŋ^{0}　与“煞实”相对，指做事马虎

活泛 xuə$^{55-24}$fã^{0}　①灵活：办事～，不死巴 ②生活宽裕：现在他家里日子过得比倒以前～咧

死巴 sʅ$^{55-21}$pa^{0}　死板，与“活泛”相对

　死板 sʅ^{55}pã^{55}

教条 tɕiɔ^{213}tʰiɔ^{55}　死板，不会变通

少心无肝的 ʂɔ^{55}ɕiã^{213}u^{55}kã$^{213-21}$ti^{0}　没有心机，不动脑筋

不识玩 pu$^{44-55}$ʂʅ^{55}ʋã^{55}　经不起开玩笑，拿玩笑当真

拙 tʂuə^{44}

拙古 tʂuə$^{44-23}$ku^{0} 笨拙：她做事挺～

拙而咕唧的 tʂuə$^{44-23}$ɭə^{0}ku^{-23}tɕi^{0}ti^{0} 形容做事不像样

笨 pə̃^{21}

笨而巴哧的 pə̃^{21}ɭə^{0}pa^{-23}tʂʰʅ^{0}ti^{0}

迂磨 y$^{21-55}$mə^{0} 做事拖拉，慢

喇$^{=}$嘛$^{=}$ la$^{55-21}$ma^{0} ①脏 ②不利索，丢三落四

巧 tɕʰiɔ^{55}

巧凡 tɕʰiɔ$^{55-21}$fã^{0} 办事麻利、灵巧：做事挺～

连利 liã$^{55-24}$li^{0} 紧凑，麻利，行动迅速

紧凑 tɕiə̃^{55}tsʰou^{21}

麻利 ma$^{55-24}$li^{0}

麻利利的 ma^{55}li^{-55}li$^{213-21}$ti^{0}

毛蹀躞的 mɔ^{55}tiə$^{-55}$ɕiə$^{213-21}$ti^{0} 匆忙、赶紧

柱壮 tʂu^{21}tʂuɑŋ^{0} 做事、说话很有底气：他说起话来挺～

  独壮 tu^{-24}tʂuɑŋ^{0}

走南逛北的 tsou^{55}nã^{55}kuɑŋ^{21}pei$^{44-23}$ti^{0} 走南闯北，四处走动闯荡

能筋把力的 nəŋ^{55}tɕiə̃^{213}pa^{21}li$^{21-55}$ti^{0} ①做事吃力 ②竭尽全力

规矩 kuei$^{55-21}$tɕy^{0} （行为）端正老实，合乎标准或常理

规规矩矩的 kuei$^{55-21}$kuei^{0}tɕy^{-23}tɕy^{0}ti^{0}

没有扎裹气 mu^{55}iou^{55}tʂa$^{44-23}$kuə^{0}tɕʰi^{21} 没有志气

娘娘们儿们儿的 ȵiɑŋ$^{55-24}$ȵiɑŋ^{0}mei^{-23}mei^{0}ti^{0} 男人做事像女人，不大方

嘲 ʂɔ^{55}/tʂʰɔ^{55} 傻

嘲而吧唧的 tʂʰɔ$^{55-24}$ɭə^{0}pa^{-23}tɕi^{0}ti^{0} 傻乎乎的

说嘲不怪 ʂuə$^{44-55}$ʂɔ^{55}pu$^{44-55}$kuɛ^{21}

差点儿事儿 tʂʰa^{213}tiɛ^{55}ʂei^{21} 傻：这人做事～

装嘲卖呆 tʂuɑŋ^{213}ʂɔ^{55}mɛ^{21}tɛ^{213}

鸱毛撅腚 tʂʰʅ^{213}mɔ^{55}tɕyə$^{44-55}$tiŋ^{21} 一瓶子不满，半瓶子咣当

忘田湿乎的 ʋɑŋ^{21}tʰiã^{0}ʂʅ$^{-23}$xu^{0}ti^{0} 好忘事

随和 suei$^{55-24}$xuə^{0}

会过 xuei^{21}kuə^{21} 多指生活省俭、善于利用钱财过日子：他可～咧，啥都攒着

孝顺 ɕiɔ$^{21-55}$tʂʰuə̃^{0}

文明 ʋə̃^{55}miŋ^{55} 举止有教养：说话挺～

安稳 ŋã$^{213-21}$ʋə̃^{0} 不闹腾

安稳儿稳儿的 ŋã^{213}ʋei^{55}ʋei$^{213-21}$ti^{0} 坐倒～，别跌倒

听说 tʰiŋ$^{213-13}$ʂuə^{44} 听话：他打小挺～，不调皮

听说听道的 tʰiŋ$^{213-13}$ʂuə^{44}tʰiŋ$^{213-13}$tɔ$^{21-55}$ti^{0} 听话

鬼头蛤蟆眼的 kuei^{55}tʰou^{55}xa$^{55-24}$ma^{0}iã$^{55-21}$ti^{0} 形容人精灵古怪，讨人喜欢

怪物 kuɛ^{21}u^{0} ①形容小孩心眼灵活，讨人喜欢：这孩子真～呃 ②形容人心眼多：不该说的～的人就不说

多手拉脚的 tuə^{213}ʂou^{55}la^{21}tɕyə$^{44-23}$ti^{0} ①形容好拿人东西 ②在家里东西找不着时常用来怪别人：谁～把我那本书拿咧

皮 pʰi^{55} 小孩顽皮好动

　索 suə^{55} 好动

索性 suə$^{44-23}$ɕiŋ^{0} 顽皮任性

邪性 ɕiə$^{55-24}$ɕiŋ^{0} 形容小孩好哭闹

踹$^{=}$ tʂʰuɛ^{21} 小孩爱骂人等，不讨人喜欢：他挺～呃，和驴似的

治害 tʂʅ^{21}xɛ^{0} 给人添麻烦：真～人

捣使 tɔ$^{55-21}$ʂʅ^{0} 调皮捣蛋

滴滴波波的 ti$^{44-23}$ti^{0}pə$^{-23}$pə^{0}ti^{0} 形容人好搬弄是非：某人谁好～，存不住话

调对 tiɔ^{21}tuei^{0} 灵活处事：做啥都得～倒

调调对对的 tiɔ^{21}tiɔ^{0}tuei^{-23}tuei^{0}ti^{0}

调弄 tiɔ^{21}luŋ^{0} 设法少干活，不答应别人的要求，带有贬义：～倒不吃亏|～倒不干活|他～倒说他还有点事儿去不了

调调弄弄的 tiɔ^{21}tiɔ^{0}luŋ$^{-23}$luŋ^{0}ti^{0}

心心念念的 ɕiã$^{213-21}$ɕiã^{0}ȵiã$^{-23}$ȵiã^{0}ti^{0} 放在心上，念念不忘：～达到目的

了得 liɔ$^{55-21}$ti^{0} 厉害：这人功夫～

了不得 liɔ$^{55-21}$pu^{0}ti^{0} ①非同寻常：这个人功夫可～ ②情况严重：可～，你可别截住他，你知道他是谁呃？

疵毛 tsʰɿ^{213}mɔ^{55} 不好、低劣：这人挺～|这事办得真～！

不沾嫌 pu$^{44-55}$tʂã^{213}ɕiã^{55} 形容人不实在、不好：某人谁才～来

横立巴邪的 xuŋ^{21}li^{0}pa^{-23}ɕiə^{0}ti^{0} 任性

不成材 pu$^{44-55}$tʂʰəŋ^{55}tsʰɛ^{55} 不成器

叽溜揸煞的 tɕi$^{55-21}$liou^{0}tʂa$^{213-21}$ʂa^{0}ti^{0} 形容女人说话多、说话抢头、不实在，贬义：你看她～

出飞唠 tʂʰu$^{44-23}$fei^{0}lɔ^{0} 小鸟会飞，形容孩子具有了自立的能力

二十三　代词

俺 ŋã^{55} ①我 ②我们

我 ʋə^{55}

你 ȵi^{55}

他 t^{h}a^{44}

自家 tsɿ$^{-24}$tɕia^{0}/tsɿ$^{-24}$a^{0}/tsɿ$^{-24}$ə^{0} 自己

人家 lə̃$^{55-24}$tɕia^{0}/lə̃$^{55-24}$a^{0} 别人

旁人 p^{h}ɑŋ^{55}lə̃^{55}

某人谁 mu^{55}lə̃^{21}ʂei^{55} 某人：～她婆婆

打$^{=}$伙子 ta^{55}xuə$^{55-21}$tɿ^{0} 大伙，大家：～都来了

〈这个〉 tʂə^{213}

　这个 tʂə$^{55-21}$kə^{0}

〈那个〉 na^{213}

　那个 na$^{55-21}$kə^{0}

这户（的） tʂə$^{-24}$xu^{0}（ti^{0}） 这种的

那户（的） na^{-24}xu^{0}（ti^{0}） 那种的

镇$^{=}$里 tʂə̃$^{21-55}$ȵi^{0} 这里

　这合里 tʂə^{21}xə^{0}ȵi^{0}

那里 na$^{21-55}$ȵi^{0}

　那合里 na^{21}xə^{0}ȵi^{0}

哪里 na$^{55-21}$ȵi^{0}

　哪 na^{55}

章 tʂɑŋ^{213} 这样

　章忙 tʂɑŋ$^{213-21}$mɑŋ^{0}

囊 nɑŋ^{213} 那样

　囊忙 nɑŋ$^{213-21}$mɑŋ^{0}

当忙 tɑŋ$^{-24}$mɑŋ^{0} 多么

样式儿 iɑŋ^{21}ʂei^{44} 样子：这个～的话，就别去咧

二十四　数词、量词

一个 i$^{44-55}$kə^{21}

〈一个〉 iə$^{-53}$

俩 lia^{55}　两个

仨 sa^{213}　三个

四呃 sɿ$^{21-55}$ə^{0}　四个

五呃 u$^{55-21}$ə^{0}　五个

六呃 liou$^{21-55}$ə^{0}　六个

七呃 tɕ^{h}i$^{44-23}$ə^{0}　七个

八呃 pa$^{44-23}$ə^{0}　八个

九呃 tɕiou$^{55-21}$ə^{0}　九个

十呃 ʂʅ$^{55-24}$ə^{0}　十个

十拉个 ʂʅ$^{55-24}$la^{0}kə^{21}　十个左右

百十个 pei$^{44-23}$ʂʅ^{0}kə^{21}　一百个左右

百十呃 pei$^{44-23}$ʂʅ^{0}ə^{0}

好几呃 xɔ^{55}tɕi$^{55-21}$ə^{0}　好几个

一些 i$^{44-55}$ɕiə^{213}　我买唠～苹果

一大些 i$^{44-55}$ta^{21}ɕiə^{213}　很多

性$^{=}$ ɕiŋ^{21}　层：三～砖

茬 tʂ^{h}a^{55}　庄稼等从生出到收获为一茬：韭菜割唠两～咧

蹬 təŋ^{21}　台阶的一级：一～～楼梯

遭 tsɔ^{213}　①圈：缠唠好几～ ②趟，回：去唠两～咧

遍 piã^{21}　一个动作从开始到结束的整个过程为一遍：这本书看唠两～咧

户 xu^{0}　种类：我要这～的

盼$^{=}$子 p^{h}ã$^{21-55}$tʅ^{0} 一小段时间：出去玩唠一～

阵子 tʂə̃^{21}tʅ^{0} 不长的一段时间：这一～俺身体挺好

趟 t^{h}ɑŋ^{21} ①排成长条的一排：一～椅子 ②回，次：上唠两～济南

骨节 ku$^{44-23}$tɕiə^{0} 节：一～秫秸

码 ma^{55} 件，种：一～事儿|两～事儿

一家伙子 i$^{44-55}$tɕia$^{213-21}$xuə^{0}tʅ^{0} 跌唠～

　一下子 i$^{44-55}$ɕia^{21}tʅ^{0}

两下里 liɑŋ$^{55-21}$ɕia^{0}ȵi^{0} 两头

二十五　副词

将 tɕiɑŋ^{213} 刚，刚才

待 tɛ^{21} 将要：明日我～上济南

待中 tɛ^{21}tʂuŋ^{213} （估计）就要，快要：饭～做好咧

□拉 ʂuɑŋ$^{55-24}$la^{0} 很快，马上：别急，车～就来咧

吵呼的声 tʂ^{h}ɔ^{55}xu$^{213-21}$ti^{0}ʂəŋ^{213} 形容时间过得快：～就八九年咧

周$^{=}$的声 tʂou$^{213-21}$ti^{0}ʂəŋ^{213} 很快：～又是一年

　轴$^{=}$拉的声 tʂou^{-55}la$^{213-21}$ti^{0}ʂəŋ^{213}

整好 tʂəŋ^{55}xɔ^{55} 正好

可巧 k^{h}ə^{55}tɕ^{h}iɔ^{55} 恰巧，正好：我将进门，～你就来咧

一起根儿 i$^{44-55}$tɕ^{h}i^{55}kei^{213} 一开始：～俺就不想要

　起先 tɕ^{h}i^{55}ɕiã^{213}

迭不的 tiə$^{-24}$pu^{0}ti^{0} 来不及：～做饭咧，就凑合倒吃点儿吧

断不了 tuã^{21}pu^{0}liɔ^{55} 常常：他～上俺家来玩

光待 kuɑŋ^{55}tɛ^{21} 总是：我～忘唠

特为 tei^{-24}ʋei^{0} 故意：他～的这样惹你生气

快倒 kʰuɛ$^{21-55}$tɔ^{0}　赶快：～走吧，要不赶不上车咧

紧忙地 tɕiã^{55}mɑŋ$^{55-24}$ti^{0}　赶紧地：～写也写不完

慢⁼是⁼地里 mã^{21}ʂʅ^{21}ti^{0}ȵi^{0}　突然：～跌倒咧

一生伙子 i$^{44-55}$ʂəŋ$^{213-21}$xuə^{0}tʅ^{0}　一下子，突然：好好的人～就没咧

　哼哧的声 xəŋ$^{-55}$tʂʰʅ$^{213-21}$ti^{0}ʂəŋ^{213}

继倒 tɕi^{21}tɔ^{0}　①形容时间过得慢、日子不好过：～不黑天 ②一直：你～走，走到头就到咧

好没生的 xɔ^{55}mu^{55}ʂəŋ$^{213-21}$ti^{0}　没来由的，出乎意料的：～她就哭咧

倒 tɔ^{21}　表示跟意料相反：他～好，自家先跑咧

　倒是 tɔ^{21}ʂʅ^{21}

轻易 tɕʰiŋ$^{213-13}$i^{21}　随随便便，一般用于否定句：～不吃顿面饭

加二五的 tɕia$^{213-13}$ɭə^{21}u$^{55-21}$ti^{0}　再三地：～嘱咐，你还这样做

仔⁼ tsɿ^{55}　只，仅仅：～剩一呃苹果咧

光 kuɑŋ^{55}　①只：～靠一呃人哪能行呃 ②总是：这几天～下雨

略少 liɔ^{21}ʂɔ^{55}　稍微：～剪点儿就行

　学⁼立⁼微的 ɕyə^{55}li^{21}ʋei$^{213-21}$ti^{0}

一堆 i$^{44-55}$tsuei^{213}　一起，一块儿：咱～去吧

挺 tʰiŋ^{55}/tɕʰiŋ^{55}　很，非常

可 kʰə^{55}　非常，与"咧"连用：今年菜～贵咧

忒胆 tʰuei^{-55}tã^{55}　太

要紧的 iɔ^{213}tɕiã$^{55-21}$ti^{0}　表强调：～得注意倒点儿

再 tsɛ^{213}　表示又一次：～来的时候，可别带东西咧

紧 tɕiã^{55}　用在方位词前，表示"最"：～里头|～后头

高低 kɔ$^{213-13}$ti^{213}　无论如何：不管咋说，他～就是不干

单管 tã^{213}kuã^{55}　单单，专门：还能～去伺候你曼

都 tou^{21} 全：咱～去

净 tɕiŋ^{21} 总是：他～忘事

根门$^{=}$ kə̃^{213}mə̃^{55} 根本，完全：这事儿他～不知道

包准 pɔ^{213}tʂuə̃^{55} 一定：我～去

亏倒 k^{h}uei$^{213-21}$tɔ^{0} 幸亏：～你和我说咧

还 xã^{55} 都十点咧，他咋～没来呃？

看倒 k^{h}ã$^{55-21}$tɔ^{0} 以免：先不说唠吧，～你再晚唠

看- k^{h}ã$^{55-21}$ã^{0}

大差 ta^{21}tʂ^{h}a^{21} 相差：～十来分钟

麻划 ma$^{55-24}$xua^{0} 近，约：得等到～三点

不啥 pu$^{44-55}$ʂa^{21} 要不然：～的话你先走吧

未曾 ʋei^{21}ts^{h}əŋ^{55} 还没有：～吃饭，先喝汤

简直 tɕiã$^{55-21}$tʂʅ^{0}

好生 xɑŋ$^{55-21}$ʂɑŋ^{0}/xɔ$^{55-21}$ʂɑŋ^{0} 好好地：他啥也不～干

总起来说 tsuŋ$^{55-21}$tɕ^{h}i^{0}lɛ^{0}ʂuə^{44} 总之

咋来无去 tsa^{21}lɛ^{55}u^{55}tɕ^{h}y^{21} 事情的缘由：俺知不道～的

头里 t^{h}ou$^{55-24}$ȵi^{0} 你～走，我待一霎再去

二十六　介词、连词、助词、语气词

叫 tɕiɔ^{21} 被，让：～他打唠一顿|～他来吧

和 xuə^{55} ①跟，与：～他一起走 ②向，对：～他说说这事儿

问 ʋə̃^{21} 向：你～他要吧，他有

涝$^{=}$ lɔ^{21} 对，朝，向：还～倒他脖子上砍唠一家伙子

照 tʂɔ^{21}

上 ʂɑŋ^{21} 向：～后看|～前走

望 ʋɑŋ^{21} 向：～前走

把 pa^{55} ①从：我～家里来的 ②把：～他来熊唠一顿

马$^{=}$ ma^{55}

满$^{=}$ mã^{55}

打 ta^{55} 从：他～济南回来

待 tɛ^{55} 在：～家里|～城里工作|～床上

到 tɔ^{21} 位于动词与处所短语之间，相当于普通话的“在”：骑～驴上|坐～驴腚上|住～家里|倒～床上

下 ɕia^{21} 用：有筷子不用，非得～手抓|～步走|我～眼看看

跟 kə̃^{213} 比：你不～人家高

依起 i$^{213-21}$tɕ^{h}i^{0} 依：～我来就不管这个

一赶 i$^{44-55}$kã^{55} 等到：～来唠，就不早咧

赶 kã^{55} 到，等：～吃饭的时候再来吧

赶刀$^{=}$门 kã^{55}tɔ$^{213-21}$mə̃^{0} 等什么时候：～我有空唠给你做床被子

继（倒） tɕi^{21}（tɔ^{0}） 由着，依从：啥都～他|～你挑

和……似的 xuə^{55} …… ʂʅ$^{21-55}$ti^{0} 像……一样

赶倒……赶倒…… kã$^{55-21}$tɔ^{0} …… kã$^{55-21}$tɔ^{0}…… 边……边……：～走～说

或是 xuei^{55}ʂʅ^{21} 表示选择，或者：～你去，～我去，都行

仔$^{=}$ tsʅ^{55} 只要，如果，用于主语和谓语之间：你～没空，我就自家去

仔$^{=}$是 tsʅ^{55}ʂʅ^{21} 只要，如果，可用于主语前，也可用于主语与谓语之间：～你想吃/你～想吃，我就给你做

要（是） iɔ^{21}（ʂʅ^{21}） 如果

胆自 tã$^{55-21}$tsʅ^{0} 哪怕，只要：～他有一点好，我也不会这样对他

<u>尽管</u> tɕi^{21}kuã^{55}/tsʅ^{21}kuã^{55} 你～去，不用管我|～咋倒的吧

挤⁼倒 $tɕi^{55-21}tɔ^{0}$ 本来就已经：你～困咧，还看电视

就是 $tɕiou^{21}ʂʅ^{21}$ 即使：～几天不做饭，也没事儿

差以 $tʂ^{h}a^{213-21}i^{0}$ 不容易，可能性小：冷唠它就～酸

不着 $pu^{44-55}tʂɔ^{55}$ 不然，要不是：他不待动，～他就来咧

省下 $ʂəŋ^{55-21}ɕia^{0}$ 免得：到唠就来个电话，～我挂挂倒

省的 $ʂəŋ^{55-21}ti^{0}$

然后 $lã^{55}xou^{21}$ 表示一件事情之后接着又发生另一件事情

可 $k^{h}ə^{55}$ 可是：用不着，俺～会做来

煞 $ʂa^{0}$ ①用在动词之后，表示程度强：使～我咧|我都快叫你气～咧 ②相当于北京话的“上”：关～门

见 $tɕiã^{21}$ 每，表示频率高：～天|～年|～顿（饭）

价 $tɕia^{21}$ 副词后缀，一般跟在时间词后：成天～|成年～

郎当的 $laŋ^{-23}taŋ^{0}ti^{0}$ 之类的东西：我上集上买唠一些果木子～

来 $lɛ^{55}$ ①语气词：霄霄～，他不是昨天就回来唠曼？ ②助词：今日你干啥～？|我啥时候说这～？

……的话 $ti^{0}xua^{21}$ 用于前一分句末表示假设：你去～，我也去

唠 $lɔ^{0}$ 了，助词，表完成：我吃～一个苹果

咧 $liə^{0}$ 了，助词，用于句末：跑～|吃～

倒 $tɔ^{0}$ 助词，相当于普通话的“着”，表示动作正在进行或状态持续：排～队望外走

过 $kuə^{21}$ 助词，用于动词后，表示曾经发生：见～|吃～

的 ti^{0} 助词：你～|去吃饭～|洗～干干净净

开 $k^{h}ɛ^{213}$ 用于动词后，表示动作的开始：下～雨咧|说～话咧

不哒 $pu^{0}ta^{0}$ 商量催促的语气：你吃～，又不是没有

呢 $ȵi^{0}$ 语气词：我吃饭～，你先走吧

双音节的名字背称和面称都可以单用，不加“子”或“哎”，而单音节的名字不能单用，必须加“子”或“哎”。

2．排行

在章丘方言中，表示排行的次序是直接将“大”和数词“二、三”等加于名词之前，最小的一般用“小”。例如：

大哥	二哥	三哥	小哥
大姐姐	二姐姐	三姐姐	小姐姐
大媳妇	二媳妇	三媳妇	小媳妇
大姑	二姑	三姑	小姑
大姨	二姨	三姨	小姨

二 词缀

（一）名词词缀

章丘方言中带“子”缀的名词特别丰富，除了单音节词常带“子”缀外，普通话的双音节词在章丘方言里也往往要再加上“子”。“子”一般音[tɿ⁰]，但有时音[tɔ⁰]。

1．人体部位及器官名称

后脑勺子	眼珠子	脚丫子	身子
耳朵眼子	眼眶子	脚面子	鼻子
耳朵垂子	眼角子	腮帮子	胡子
脖乐颈子	眼皮子	手腕子	脖子
肩膀头子	肤皮子	手面子	肚子
指甲盖子	腚眼子	腚垂子	奶子
胳膊锅子	脚腕子	腿肚子	腰子
骨头架子	汗流子	骨棒子	嗓子

脑袋瓜子	牙花子	嘴皮子	大腿里子
鼻子眼子	鼻子翅子	脊梁杆子	杆腿子

2．服饰及服饰组成部分的名称

棉顿子	夹顿子	领弯子	底襟子
对襟子	裤衩子	免腰子	洋袜子
草帽子	搐打子	手镯子	戒指子
小卡子	鞋帮子	鞋垫子	鞋带子
耳坠子	网缰子	皮帽子	手套子
眼镜子	扣鼻子	扣子	裤腿脚子

3．树木各部分的名称

树林子	树身子	树梢子	树杈子
树叶子	树枝子	树墩子	榆钱子
柳条子	槐花子	酸枣子	软枣子
杨树芒子	白腊条子		

4．用于人名。如果人名只有一个字，背称时后面都会加上“子”，如果有两个字，可以不带“子”，但在口语中也常常加“子”。

红子	刚子	霞子	兵子	虎子
凤子	贵子	梧子	曼子	山子
强子	建伟子	秋菊子	爱文子	
新平子	大江子	三花子	建勇子	

（二）动词词缀

与其他许多山东方言一样，章丘方言的动词后缀也较为丰富，常见的有“巴、拉、哒、悠、弄”等。这些后缀都读轻声，附加在某些单音节动词之后，词汇意义基本不变，但增加了一些附加意义。不同的后缀构词能力不同，有的能跟较多的动词搭配，有的则只能跟在个别动词后面。下面分别举例说明。

1．巴

掐巴	拉巴	择巴	撕巴
扫巴	刷巴	铲巴	砸巴
剁巴	烫巴	搓巴	洗巴
捋巴	泥巴	捂巴	擦巴

“巴”相对来说是比较能产的一个动词后缀，能跟在比较多的动词后面。带“巴”的动词，既可单用，也可以重叠使用。但实际上单用非常受限，既不能单独充当谓语，一般也不能直接带宾语或补语。（“*”表示不能用，下同）

刷墙	*刷巴墙	刷巴唠墙
择菜	*择巴菜	择巴点儿菜
洗衣裳	*洗巴衣裳	洗巴洗巴衣裳
吃饱	*吃巴饱	将吃巴饱唠刚吃饱了
说得好	*说巴得好	说巴得可好咧

“巴”缀动词一般只能采用“V巴V巴”式重叠。重叠后一般带有动作重复和随意的附加意义，常用于语气较弱的祈使句中，尤其是“把”字结构。例如：

剁巴剁巴这点儿肉，包包子吃吧。

后晌烫巴烫巴脚再睡觉。

你把桌子擦巴擦巴。

把衣裳洗巴洗巴

把肉剁巴剁巴

2．拉

拨拉　扒拉　划拉　拌拉　拐拉　撩拉

抚拉　搰拉　数拉　顾拉　撇拉　捋拉

带“拉”缀的动词，大多带有摩擦的效果，如“抚拉”一般是手或其他物体从一处到另一处的摩擦移动：“抚拉抚拉身上的土”；“搰拉”也是从一侧到另一侧摩擦移动：“把桌子上的东西搰拉下去”。这类动词的重叠只能按照“V 拉 V 拉”方式。

3．哒

甩哒　蹬哒　拍哒　吐哒　敲哒　摔哒　踢哒

砸哒　呲哒　蹦哒　溜哒　磕哒　踹哒　滴哒

带后缀“哒”后，动词有动作随意、力量不大的附加意义。这类“哒”缀动词，大多为及物的，可以带宾语。例如：

他睡觉老蹬哒腿。

你吐哒些啥？

这类动词大多可以按照“V 哒 V 哒”的方式重叠，如“拍哒拍哒、甩哒甩哒、砸哒砸哒”；有的同时也能按“VV 哒哒”的方式重叠，表示动作的状态，如“摔哒摔哒——摔摔哒哒，踢哒踢哒——踢踢哒哒，溜哒溜哒——溜溜哒哒，滴哒滴哒——滴滴哒哒，踹哒踹哒——踹踹哒哒”。这是“哒”缀动词的一个重要特点。

前面提到，“巴”缀动词重叠后常用于“把”字结构，而“哒”缀动词按“V 哒 V 哒”式重叠后有的能用于“把”字结构，有的不能，例如“把水甩哒甩哒，*把腿溜达溜达”；

而按“VV哒哒”式重叠，则都不能用于“把”字结构。

4．悠

逛悠　转悠　晃悠　搓悠　抟悠　蜷悠

卷悠　窝悠　颤悠　奤悠　捻悠　缠悠

后缀“悠”一般加在表周转性动作的单音节动词后面，带有动作重复、状态变化持续不停的附加意义。“悠”缀动词不是很多，大多能进行“V悠V悠”式重叠，如“逛悠逛悠、卷悠卷悠”，少数也可按照“VV悠悠”式重叠，如“晃晃悠悠、颤颤悠悠”，跟“哒”缀动词有一致之处。

5．弄

摆弄　团弄　戳弄　糊弄　撮弄

带后缀“弄”的动词不多。这类词含有轻率、不认真的感情色彩，常用于批评、表示不满的情况下。一般可以单独充当谓语，相比较前面几个词缀来说，“弄”的意义比较实在。例如：

他成天净瞎摆弄，也不干点正经事儿。

你糊弄谁呃？不好好学习，早晚还不是糊弄你自家呃？

山东宁津、汶上等方言还有“求、送、么”等动词后缀，章丘方言里也有少数动词可以带这些后缀，例如“捂求、筑送、拱送、舔么”等，但这类例词较少。

从以上这几个动词词缀来看，与名词词缀“子”相比，章丘方言的动词后缀呈现出一些不同的特点：（1）这些词缀的出现受到很大限制，只能跟在单音节动词后面，而不能跟在多音节动词后面；（2）即使跟在单音节动词后面，出现也不自由，大多情况下，一个单音节动词只能带某一种词缀。只有少数单音节动词可以带两个或两个以上的后缀，如“搓巴、搓悠”;（3）带缀动词的功能也受到限制，一般都不能独立充当谓语或直接带宾语。

词缀一般是由语言中的其他成分虚化而来。以上动词词缀有的显然是实语素的弱化，如“弄”；有的则很像是嵌词成分，如“巴、拉”。

（三）形容词词缀

1. 单音节形容词后缀比较常见的有“悠、乎、实、道”等。例如：

光悠　尖悠　鼓悠　圆悠　长悠　慢悠　胖悠

近乎　热乎　稠乎　烂乎　黏乎　邪乎　湿乎

壮实　厚实　敦实　皮实　瓷实　扎实　直实

神道　魔道　老道　筋道

2. 在章丘方言中，形容词还有一种比较能产的双音节后缀“的慌”(两字读轻声)，多跟单音词结合，也可跟双音节词结合，表示程度的加深。例如：

热的慌　饿的慌　冻的慌　渴的慌

累的慌　困的慌　疼的慌　想的慌

饥困的慌　恶心的慌　干渴的慌

3. 形容词+下

章丘方言中“下”常用于“章（‘这样’的合音）忙 A”后面（A 为“宽、长、高、粗、窄”等单音节形容词），表示大致差不多的意思，但去掉后意思不变。例如：

章忙样式儿的，章忙宽下，章忙厚下，章忙长下。这个样子的，这么宽，这么厚，这么长。

一个石头蛋子，章忙粗下，章忙长短。一块圆石头，这么粗，这么长。

这个都长不成树，都是待坡里长的章忙高下。这些（植物）都长不成树，都是在坡里长大概这么高。

三　形容词的生动形式

1．A—AB—ABB 的

这是一种递进式的形容词生动形式，其中 A 为单音节形容词。

白	白生	白生生的	脆	脆生	脆生生的
薄	薄溜	薄溜溜的	干	干酥	干酥酥的
长	长溜	长溜溜的	散	散酥	散酥酥的
滑	滑溜	滑溜溜的	稀	稀拉	稀拉拉的
平	平分	平分分的	光	光悠	光悠悠的
胖	胖悠	胖悠悠的	慢	慢悠	慢悠悠的
面	面悠	面悠悠的	圆	圆悠	圆悠悠的
软	软和	软和和的	暖	暖和	暖和和的
匀	匀和	匀和和的	暄	暄和	暄和和的
胎	胎乎	胎乎乎的	黏	黏乎	黏乎乎的
浓	浓乎	浓乎乎的	烂	烂乎	烂乎乎的
松	松缓	松缓缓的	细	细法	细法法的
实	实在	实在在的	实	实落	实落落的
近	近便	近便便的	干	干巴	干巴巴的

齐 齐截 齐截截的　　亮 亮堂 亮堂堂的

安 安稳 安稳稳的

双音节词 AB，大多是附加式，如“胎乎、软和、薄溜、面悠”；少数是复合式，如“实在、松缓、近便、安稳”。其中大多数还有一种对应的形式：AABB 的。例如：

白白生生的 稀稀拉拉的 匀匀和和的 干干巴巴的

实实在在的 亮亮堂堂的 松松缓缓的 面面悠悠的

“ABB 的”式很可能是“AABB 的”式的一种减缩形式。有两点可以作为证据。一是双音节形容词常用的重叠形式是“AABB”，普通话也是这样；二是在章丘方言中，有些双音节形容词可以有“AABB 的”式派生形式，但不一定有相应的“ABB 的”派生形式，而若有“ABB 的”，一般都有相应的“AABB 的”式。例如：

结实	结实实的	结结实实的
四方	四方方的	四四方方的
麻利	麻利利的	麻麻利利的
支翘	*支翘翘的	支支翘翘的
干净	*干净净的	干干净净的
整齐	*整齐齐的	整整齐齐的

2. ABC 的

A 为形容词词根，“BC 的”为词缀。

假古搭的 白扯咧的　毛蹀躞的　大老么的

柴各棱的 齐嘎得的　扁古拉的　光秃鲁的

滑出溜的 薄乎拉的

这类形容词多带有消极意义的感情色彩。

3．ABCD 的

根据 A、B、C、D 的结构关系可以分为三类。

（1）A+BCD 的

由单音节形容词加后缀“BCD 的”构成。

忘田湿乎的　拙而咕唧的　笨而巴哧的　愣而巴哧的

野而巴哧的　晕而不哧的　胡而马约的　脏而不唧的

酸而不唧的　嘲而巴唧的　粗而巴唧的　黑乎拉巴的

血乎沥拉的　水性哒咕的　乔而咕咚的　贱里不气的

闷答拉赤的　薄里呼拉的　二不楞腾的　懈里咣当的

这类形容词的消极感情色彩比“ABC 的”式更为强烈。

（2）AB+CD 的

AB 是双音节词，“CD 的”为后缀。

小气不拉的　疙瘩琉球的　邪溜咣当的　心焦把鬼的

横立巴邪的　殪蔫带古的　温凉不展的　屁臭呱唧的

（3）AB+CD+的

AB 和 CD 分别是两个意思相近的双音节词，两者并列组合在一起。

胡吹海唠的　黑灯瞎火的　贼眉鼠眼的　狼耳狗腮的

丢三落四的　头疼脑热的　点灯熬油的　七上八下的

腰酸腿疼的　着急上火的　严丝合缝的　七长八短的

山猫野兽的　扬风乍帽的　乔声怪气的　狂言辣语的

云山雾罩的　装嘲卖呆的　擦尖抹滑的　拿模作样的

阴潮地暗的　走南逛北的　少心无肝的　清锅冷灶的

4．AABB 的

这类一般是双音节词 AB 的重叠，但 AB 不限于形容词，也有动词、名词，甚至副词。AB 是形容词的例子前面已举了一些，比较常见，这里仅举 AB 是动词等的例子。

（1）动词

吵吵喝喝的　　嘶嘶咬咬的　　咋咋呼呼的

踢踢蹬蹬的　　吹吹乎乎的　　调调对对的

揸揸煞煞的　　掐掐捏捏的　　忙忙活活的

（2）名词

末末落落的　　疙疙瘩瘩的　　娘娘们们的

毛毛茸茸的　　坑坑洼洼的　　前前后后的

（3）副词

时时刻刻的　　原原本本的　　早早晚晚的

反反复复的　　多多少少的　　凑凑合合的

（4）象声词

扑扑嚓嚓的　　吱吱歪歪的

以上例词，除了象声词一类外，AB 都不能按照“ABAB 的”式重叠。

5．ABAB 的

豁燎豁燎的　扇乎扇乎的　呼扇呼扇的　甘甜甘甜的

齁咸齁咸的　飞扬飞扬的　忽打忽打的　哧扔哧扔的

嘎嘣嘎嘣的　梆唧梆唧的　出溜出溜的　吭哧吭哧的

有的例词也可以变换为“AABB 的”式，如“豁豁燎燎的、忽忽打打的”。

6．ACAD的

齐角齐棱的　　浪声浪气的　　撮丁撮哧的

风言风语的　　小打小闹的　　小手小脚的

这类例词较少。有的C、D可组成一个双音节复合词，如“言语、打闹”；有的虽然C、D不能组成一个词，但意义相关，如“角”和“棱”，“声”和“气”。“撮丁撮哧的”这个词的“丁”和“哧”本字不明。

7．形容词程度表示法

章丘方言中形容词程度的表示方法，除了前边谈到的加词缀、重叠等等之外，较普遍的方式是用不同的程度副词“挺、更、真、可……了、够……（的了）”等表示不同的程度。

（1）挺

表程度比原来高，近似于普通话中的“很”。例如：

挺大　　挺小　　挺好　　挺坏

挺干净　　挺窝脏　　挺大方　　挺小气

挺灵泛　　挺糊涂　　挺老实　　挺尖馋

（2）更

表示程度进一步、高一级，带有明显的“比较”义。例如：

这个更大　　那个更小

他更大方　　他更老实

（3）真

表示程度比原来高很多，并且带有比较强的“确认”意味。例如：

真好　　真坏　　真高　　真瘦

真大方　　真小气　　真老实　　真尖馋

（4）可……咧

程度副词与语气词“咧”[liə⁰]配合使用，表示程度高，感情色彩强烈。例如：

可好咧　　可坏咧　　可高咧　　可瘦咧

可大方咧　　可老实咧　　可小气咧

四 代词

（一）人称代词

第一人称单数，老派多用“俺”，但“我”也很常用。例如：

你不给俺/我，俺/我还不稀罕咧。

俺/我明日待上县城，你去啵？

第一人称复数，多用“咱”，或者是“俺”加上“俩、仨、几个”，其中“咱”是包括听话人在内的，而“俺”加“俩、仨”等的说法，不包括听话人在内。例如：

咱快倒走吧，黑天咧。

俺俩/仨/几个做就行咧，你就别再占乎手咧。

当用于领格时，第一人称单数多用“俺”，复数多用“咱”，例如：

俺娘去买菜咧，你找她做啥？

俺庄里离县城不大远，骑车子半个小时就到咧。

快倒家去吧，咱爹回来咧。

第二人称复数常用“你/恁+俩/仨/几个”。例如：

你/恁+俩/仨/几个真够呛，咋才来呢？

第二人称的领格单数用“你”，复数用“恁”，例如：

你姐姐〈做啥〉[$tsua^{24}$]的咧？一头晌午都没见倒她。

恁爷爷多大岁数咧？

第三人称代词跟普通话基本一致，只是复数形式常用“他+俩/仨/几个”。例如：

他仨一堆去的，你就甭担心咧。

章丘方言的人称代词如下表：

	主格		领格	
	单数	复数	单数	复数
第一人称	我，俺	咱，俺（俩，仨，几个）	俺	咱
第二人称	你	恁/你（俩，仨，几个）	你	恁
第三人称	他	他（俩，仨，几个），他们	他	他们

1．自家、个人

章丘话里“自己”一般说成“自家”，有时也可以用“个人”，“自家”的意义和用法与普通话的“自己”相同，例如：

你自家看倒办吧，不用老是来问我。

他办事儿光顾他个人，也不替旁人想想。

“自家”的“家”在语流中声母经常脱落，韵母有时也会弱化为央元音。

2．人家、旁人

章丘方言的“人家”和“旁人”相当于普通话的“别人”。

例如：

你看看人家，也学倒点儿，别光玩不学习。

你别管旁人咋想，做好你自家就行咧。

但是，两者的用法也不完全一致。比如“人家”后面可以加人名，指明“人家”是谁，但“旁人”不能加，这一点“旁人”与普通话的“别人”用法一致。这说明，“人家”在语境中是有所指的。

人家（*旁人）秦香家可富咧，都买唠小汽车咧。

口语中，有时“旁人”可用来自指，带有不满的情绪。例如：

旁人（*人家）白夜黑夜的干，还不都是为唠这一大家子呃。（此处“旁人”指说话人自己）

跟“自家”一样，“人家”的“家”读音也常常弱化。

总的来说，章丘方言的人称代词与普通话还是比较接近的，尤其是近些年来，受普通话影响较大，逐渐趋于一致。

（二）指示代词

章丘方言中，指示代词有近指和远指两套，“这”为近指，“那”为远指，其读音又各有若干变体。

1. 这

（1）tʂə^{21}：单说，例如：

这是啥？

你这是〈做啥〉[tsua^{24}]的呃？

（2）tʂə^{213}：多用于充当定语时，例如“这人、这棵树、这呃东西”。

（3）tʂə^{55}/tʂə̃^{55}：例如“这里”。

（4）tʂɑŋ^{213}：应是“这样”的合音，下文记为“章”。例如：

章忙大咧，还穿开裆裤呃？

2．那

（1）na^{21}：单说，例如：

那是哪里呃？

（2）na^{213}：多用于充当定语时，例如“那人、那棵树、那呃东西”。

（3）na^{55}：那里。例如：

你待那里干活曼？

（4）nɑŋ^{213}：应是“那样”的合音，下文记为“囊”。例如：

就囊忙倒吧，别再忙活它咧。

3．这户、那户

“这户［tʂə$^{-24}$xu^{0}］、那户［na^{-24}xu^{0}］”相当于普通话的“这种、那种”，其中的“这、那”变调同浊平字。用在名词前面表示性质，多充当定语，可以不带“的”直接修饰名词。例如：

我要这户衣裳，不要那户的。

这户人到哪里都有人喜欢。

那户人谁搭理他呃。

4．章〈这样〉忙、囊〈那样〉忙

这两个词分别读［tʂɑŋ$^{213-21}$mɑŋ^{0}］、［nɑŋ$^{213-21}$mɑŋ^{0}］，用于动词前表示方式方法，多充当状语。例如：

既然你章忙想，就章忙做吧。

他都囊忙写咧，还能说啥？

在自然语流中“忙”的声母可以脱落，听上去像是前一音节韵母的延长。

5. 见

这个词相当于普通话的“每”，但主要用于几个表示时间的词语前，或者是定期出现的事物前。例如：

俺见后晌给你拿虱子。

你见晌午出去干活。

他见月回来一趟。

他见年这时候到县城赶会。

他见回都这样。

这几天见顿饭都是面条。

（三）疑问代词

1. 哪、哪里

“哪[na^{55-214}]、哪里[$na^{55-21}ȵi^{0}$]”用于询问地点，其中“哪”的声调像是“哪啊”的合音，而不是一个单字音。例如：

你待上哪（里）？你要去哪里？

2. 哪个

“哪个[$na^{55}kə^{21}$]”与普通话一致，可以单独使用，也可以充当定语。例如：

你要哪个？

你说的是哪个人呃？

3．哪户

“哪户[na^{55}xu^{21}]”意义相当于普通话的“哪种”，但用法并不一致。它不能单用，也不能中间插入“一”说成“哪一户”，必须后加“的”或修饰其他成分，修饰其他成分时一般不用加“的”。例如：

你要哪户的？

你要哪户颜色呃？

4．咋、咋倒

“咋[tsa^{21}]、咋倒[tsa$^{21-55}$tɔ^{0}]”相当于普通话的“怎么”，用来询问动作方式和事情的原因。例如：

你说，这事儿我该咋/咋倒办？

你咋倒咧？咋就吐唠嘛？

5．咋样

“咋样[tsa^{21}iaŋ^{21}]”相当于普通话的“怎么样”，询问事情的状态。例如：

这次考得咋样呃？

6．当忙、多

在章丘方言中，表达“多么”之意时，用“当忙[taŋ$^{-24}$maŋ^{0}]”，或者单用“多[tuə$^{-53}$]”，二者用法基本一致，“当忙[taŋ$^{-24}$maŋ^{0}]”听上去更土一些。例如：

县城离这里当忙/多远呃？

这木板有当忙/多厚呃？

不管他当忙/多忙，见天都散步一小时。

这闺女当忙好呃！

“当忙[taŋ$^{-24}$maŋ^{0}]与前面的“章忙、囊忙”应该是一组。“当”应是“多”的变音。“当忙”的前字变调同浊平字。而“多少”、“多咱”的“多”变调与“当忙”的“当”一样（见下面），章丘方言只有浊平字是这种变调。这至少说明，“当”和“多”的声调是相同的。

副词“多”单用时是一个高降调 53，与形容词“多”读阴平 213 不同。章丘方言中现在并没有 53 这样一个单字调，所以比较奇怪。但相邻的济南方言阳平调为 53，而且章丘方言的浊平字与上声字虽然单字调相同，但轻声变调分开，这说明二者合并的时间并不长。所以，很可能章丘方言浊平字与上声字合并之前声调为 53。“多”在口语中经常使用，才在语流中保留了原来的声调。

7．多少

“多少[tuə$^{-24}$ʂuə^{0}]”用法同普通话，用在名词或量词前询问数量。例如：

有多少人呃？

你买多少斤？

8．多咱

“多咱[tuə$^{-24}$tsã^{0}]”相当于普通话的“什么时候”，主要是询问时间。例如：

你多咱来家呃？

还有一种用法是表示“无论什么时候”，例如：

他多咱来的时候，都拿倒东西来。

人家多咱一见到俺都叫大姨。

9．谁

“谁[ʂei^{55}]”与普通话一样。例如：

你是谁呃？从来没见过你。

10. 啥

“啥[ʂa⁵⁵]”相当于普通话的“什么”。例如：

你懂得啥？别净瞎说。

11. 啥户、啥样

“啥户[ʂa⁵⁵xu⁰]、啥样[ʂa²¹iɑŋ²¹]”大致相当于普通话的“什么样”。不过，“啥户”充当定语时可以不加“的”，而“啥样”一般要加“的”。例如：

你待买啥户（的）衣裳？

你待买啥样的衣裳？

“啥样”除了充当定语，还可以充当宾语；“啥户”只能充当定语。例如：

我倒要看看你能弄成啥样。

*我倒要看看你能弄成啥户。

值得注意的是，“啥户”和“啥样”里的“啥”声调并不相同。

12. 几个

“几个[tɕi⁵⁵kə²¹]”用法同普通话。在口语中，“个”的声母常常脱落而变成“[tɕi⁵⁵⁻²¹ə⁰]”。例如：

你到底能吃几呃煎饼？

五 数量词

（一）序数表示法

在章丘方言中，序数通常由基数加“第”构成，如“第二、第三”等，但“第一”习惯说成“头一”，例如：

头一个　　头一遭第一次　　头一回　　头一家

“头”跟“一”之外的基数词“两、三……”等结合时，则表示该数及之前的数量范围。例如：

头两名：包括第一名和第二名。

头三户：包括第一、二、三户。

在章丘方言中，还有一种很特殊的说法，即“头一×（×代表量词，下同），二一×，三一×”，等于说“第一×，第二×，第三×”。例如：

头一句说得挺好，二一句不怎么样，三一句也不好。

头一天干得挺好，二一天干得也还行，三一天就不怎么样了。

这种说法多用于前三个数，按序连说时一般不超过“三”。

（二）分数表示法

在章丘方言中，几乎不说“百分之几”、“千分之几”，“十分之几”也少说。大家习惯于笼统地说“一半（二分之一）、一大半（二分之一以上）、一小半（二分之一以下）”。一定要具体说明“十分之几”时，习惯说“几成”。例如：

好的能占七成，差的占三成。

（三）概数表示法

1．基数词连用，表示两个数之间的概数。例如：

一两个　　二三家　　十二三个　　十七八家

二十五六斤　四十八九岁　一二十个　　二三十斤

四五百斤　　五六万斤

2. 数词后面加“来”或“多”。例如：

二十来个　　二百来斤　　四千来斤　　五万来斤

二十多个人　三百多斤　　四千多斤　　五万多斤

“来”表示接近那个数目或稍微超过那个数目，用“多”则只表示超过那个数目。“来、多”只能加在“十、百、千”或以“十、百、千”为末位的多位数的整数之后，而不能加在带零头儿的数词之后。例如：

十多个　　一百二十来个　　三千来斤

四千二百多斤　　五万八千来斤

*十五来个　　*一百二十五多个

但一般不说“十来个”，而说成“十拉个”。

如果出现带零头儿的数词，则在量词之后加“来的”，表示“左右、上下”的意思。例如：

十五个来的　　　一百二十五个来的

三千五百一十五斤来的

3. “数$_1$+儿八+数$_2$”，表示两个数之间的概数。例如：

百儿八十个　　千儿八百的　　万儿八千的

但是，这两个数字只能是“百、千、万”，其他的不能用于此结构。

（四）名量词

章丘方言里有一些比较特别的量词，举例如下：

起　层，多用于指磨子、食盒等，例如：

上～磨子　　下～磨子　　食盒一～一～的

性　类似于普通话的“层”，例如：

垒唠两～砖　　一～坯　　一～一～地往上垛

骨节　用于长条分段的植物干茎等，相当于普通话的“节”，例如：

一～秫秸　　一～甘蔗

趟　用于形容成行长条的事物，例如：

一～屋　　两～树　　写唠三～字

出打子　相当于“出”，例如：

你看治的这一～吧。

攒　玉米秸、高粱秸的几捆竖成锥形为一攒。

摞　谷秸晒时每两捆头对在一起，连续十对为一摞。

（五）动量词

下子　相当于普通话的“下儿”。例如：

拍打两～　　晃唠一～　　打唠我好几～

家伙子　相当于普通话的“下儿”。例如：

万一再摔一～就麻烦咧。

货[=]　相当于普通话的“遍”，指洗衣服换水的次数。例如：

我摆唠三～咧。涮衣服涮了三遍。

遭　相当于“趟”。例如：

我去唠好几～咧。

（六）其他

1．一个不个：意为“一个也没有”。例如：

他还嫌少，嫌少㖿，正好呢，一个不个呢。他还嫌少，既然嫌少，那正好，一个也不给了。

2．一治不治：意为“什么也不会，什么也做不好”。例如：

成天说这呃说那呃，结果呢，让他干啥，也都一治不治呃。

六 助词

（一）唠

“唠”音[lɔ^{0}]，位于动词的后面，大致相当于普通话的“了$_1$”。在口语中，“唠”经常弱化，有时音[lə^{0}]，有时其语音形式消失，而它所占的位置则由其前动词末音节韵母的延长来填补，例句中均用“-”表示；有时是一个拖音，则记为“呃”。

1．动+唠+名

这是“唠”的典型用法，与普通话的“了$_1$”一致。例如：

我这里起唠<一些>疙瘩。

你姥娘说是，都说传染来，他也没传染唠俺。

你这大姥娘就生唠气咧。

她男人又把外头找唠一个来。

十九就有唠他那大闺女。

那巴狗子就趴到我脊梁上咧，吓唠我一跳。

他就干唠那户个体，成呃卖劳力的咧。

死唠人，都是上这里去烧斜$^{=}$线$^{=}$丧礼的一种仪式。

喝唠一碗饭。

有的不独立成句，有后续小句，表示前一动作完成后再发生后一情况，或前一情况是后一情况的假设条件。例如：

去唠济南，就得看倒人家眼色呃。

俺织布要哪里仔⁼是只要是不行唠，俺姥娘就给俺管管。

拽唠这就是说你这呃人来唠睡啥。扔了的话，这就说，你这些人来了后睡什么呢。

2．动+唠+动+唠

普通话连动句、兼语句中的"了₁"一般用在后一动词之后，章丘方言则可以两个动词后都带"唠"，《现代汉语八百词》（《吕叔湘全集》第五卷 2002）的相关例句在章丘方言里为：

我去唠图书馆借唠两本书。我去图书馆借了两本书。

夜拉请唠张老师给大家辅导唠一次。昨天请张老师给大家辅导了一次。

又如：

你偷唠走唠，这说是你这不是找事曼。你偷走了，你这不是找事嘛。

我仔⁼是上唠那家里去唠呶，我就拿倒西屋当北屋，拿倒北屋当东屋。我只要是上那家里去了，我就拿西屋当北屋，拿北屋当东屋。

到唠解放唠以后，这不就成立识字班。

不过，第一个动词后的"唠"更容易弱化，例如：

这是拦挡唠半天，还是黑夜里又偷呃走唠。

3．动词+唠

"唠"位于小句或句子末尾。例如：

这不是三岁她娘没唠。

就掎呃他点粉皮吃唠。只夹了他一点粉皮吃。

使泥巴捏个咕咕，投的叫它响唠。用泥巴捏个哨子，投得让它开始响。

那三十来岁霎就牙疼唠。三十来岁的时候就开始牙疼了。

有的也可以替换为“咧”，比如：“这不是三岁她娘没咧。”不过，用“唠”和用“咧”的感觉不完全一样，用“咧”带有一定的语气，而用“唠”则是客观地描述事实。

还有一些情况，“唠”表达的是一种可能性。例如：

俺待那里也是一个平房嘏，就怕再坍唠。我在那里（住的）是一个平房，就担心它再坍了。

六十天就熟唠。六十天就能熟。

4．形容词+唠

跟“动词+唠”的情况类似，倾向于表达一种可能性，例如：

未曾这个一戒严，马路上就满唠。没等到戒严，路上就能满了（人）。

说冷就冻煞唠，说热就热煞唠。说冷就能冻死，说热就能热死。

5．动/形+唠+以后

后来解放唠以后，俺就上那里上学的咧。后来解放以后，我就到那里上学去了。

摊的煎饼不好唠以后，就说是上头〈一些〉饳饦头子郎当的。摊煎饼摊不好，（煎饼）上就有一些疙瘩状的东西。

摊唠以后嘏，必须你得使炊帚戳巴戳巴这些渣渣子。摊了（煎饼）之后，你必须用炊帚戳戳（盆里的）这些渣子。

从语义上看，前两句的“唠”完全可以不用。

6. 动词/形容词+唠倒吧

“唠、倒、吧”这几个助词连用，用在动词或形容词后，表示“尽管、虽然”之义。一般不能成句，总是要带一个后续小句，往往有“可”表示转折。例如：

她人儿小唠倒吧，她那个脾气可不小啊。她人虽小，脾气可不小啊。

他长巴得挺壮实唠倒吧，那胆儿可不大。他虽然长得挺壮实，胆子却不大。

俺牙后头都掉唠倒吧，前头可挺好来。我后头的牙虽然都掉了，前头的牙却挺好的。

这里的“唠”已经不单纯表示“完成”，尽管最后一句中也可以理解为完成义。

7. 特殊句式：动+唠+名+咧

你娘跑唠腿咧。你娘跑过很多很多路。

我吃唠地瓜咧。我吃过很多地瓜。

当表达这种意义时，“唠”不是轻声，而是高降调，感觉时长较长，并且在动词之前还可加“可是、可”。这句从字面上也可以理解为“我吃完地瓜了”，这时，“唠”是轻声。这两种意义的不同，主要靠重音、语气来表达。

普通话的“$了_1$”表示结束性动作时，常常可以省略。章丘方言的“唠”也常常省略，前面动词最后音节拖长，或者带一个“呃”，前字仍然按轻声变调的规则变化。例如：

织呃[$tʂʅ^{44-23}ə^{0}$]两丈布。

到[$tɔ^{21-55}ɔ^{0}$]那里，俺大爷不让我走了，我可能以干点儿活[口报]。

我待家里吃[tʂʰʅ$^{44-23}$ʅ^{0}]顿饭，回来后晌又睡不着咧。

总起来看，章丘方言的“唠”主要是位于动词和形容词后，表示动作或事情的完成和实现，既可以在句中出现，也可以在句末出现。“唠”可以省略，当用于句末时可以跟语气词连用。带语气词的例子如：

你大姑是十五就娶唠来。

（二）咧

章丘方言的“咧”音[liə^{0}]，有时介音会脱落。大致相当于普通话的“了$_2$”。与“唠”不同，“咧”主要位于句子或小句末尾。例如：

他就这啥咧，成呃卖劳力的咧。

后来解放唠以后，就上那里上学的咧。

这不，十四的那一年，我就能做起单裤来咧。

身体也不行咧，一年这不就老一年咧。

到下午呃，可冻煞咧。

他跑到东北去咧。

俺妗子给我做的被子，你爹出门我就叫他拿出来咧。

否定式一般是“不+动+咧”。例如：

你仔$^{=}$发下来以后[口报]，它就不发咧。

这走道[口报]，也不疼咧。

原来的那<一些>锄现在也都不使咧。

“咧”后面不能再带语气词，这一点跟“唠”也不同。“咧”本身就带有语气成分，所以，“咧”比较不容易与另外的语气词连用。

前面提到，“唠”位于句末时，有的也可以说成“咧”，但用“唠”偏重于客观的描述，而用“咧”带有主观的判断。同样，在所记录的语料中，有些位于句末的“咧”可以用“唠”替换，但所表达的语气就会消失。例如：

你发得过于狠唠以后⿰口报，它就酸咧。（主观判断）

你发得过于狠唠以后⿰口报，它就酸唠。（客观描述）

虚岁可能十八，这不就跟倒人家上东北咧。（主观判断）

虚岁可能十八，这不就跟倒人家上东北唠。（客观描述）

《寿光方言志》（1995：197～198）指出，寿光方言有助词“了”和“⿰口兰”，与普通话的“$了_1$”与“$了_2$”大致对应。“了”有时也可出现在句尾，但与“⿰口兰”所表示的意义有所不同。与章丘方言类似的例子如：

那本书他拿走了。（一般的陈述）

那本书他拿走⿰口兰。（强调他拿走的事实，无可挽回）

也就是说，章丘方言的“唠”与寿光方言的“了”都倾向于对客观事实进行一般的陈述，而“咧”和“⿰口兰”则带有主观的感情。

（三）倒

章丘方言的“倒”大致相当于普通话的动态助词“着”。《现代汉语八百词》（《吕叔湘全集》第五卷 2002）指出，普通话的“着”是“表示动态的助词，紧接在动词、形容词之后。动词、形容词和‘着’的中间不能加入任何成分”，并描写了六种情况：（1）表示动作正在进行；（2）表示状态的持续；（3）用于存在句，表示以某种姿态存在；（4）动$_1$+着+动$_2$，构成连动式；（5）形+着+数量；（6）动/形+着+点儿，用于命令、提醒等。

可以看出，“着”的基本意义是表示动作的进行或状态的持续，主要是接在动词后面，用在形容词后面的情况比较少。章丘方言“倒”的用法，跟“着”一样，主要用于动词后面，表示动作的进行或状态的持续，在“倒”与动词之间不能插入其他成分。举例如下：

我就不拿咧，省得提留倒它。

他那孩子是待后头背倒。

头上长的那虮子挺圆悠，揪下来就带倒血。

俺小姑揽倒孩子骑到那驴当中间儿里。

你姨章忙干活呃，黑夜里还得陪倒你姥娘。

那户大的，带倒两个大翅子，叫臭蚊子。

我没管，那两箱子都待那里摞倒。

以上例句中，“提留倒、背倒、陪倒、带倒”可以理解为动作“提留、背、陪、带”的持续，即一直在进行这些动作，但也可以理解为这些动作发生之后的状态的持续，尤其是“提留倒、背倒、带倒”，这三个词所带宾语都是直接跟动作发出者相连，这里的“倒”有“附着”义。而“摞倒”并不是“摞”这个动作的持续，而是“摞”这个动作之后的状态的持续，实际上“摞倒”这个组合已经表示一种状态。

“摞倒”之前有表处所的介宾短语“待那里”，也说明这一点。从这一角度来看，“背倒”句的“背倒”跟“摞倒”是一致的，前面也带表处所的介宾短语。

章丘方言的“倒”也可以用于两个动词之间，构成连动式。两个动词之间的语义关系有如下情况：

（1）在进行$动_1$的同时发生了$动_2$，可以理解为$动_1$表示$动_2$的方式。

排倒队望外走。

俺推倒个小车子就遥春里到处剜青青菜呃。

俺可待这些去处转悠倒拾唠柴禾咧。

你那后姥娘就领倒俺两呃人出去。

有来的我就跟倒人家走咧。

（2）$动_1$和$动_2$之间有一种手段/方式和目的的关系。

拿倒耙子上当街去搂柴火。

霞子哌，就出来进去的帮倒她做这点儿饭吃。

（3）$动_1$正在进行中出现了$动_2$的动作，一般是“$动_1$ + 倒”的重叠。

他摊倒摊倒一家伙子了破咧。

跟普通话的“着”一样，“倒”也可以加在某些动词后面，使变成介词，例如下面句子中的“为倒、顺倒、照倒、拿倒”：

你姥娘这不是那错误曼，你姥娘是为倒人家。

为倒它长腻呃，棉花地里必须得锄得细法法的。

你姥娘说，顺倒你姥娘那手，一给她接能接章一黑碗。

我这个呢，他照倒我这啥唠以后哦，我就来-家咧。

我就拿倒西屋当北屋，拿倒北屋当东屋。

识字班也没拿倒当回事。

上述例句的“为倒、顺倒、照倒”与普通话的“为着、顺着、照着”是相对应的。但“拿倒”与普通话的“拿着”不对应，而对应于“拿”的介词用法，不同的是，普通话的“拿”引进所处置或所关涉的对象时，如“别拿我开玩笑”，“拿”后直接跟宾语，而章丘方言的“拿倒”可以直接带宾语，同时宾语也可以提前，如上面最后一个例句。

有些情况，“倒”的意思比较实在，类似于普通话动词“着”的用法，充当动结式第二成分。例如：

那飞机落下一个大炮来一炸炸唠那些房子，就没炸倒他呢。

还有些情况，普通话里可以不用“着”而章丘方言里常用“倒”，例如：

总之，人家管倒咱也不是当忙贴实。

咱可听倒这些人章-说。

我睡倒那疙床挺得劲儿。

她想倒是叫俺上她家里去过的。

看倒报纸上，人家说是净揉净搓脚心，就能长寿。

其中的“听倒、想倒”与“听到、想到”是不同的。章丘方言的“听到”义一般用“听见”。而且，“听到、想到”的“到”意思比较实在，是不能省略的，如果省略了，词的意思便发生变化，而“听倒、想倒”的“倒”意义比较虚，去掉也不影响表达。

此外，“倒”还可以作为一个后置成分，如：

待霎倒，你爹上栏咧。等一会再说，你爹上厕所了。

他和人呃好，都上人呃那里去吧，咱呃不请这-倒。他和人家好，那就都去人家那里吧，咱也不请他们。

我洗嘮一伙⁼，我再也不洗这倒。我洗了一阵，我再也不洗咧。

这些句子中的“倒”都可以去掉，意思基本不变，但各句的意思不完全一样。第一句的“倒”大致相当于普通话的“再说”。第二、三句所表达的意思差不多，都是用在否定句中，表达说话人强烈的不满。

“倒”可跟语气词“吧”连用，表示出乎意料，例如：

章忙一点儿点儿倒吧，长的那呃腿可不少。虽然这么一点点，长的那些腿可不少。

章丘方言的“倒”还有两种用法，与寿光方言“着”的后两种用法是一样的（张树铮 1995：199）。

（1）用在句中动词或形容词后，表示一种虚拟的或将来进行的状态。这种“倒”意为“……的时候”，不能用于过去。例如：

你来倒给我说一声。

先别做咧，等他吃倒再给他做吧。

（2）用在句末的动词、形容词之后，意为“……之后，再……”，例如：

甲：快来吃饭吧。

乙：我先把这点儿活干完倒。

这两种用法常用于对话之中，在叙述中较少用到。

（四）过

《现代汉语八百词》（《吕叔湘文集》第五卷 2002）和《现代汉语词典》把普通话助词“过”的用法意义归纳为两点：用在动词后，表示完毕；用在动词后，表示某种行为或变化曾经发生。章丘方言里，助词“过”只有普通话“过”的第二种意义，例如：

那呃人我可是见过。

这虿子，我还长过来。

这石林庵我去过呃。

这些去处你娘都去过呃，都是下步跑呃，哪有骑车子的。

你没见过搓板子曼？你没见过搓衣板吗？

打分开家，俺也没请过老祖。

以上例句中，无论是“见过”还是“长过、请过”等等，都是表示过去曾经发生。而在表示完毕意义时，章丘方言一般不用“过”，而是用助词“唠”，或者省略。比如《现代汉语词典》中表示完毕的例句“吃过饭再走”，章丘方言里一般说“吃唠饭再走”或“吃－饭再走”，而《现代汉语词典》中的另一个例句“杏花和碧桃都已经开过了”，章丘方言里则一般说“杏花和碧桃都已经开过去咧”。尽管跟普通话一样的说法也可以理解，有时也会说，但不用“过”更自然。

（五）的

普通话“的、地、得”三个结构助词，在章丘方言里都读轻声[ti^0]。其中相当于普通话“的”的助词，有些用法比较有特色。

“的”经常位于动词谓语和宾语之间，形成“动词+的+宾语”的格式，例如：

咱知不道是，这脖子里是肩膀上，凡反正长的这户疙瘩子。

他去教识字班，头一个就招呼的我。

你娘今上午抹的桌子。

她带来的布，还还的账。

拿来的馒头和干火烧。

“的”的这种用法都是用于描述过去已经发生的事情的句子中，可以替换为“唠”而意义基本不变。不过用“的”强调的是“的”后的成分，而用“唠”强调的是动作的完成。

《现代汉语词典》中“的”有种相似的用法，意义是“用在谓语动词后面，强调这动作的施事者或时间、地点、方式等”，如“他是昨天进的城”。《莱州方言志》（2005：298）描写了莱州方言中类似的结构，认为这种用法“只适用于表示动作、行为已经在过去实现或完成。它有明显的强调意味”。不过莱州方言的动词前一定带状语，有时状语前还可以带“是”字强调。莱州方言的用法与普通话应是一致的。

章丘方言“的”也有与普通话、莱州方言相同的用法，如“你娘今上午抹的桌子”可以说成“你娘是今上午抹的桌子”，是表示过去的事件。但从前面所举例子来看，并非一定要带状语，也不一定都能加“是”强调。当不带状语时，这类结构就不好说是强调“状语所表示的内容”了，而强调的可能是动词的宾语，即“的”后的成分。

“的”的另一种比较常用而不同于普通话的用法是：用于动词之后，后面可带句末语气词，也可以不带。例如：

后来解放唠以后，俺就上那里上学的咧。

孙成厄啊，这不去打酒的来，给他师傅。

看完这片地，咱再去看看村后的麦子的（吧）。

我上街买点菜的。

这种用法，既可以用于描述已经发生的动作或行为，也可以描述还没有发生的事情。实际上，去掉“的”也完全可以说，但习惯上还是带“的”。《淄川方言志》（1994：236）认为这种用法的“的”“表示动作的趋向，大致相当于北京话的‘去’”。确实，以上句子里的“的”可以替换为“去”来理解，但普通话的“去”既可以用于句中，也可以用于句尾，但章丘方言的这种“的”只能用于句尾；而且普通话“去”用于句尾的情况，也不能用“的”替换。例如：

谁把我的笔拿去了。（普通话）

谁把我-笔拿走咧。（章丘话） *谁把我-笔拿的咧。

实际上，章丘方言的这类“的”只对应于普通话“去”的一种用法，即“动+去”，其中动词表示去的目的。以《现代汉语八百句》（《吕叔湘全集》第五卷：341）的句子为例：

咱们看电影去。（普通话）

咱看电影的吧。（章丘话）

他上街买东西去了。（普通话）

他上街买东西的咧。（章丘话）

总的来看，“的”的这种用法，多是用在第一个动作为“去”或“上”等位移动词的连动结构后面，而这个连动结构的后一个动作为“去”的目的，如“去打酒、去看看、上街买点菜”等。有时“的”前不是一个连动结构，只有一个动作，但实际上可以补出一个“去”来，如“咱看电影的”可以说成“咱去看电影的”。所以，“的”的作用在于表明说话人的目的，带有语气助词的性质，表达确认的语气。

（六）来

“来”在章丘方言中有如下用法：第一，趋向动词，如“你过来，我问你点儿事儿”。第二，时态助词，如“夜拉我去济南来”。第三，语气助词，用于句末，带有确认事实的意味。第四，用于“把+NP+来+VP”结构中。第五，表示约数，见前面数量词部分。这里就第二、三、四种用法进行说明。

1．时态助词

山东其他一些方言中也有助词“来”。《莱州方言志》（2005：300）指出，莱州方言的时态助词“来”，大体相当于普通话的“来着”，并与《现代汉语八百词》中“来着”的用法进行了对比。《临清方言志》（1990：163）把“来”归为语气词，但也认为它的主要用法相当于普通话的“来着”。

章丘方言的“来”，也有相当于“来着”的用法，与莱州、临清方言有相同之处，这就是前述第二种用法：时态助词。例如：

> 你姥娘说是，都说传染来，他也没传染唠俺。
>
> 张超小霎皮肤还白来，后来不白了，咱知不咋治的。

那时候，俺可小来。

六八年，这县城才搬到明水去的，原来是待东关来。

他早晨待门外头刷牙来。

跟莱州方言一样，章丘方言的“来”多是表示过去发生、经历的事，能跟“过”同现，用“来”的句子，可以描述不久前的事，也可以指很久以前的事，例如：

这虱子，我还长过来。

我待马路上跕蹲倒玩来。

这两个人待那里偷铁链子来。

这几个例句，既可以表达不久刚发生的事，也可以描述很久以前发生的事。但对说话人来说，都是过去的事情。

章丘方言的“来”多用于句末，很少用于句中。临清方言的“来”也是用于句末。《莱州方言志》指出“来”不只用于句末，也可以用于句中。但从书中所举例子来看，“来”位于句中的情况基本是“来”后跟句末语气词“吗”或反复问句中的否定词“没有”，例如：

你看这本小说来吗？

这种钢笔你有来没有？

这种苹果你吃来没吃？

章丘方言“来”后也可以带句末语气词，但因为其反复问句形式与莱州方言不同，所以没有类似的用法，例如：

你夜拉去济南来曼？

*你吃来没吃？

后面可以加语气词等成分，也许恰恰说明莱州、章丘方言的“来”确实是动态助词性质的，其语气是由单独的语气成分承担的。而莱州方言的“来”用于反复问句结构中时，“来”实际仍然是位于小句末尾，只是位于前一小句尾罢了。所以，总的来说，不管是章丘、临清还是莱州方言中，“来”都主要是用于句末的时态助词。

2. 语气助词

有些情况，“来”更像一个语气助词，相当于普通话“呢”的某些用法。例如：

你大姑是十五就娶唠来。

她可没有办法来，那可是她爹来，她娘可死唠来。

人呃仔⁼只要放个屁呃，香倒的来。别人只要放个屁，也香得了不得。

孙成呃嘅，这不去打酒的来，给他师傅。

以上例句的“来”都位于句末，而且前面有其他助词“唠、的”或动词带补语。尤其是“唠”本身是一个动态助词，表示动作完成，“来”就更像是一个语气词。这种用法在《莱州方言志》里没有提到，而《临清方言志》则指出“来”前的动词后不能加“唠、过”。以上例句都是用于过去发生的事情。“来”还可以用于表达现在和将来的句子中。例如：

这呃床仃⁼只有一米四来。

我说，我喝上那点儿酒来。

你婶子她娘家娘俺还是同学来。

你叫我晚上里晚上去上学，我还不去来。

两个床连在一起，就是再要章这样个小床来。

咱不管咋治，咱也熊训斥他，咱也说他，他耳不着听不见，咱可疼他来。

3．“把+NP+来+VP”

章丘方言中，“来”非常频繁地出现于“把”字结构中。章丘方言的“把”有多种读音变体，这里一律记为“把”。例如：

110来唠以后，就把他来拉倒上医院咧。

那救护车来了，把他来就拉走了。

就把那两个人来治住了。

这不，到-那里，把那香蕉来给它管理呃管理。

你竖上梯子把我来撮上去以后，然后再抽梯子，再把我来摔一家伙子。

一根这户小棍儿棍儿哏，就把这葛条来章忙勒住咧。

没和她娘商量，就把这呃十两银子来给唠这孩子咧。

在这一结构中，“来”像一个衬字，可以去掉，也不影响意义，起舒缓语气的作用。

总的来看，章丘方言“来”的情况与普通话的“了$_2$”有相同之处：都主要用于句末，都既是时态助词，同时又表达语气。

（七）曼

章丘方言中的“曼”是一个语气助词，音[mã^0]，用于句尾。用法相当于普通话的“吗”。跟“吗”一样，可以用于是非问句的末尾，用肯定的形式发问，例如：

你明天走曼？

你找我有事曼？

也可以用否定的形式发问，例如：

你没见过搓板子搓衣板曼？

“曼”也常用于反问句，用肯定的形式表达否定，或用否定的形式表达肯定。例如：

这像话曼？

这户事情能办成曼？

男人又把外头找唠一个来，她能不生气曼？

放倒-树，摸老鸹，他不是稳当曼。

章丘方言中的“曼”经常用于否定句中。在调查中自然收集的语料中，绝大多数“曼”都是用于否定句尾。再如：

你这就说是，你个人吃饭，它不是摊一回煎饼吃好几天曼。

石林庵不是有神曼。

没看你姐姐那达霎曼，也是听人呃的。

一下雨的时候，它不是章忙一呃一个窟窿曼，顺倒就流下去咧。

东边这不是普集曼。

它这不省事曼。

我又没有家口，一窝八口不都给你拉的曼。

总的来说，章丘方言的“曼”用于反问句时，与普通话的“吗”大体一致，都表达一种反诘语气，重点不是要表达疑问，而是表达肯定。而用于是非问句时，“曼”与普通话的“吗”则有不同，疑问语气很弱，事实上说话人已经知道事实，只是进一步确认而已。例如：

你吃饭唠曼？

当问这句话时，说话人实际已经知道听话人吃过饭了。

而普通话的“吗”疑问语气更强一些，说话人是有疑而问。所以《现代汉语八百词》（《吕叔湘全集》第五卷 2002）里“吗”用于是非问句的例子，有的能换成“曼”，有的则不能。例如：

你到过杭州曼？

*我送你的那只钢笔，还好使曼？

第一句所问的事情，说话人可能从别人那里听说了，也可能不知道，所以既可以是有疑而问，也可以是无疑而问，所以可以用“曼”。但第二句则只能是有疑而问，所以用“曼”就非常别扭，章丘方言一般用“口报”这个语气词来表达。

（八）口忙

章丘方言中的“口忙[maŋ^{0}]”表达疑问语气，主要用于反复问句中。例如：

明白过来口忙？

俺使唠人家脸盆以后，人家说，你使呃俺那吊子口忙？

你吃饭唠口忙？

若用普通话来说，则“口忙”要用“没有”来替换。由于基本只能用于反复问句中，“口忙”很可能就是否定词“没”的变音形式。

（九）口报

在章丘方言里，“口报[pɔ^{21}]”的使用频率相当高。根据出现的位置，可以分为两个：口报$_1$，出现于小句末尾，之后一般都有后续句；口报$_2$，出现于问句末尾，表达揣测的语气。

“口报$_1$”常用于“……以后+口报……”这一结构中。例如：

一说手机没唠以后口报，叫他爸爸和他妈妈批评唠一顿。

糁子再搁上水泡唠以后口报，推唠就叫沫子。

摊唠煎饼以后口报，必须你得使炊帚戳巴戳巴这些渣渣子。

你沫子发得过于狠唠以后口报，它就酸咧。

有时虽然没有“以后”，但实际可以补出“以后”来，如：

批评唠一顿（以后）口报，这闺女就有点吃不了了。

打那（以后）口报，俺那三十来岁霎就牙疼唠。

实际上，“口报$_1$”前的成分非常多样，既可以是代词、名词，也可以是动词或小句等。例如：

他口报，他待一大马路那里。

沫子口报，再使那勺子舀到鏊子上，摊下来就是煎饼了。

里头口报，一些神像，一些人。

山神爷口报，那时候咱庄里就治唠来咧。

和人说起来口报，就说俺大伯嫂子咋倒咋倒。

他再把这坯来口报，就搬起来上那里去摞起来咧。

“口报$_1$”主要起舒缓语气的作用，在叙述中，类似于一个话题标记，显示话题的转换。这从下面这段话中可以看出来：

秦香家冲倒这条街，这不上你姥娘家去口报，这里一个庙子。这里<一呃>庙子口报，南头冲倒这街，章忙这样一头一个小庙子。再上那东兮=些点儿口报，这不是这-<一个>胡同，你姥娘是这里口报。这合里这不冲倒上这的一个胡同嘅，那街嘅，这里一个小庙子。

“嘅$_2$”相当于普通话“吧”用于疑问句的用法。《现代汉语八百词》（《吕叔湘文集》第五卷 2002：11）中的相关例句用章丘方言改写如下：

这屋是新盖的嘅？这座房子是新盖的吧？

你就是李师傅嘅？你就是李师傅吧？

这道题不难嘅？这道题不难吧？

一班有三十人嘅？一班有三十人吧？

这种问句不是单纯的提问而是带有揣测的语气。又如：

你娘知道的不少嘅？

啊，你说吓人嘅？

就那户棺材板呃，你知道嘅？

我说这个，说他也不懂，你说是嘅？

就章丘方言来说，凡是“嘅”用于肯定问句时，这种问句实际是反复问句。如“你说吓人嘅”即“你说吓人不吓人”，“你说是嘅”即“你说是不是”。赵学玲（2007）认为反复问句的这个“嘅”实际是“不”，是否定词而不是语气词，因为“嘅”若是语气词的话，应该能用于否定句中，但“嘅”用于否定句的情况很少，而且用于否定句时也不是真正的疑问句。

赵学玲的说法有一定道理。其实，反复问句跟一般的问句不同，也不能算是真正的疑问句。真正的疑问句是对问题的答案完全没有预设。而反复问句的答案，说话人问的时候已经预设只有肯定和否定两种回答。因此，反复问句具有揣测性。也许最初，章丘方言的反复问句以“不”结尾，这时是不能用于否定句的，但后来语音发生变化，变为“□报”，人们逐渐不再意识到这是一个否定词，而只把它看成是表达揣测语气的疑问语气词，于是就不仅用于肯定句，也能用于否定句了。

（十）吧

章丘方言的“吧”音[pə⁰]，除了不用于问句末尾，跟普通话的“吧”的其他用法基本一致。例如：

快倒快吃点儿感冒药吧。

你和这棒子吧，上碾子上推是叫趟糁子。

你和虎子吧，这就俺侄子。

好吧，你看倒办吧。

丢唠就丢唠吧，我再给你买一个。

（十一）呢、□娘

“呢、□娘”音为[ȵi⁰]、[ȵiaŋ⁰]。赵学玲（2007）认为，章丘方言的“呢”和“□娘”功能分布不同，表示疑问的用“□娘”，其他大多用“呢”。但从调查所得的语料来看，“□娘”和“呢”是混用的。例如：

他嘲傻曼？不要老的，他要他老婆□娘？这就说，要他孩子呢？

结果□娘，就把那两个人来治住逮住了。

女的□娘，缠的脚挺小，讲究那脚小。

结果他走□娘，出来又碰上凤英咧。

他师傅一看□娘，你给我拿唠银子来咧。

我这个呢，他照倒我这啥唠以后㖿，我就来-家咧。

准是待那八九岁这里，我长-一场病呢。

现在呢，他都是使上蜂窝煤，使这户转悠的鏊子。

他还嫌少，嫌少㖿，正好呢，一个呃不个呢。

那个我想要的长一点呢。

可是呢，你自呃你能打过人家唠㖿？

结果，那牙一不行呢，又得拿一个去。

和铃铛这呃似的逗呃，那时间呢？

以上例句中，“㖿”和“呢”的功能区别并不很清楚。

（十二）唉、嚎

1. 唉

“唉[iɛ²¹³]”是章丘方言中的一个常用叹词。独立成句，表示惊讶或不以为然，后面多跟否定句，也可以带肯定句，对话题进一步说明。例如：

唉，这不是那个谁曼！

唉，你不能章忙这样说呃。

唉，这比武呃就是这样呃。

2. 嚎

“嚎[xɔ²¹]”一般也独立成句，表达惊叹，后面常跟感叹句，表达惊叹的内容。例如：

一伸手㖿，那个人就觉倒，嚎，这个人了不得这功夫，挺厉害。

走到这大墓田里㖿，嚎，就出来一些鬼呃。

但在口语中，有时可以紧跟在上一句后面，后面也不一定直接对感叹的内容进行说明。不过，当说“嚎”的时候，说话人主观上带有感叹的意思。例如：

这个人嚎，他章这样一看人啊那武艺囊忙那么厉害，梭庄这个宋兆汉哦，就有唠提防咧。

七 几种句式

（一）比较句

从语义特点来看，章丘方言的比较句可以分为差值比较句、等值或近值比较句、渐进比较句三种。

1. 差值比较句

比较的两方在某一方面的性状有程度的差异。一般来说，又可分为肯定式、否定式和疑问式三种格式。

（1）肯定式：比较项$_1$+比倒+比较项$_2$+VP

这种格式与普通话基本一致，只是普通话的比较标记词一般只用“比”，而章丘方言常用“比倒”，在口语中还常用“便⁼倒/伴⁼倒”，应是“比倒”的变体。例如：

张超比倒霄霄大七岁。

这孩子现在长得都比倒原来好点儿咧。

那种树叶子比倒桃树叶子厚堆厚。

在实际口语中，比较项$_1$常常可以承前文省略，或者自成一个小句，但比较项$_2$不会省略。

我干的活总的来比倒原来轻快咧。

比倒黄酒凝浓一点儿。

现在媳妇比倒婆婆还厉害，你说你还有治。

我比倒你姨晚上两年结婚哦。

自家没有文化，老是觉倒比倒人呃矮倒一大截子。

当比较项$_1$与比较项$_2$的差异比较大，而且说话人有意强调二者之间的差距时，常采用“比较项$_1$+比倒+比较项$_2$+A得A”格式，意义相当于普通话“比较项$_1$+比+比较项$_2$+A得多”（如：我比他矮得多）。实际是在一般肯定式比较句表示程度的形容词A后面再加上“得A”构成。例如：

俺奶奶那脚挺小呃，比倒你奶奶呃脚小得小呃。

我那身体，现在比倒原来可好得好咧。

（2）否定式：比较项$_1$+不跟+比较项$_2$+VP

与普通话同类句式的区别主要是否定比较标记词不同，普通话用“不如”，而章丘方言经常用“不跟”。例如：

这晚谷就不跟那稙谷好喝呃。

一比㖿，那个孩子就不跟他这个壮实。

他那牙不跟俺这牙咬东西好使。

除了用“不跟”，还可以用“不如、赶不上、没有”等否定比较标记词。例如：

她学习可不如她弟弟好来。

今年麦子赶不上年时的产量高。

那时候那火车没有现在那车好。

（3）疑问式：比较项$_1$+比倒+比较项$_2$+VP㖿？

你看，你娘写字比倒你爹强㖿？

2．等值或近值比较句

两个比较项之间的性状程度接近，这种情况，章丘方言主要采用“比较项$_1$+和+比较项$_2$+一样+A”这一格式。例如：

霄霄就随你爹，上牙和下牙一样齐。

3．渐进比较句

这不干唠两年，产量一年比倒一年好，还弄唠呃柴油机，还弄唠个马。

4．多项比较

前面所述差值、等值或近值以及渐进比较句，一般是两个比较项之间进行比较。除此之外，还可以在多个比较项之间进行比较，从中找出程度最高的比较项。例如：

抬粪的这些栏当中，就是他家那呃栏最臭咧。

在章丘方言中，此类比较句中，还常用“顶数”一词来表示程度最高，例如：

班里顶数你学的好咧。

（二）反复问句

反复问句是询问对肯定和否定两种情况的选择，或者询问对某一事物的肯定和否定，或者是询问某件事物是否存在、某件事情是否已经发生。在章丘方言中，最常用的格式是：VP-+语气词口报与 VP +（唠）+ 语气词口忙。

这两种格式，前者表示未然，后者表示已然。表示未然格式中的语气词“口报”可能是否定词“不”的一种变体，或是“不”与某个语气词的合音；VP 与语气词“口报”之间有一点间隔，VP 的末音节韵母延长。已然格式中表示已然的助词“唠”可以省略，其前的动词末音节韵母延长。例如：

VP+语气词口报？（未然） VP+(唠)+语气词口忙？（已然）

你抽烟-口报？ 你抽烟（唠）口忙？

你吃饭-口报？ 你吃饭（唠）口忙？

你去-⿰口报？　　　　你去（唠）⿰口忙？

你学习-⿰口报？　　　　你学习（唠）⿰口忙？

干净-⿰口报？　　　　干净（唠）⿰口忙？

一般来说，在表示未然的格式中，如果动词带宾语，都直接跟在动词后面。但在表示已然的格式中，宾语既可以直接跟在动词后面，也可以挪到助词“唠”的后面，如果“唠”省略，则动词末音节延长。如可以说“你吃饭（唠）⿰口忙”，也可以说“你吃（唠）饭⿰口忙”。

（三）被动句

章丘方言表示被动意义的句子，一般不用“被”字，而多用“叫”字，“叫”之后一定带施事，而且受事常能出现在谓语之后充当宾语。例如：

他叫他爹批评唠一顿。

都叫那北京来人拉唠去咧。

恁那姥爷给俺截的这户花织布叫俺小姑看见咧。

这不是，叫人呃就待把他弄起来抓起来呃。

她吕翠凤，叫她着传染唠你和铃铛两个人虱子。

可叫他气煞我咧。

夜拉叫我熊唠他一顿。

章丘方言的被动句中，“叫”可以和“给”用于同一句子中，有的“给”后可以带宾语，有的则不能。例如：

你-衣裳叫我给你弄脏咧。

这事儿叫我给他耽误咧。

他叫坏人给骗咧。

月亮叫云彩给遮住咧。

一般来说，只有当受事有明确的领有者时，“给”字才有可能带宾语，若没有明确的领有者，就不能带宾语。

有时“给”字也可单独出现于被动句中，例如：

衣裳也给撕咧，牙也给打掉咧。

第六章　语料记音

一　谚语和俗语

1. u$^{55-21}$ma^{0}ɭə^{0}, tʂʰi$^{44-55}$tuə̃^{21}ʋã$^{213-21}$ʋã^{0}fã^{21}, i$^{44-55}$mu^{55}ti^{21}ȵi^{0}ta^{55}

五　马　日，吃　顿　弯　弯饭，一　亩　地　里　打

pa$^{44-55}$tã^{21}。

八　石。（五马日指正月初五，弯弯饭指水饺）

2. tɕiə̃^{213}tɕiou^{21}tɕiə̃^{0}, iə̃^{55}xuei$^{55-24}$tsʰuə̃^{0}, tʰiə$^{44-55}$ta$^{55-21}$ti^{0}tiou$^{213-21}$

金　旧　军，银　回　村，铁　打　的　丢

a^{0}tʂuɑŋ^{213}。

家　庄。（旧军、回村、丢家庄都是章丘的富村）

3. li^{21}tɕʰiou^{213}ʂʅ^{55}pa^{44}tʰiã^{213}, tsʰuə̃^{21}tsʰɔ^{55}tɕiə$^{44-55}$tiŋ^{55}。

立　秋　十　八　天，　寸　草　结　顶。

4. tʂʰu^{21}ʂu^{55}sã$^{213-21}$ɭə^{0}u^{55}ʂəŋ$^{213-13}$ku^{44}。

处　暑　三　日　无　生　谷。

5. pei$^{55-24}$lu^{0}tsɔ^{55}, xã$^{55-24}$lu^{0}tʂʰʅ^{55}, tɕʰiou$^{213-13}$fə̃^{213}mei$^{21-55}$tʅ^{0}tʂəŋ^{21}

白　露　早，寒　露　迟，　秋　分　麦　子　正

iŋ^{213}ʂʅ^{55}。

应　时。

6. ɕyə$^{44-55}$tʂã^{21}kɔ$^{213-13}$ʂã^{213}ʂuɑŋ^{213}ta^{55}ʋa^{213}。

雪　占　高　山　霜　打　洼。

7. lə^{21}tɛ^{55}sã^{213}fu^{55}, ləŋ^{55}tɛ^{55}sã^{213}tɕiou^{55}。

热待三 伏，冷 待 三 九。

8. iou^{55}tɕʰiã^{55}nã^{55}mɛ^{55}u$^{55-21}$yə^{0}ȵi^{0}xã^{21}。

有 钱 难 买 五 月里旱。

9. tʂʰɔ^{55}iɑŋ^{55}mei$^{21-55}$tʅ^{0}pei^{21}iə̃^{213}ku^{44}。

朝 阳 麦 子背 阴 谷。（拉畦子的谚语）

10. li^{21}tuŋ^{213}luə$^{55-24}$pei^{0}ɕiɔ^{55}ɕyə^{44}tsʰɛ^{21}。

立冬 萝 卜小 雪 菜。

11. tuŋ$^{213-13}$tʂʅ^{21}pɔ$^{213-21}$tʅ^{0}ɕia^{21}tʂʅ^{21}miã^{21}。

冬 至包 子夏 至 面。

12. tuŋ$^{213-13}$tʂʅ^{21}ʂʅ^{55}tʰiã^{213}iɑŋ$^{55-24}$li^{0}ȵiã^{55}。

冬 至十天 阳 历年。

13. ɕiɔ^{55}xã^{55}ta^{21}xã^{55}, tɕi^{55}tʰiã^{213}tɕiou^{21}ȵiã^{55}。

小 寒大 寒，几 天 就 年。

14. i$^{44-55}$ȵiã^{55}sã$^{213-21}$pei^{0}liou$^{21-55}$ʂʅ^{0}tʰiã^{213}, tɕi^{21}na^{21}tɕʰiŋ^{213}miŋ^{55}

一 年 三 百 六 十 天，记 那 清 明

mə$^{21-55}$xuə^{0}ɭə^{0}。

末 和 日。

15. ta^{21}xã^{21}sã^{213}ȵiã^{55}, vɑŋ^{21}pu^{0}liɔ^{55}u$^{55-21}$yə^{0}ʂʅ^{55}sã^{213}。

大旱 三 年， 忘 不了 五 月十 三。

16. ta^{21}ɭə^{21}ɕiɔ^{55}sɛ^{213}, yə^{21}tʂʰu^{44}i$^{44-55}$kɛ^{213}。

大 二 小 三儿，月 出 一 竿儿。

17. ʂʅ^{55}u$^{55-21}$ti^{0}yə$^{21-55}$liɑŋ^{0}ʂʅ^{55}liou^{21}yã^{55}, ʂʅ^{55}tɕʰi^{44}ʂʅ^{55}pa^{44}tsuə^{21}

十五 的月 亮 十 六 圆，十 七 十 八 坐

tɔ^{0}təŋ^{55}，ɭə^{21}ʂʅ^{55}kəŋ$^{213-13}$ kəŋ^{213}, yə^{21}tʂʰu^{44}i$^{44-55}$ tɕiŋ^{213}；ɭə^{21}ʂʅ^{0}ɭə^{21}sã^{213}，
倒等，二十更　更，月出一　更；二十二三，
yə^{21}tʂʰu^{44}tʂəŋ^{21}nã^{55}；ɭə^{21}ʂʅ^{0}tɕʰi^{44}pa^{44}, yə$^{21-55}$liɑŋ^{0}tʂʰu$^{44-23}$lɛ^{0}tɛ^{21}i^{0}
月出　正南；二十七八，月　亮　出　来待一
ʂa$^{44-23}$ʂa^{0}。
霎霎。

18. i$^{44-55}$kə^{21}mei$^{21-55}$tʅ^{0}tɕiou^{55}kə^{0}ɕiə̃^{213}。
一个麦　子九个芯。

19. ta^{21}fəŋ^{213}kua$^{44-23}$pu^{0}tuə^{213}ʂʅ^{55}, tʂə̃$^{213-13}$ ɕiə̃^{213} pu$^{44-55}$ nɔ^{55}pei$^{44-55}$
大风刮　不多时，真　心不　恼百
ɭə^{21}, iou^{55}tɕʰiã^{55}nã^{55}mɛ^{55}na^{21}i$^{44-55}$ nɛ^{55}tʰuŋ^{55}pɔ^{213}。
日，有　钱　难买那一　奶　同　胞。

20. tʂɑŋ^{21}mu^{21}tɕʰiŋ^{213}, xɔ^{55}ti$^{21-55}$ ɕyŋ^{0}。
账目　清，好弟　兄。

21. tɕʰiə̃^{213}ʂʅ^{21}tɕʰiə̃^{213}, tsʰɛ^{55}ʂʅ^{21}tsʰɛ^{55}, nɔ$^{55-21}$ ʂɑŋ^{0}tɕiou^{21}ʂʅ^{21}
亲是亲，财是财，恼　上　就　是
mã^{55}na^{21}tsʰɛ$^{55-24}$ ʂɑŋ^{0}lɛ^{55}。
满那财　上来。

22. tʰiɔ^{21}kuə^{213}iə^{21}tei^{44}tʂã^{21}kə^{0}kuə̃$^{55-21}$ tʰou^{0}。
跳　锅　也得占个滚　头。（形容人凡事爱占上风）

23. xɔ^{55}n̠y^{55}pu$^{44-55}$ tʰã^{213}na^{21}tɕia$^{21-55}$ tʂuɑŋ^{0}i^{213}, xɔ^{55}nã^{55}pu$^{44-55}$
好女不　贪那嫁　妆衣，好男不
tʰã^{213}na^{21}fə̃^{55}tʰou^{55}tsʰɛ^{55}。
贪那坟头　财。

24. tʂʰou^{55}tɕʰi^{213}tɕiə̃^{21}ti^{21}pʰə^{21}miã^{55}ŋɔ^{55}, tʂuɑŋ$^{213-13}$ xu^{21}lə̃$^{55-24}$ tɕia^{0}
丑　妻近地破棉袄，庄　户人　家

sã$^{213-13}$tɕiã^{21}pɔ^{55}。

三 件 宝。

25. tsɿ^{55}iɔ^{21}iɑŋ^{55}na^{21}tsei^{55}ɭə^{55}tʂʰʅ$^{44-55}$pɔ^{55}fã^{21}, pu$^{44-55}$iɔ^{21}iɑŋ^{55}na^{21}

仔只要养那贼儿吃 饱饭，不 要养那

ʂɔ^{55}ɭə^{55}ʋã^{21}lə̃^{55}ɕiã^{55}。

嘲儿万人嫌。

26. tɕʰi$^{44-55}$tou^{55}pa$^{44-55}$pə$^{21-55}$tɕʰi^{0}, tɔ^{21}lɔ^{55}kou^{21}kuə$^{21-55}$ti^{0}。

七 斗 八 簸 箕，到老 够 过 的。

27. iɔ$^{21-55}$ti^{0}tsʰɛ^{55}li^{55}, iɔ$^{21-55}$pu^{0}ti^{0}pʰei$^{55-24}$suŋ^{0}。

要 得彩 礼，要 不得陪 送。

28. piã^{213}ɕi$^{55-24}$ti^{0}lɔ$^{55-21}$pʰə^{0}ʂuei^{21}kuɑŋ$^{213-13}$kʰɑŋ^{21}, mɛ^{21}iã$^{55-24}$ti^{0}

编 席 的老 婆 睡 光 炕，卖 盐 的

lɔ$^{55-21}$pʰə^{0}xə$^{44-55}$tã^{21}tʰɑŋ^{213}。

老 婆 喝 淡 汤。

29. ta^{21}pei^{0}kə^{213}pʰu$^{213-13}$kʰɑŋ^{21}, ɭə^{55}ȵy^{55}i$^{44-55}$pɑŋ^{213}。

大伯哥 铺 炕，儿女一 帮。

30. tʂa$^{44-55}$tʂə̃^{213}pa^{55}kuã$^{21-55}$tɿ^{0}, pu$^{44-55}$xɔ^{55}iə^{21}tɕʰy$^{21-55}$i^{0}pã$^{21-55}$tɿ^{0}。

扎 针 拔 罐 子，不 好也去 一半 子。

31. i$^{44-55}$tʰiɔ^{55}kʰu^{21}, tɕiou^{55}tʰiɔ^{55}fəŋ^{21}, fəŋ$^{55-24}$lɔ^{0}ʂu^{21}fəŋ^{21}fəŋ^{55}

一 条 裤，九 条 缝，缝 唠竖缝缝

xuŋ^{21}fəŋ^{21}。

横 缝。

32. ʂou$^{55-21}$tɔ^{0}iɛ^{55}lə̃^{55}pu$^{44-55}$nəŋ^{55}ʂuə$^{44-55}$kɔ$^{213-13}$xua^{21}, ʂou$^{55-21}$tɔ^{0}

守 倒矮人不 能 说 高 话，守 倒

ma$^{55-24}$tʅ^{0}pu$^{44-55}$nəŋ^{55}ʂuə$^{44-55}$pa$^{213-21}$la^{0}。

麻 子不 能 说 疤 拉。

33. ɕiɔ$^{21-55}$xua^{0}lə̃^{55}, tɔ$^{21-55}$ta^{0}lə̃^{55}, iɑŋ$^{55-21}$xuə^{0}xɛ$^{55-24}$tʅ^{0}xã^{55}pu$^{44-55}$

笑 话人，道 哒人，养 活 孩 子还不

lu^{21}lə̃^{55}。

如人。

34. tɕʰiã^{213}lə̃^{55}tɕʰiã^{213}mu$^{55-24}$iɑŋ^{0}, ʋã^{21}lə̃^{55}ʋã^{21}pʰi$^{55-24}$tɕʰi^{0}。

千 人 千 模 样，万 人 万 脾 气。

35. pʰə^{21}tɕiã^{55}tʂʰu$^{44-55}$kə^{21}xɔ^{55}ʋə^{55}, xɔ^{55}tɕiã^{55}pʰa^{55}kə^{0}tɕʰy$^{213-21}$

破 茧 出 个好蛾，好 茧 爬 个 蛆

kʰuə^{0}luə^{0}。

阔$^{=}$落。

36. xua^{21}pu$^{44-55}$ʂuə^{44}pu$^{44-55}$tʂʅ^{213}, mu^{21}pu$^{44-55}$tsuã^{213}pu$^{44-55}$tʰou^{21}。

话 不 说 不 知，木 不 钻 不 透。

37. tsou^{55}na^{55}ʂã^{213}, kʰã^{55}na^{55}tʂʰɛ^{55}; kuə^{21}na^{55}xə^{55}, pa$^{44-55}$na^{55}ɕiɛ^{55}。

走哪 山，砍哪 柴；过 哪河，剥 哪 鞋。

38. xɔ^{55}xua^{21}pu$^{44-55}$tʂʰuŋ^{55}sã^{213}, tʂʰuŋ^{55}sã^{213}kou^{55}ə^{21}ɕiã^{55}。

好 话 不 重 三，重 三 狗 也 嫌。

39. lə̃^{55}tɛ^{55}ɕiə̃$^{213-21}$ȵi^{0}, ɕiɔ^{21}tɛ^{55}miã^{21}ʂɑŋ^{0}。

冷待心 里，笑 待 面 上。

40. ʂʅ$^{44-23}$tʅ^{0}tuə$^{213-21}$lɔ^{0}pu$^{44-55}$iɔ$^{55-21}$ti^{0}xuɑŋ^{213}, tʂɑŋ^{21}tuə$^{213-21}$lɔ^{0}

虱 子 多 唠不 咬 得 慌，账 多 唠

pu$^{44-55}$ia$^{44-23}$ti^{0}xuɑŋ^{213}。

不 压 得 慌。

41. i$^{44-55}$tɕyə^{44}tsʰuə$^{21-55}$lɔ^{0}ʋã^{21}tɕyə^{44}nã^{55}。

一 脚 错 唠万 脚 难。

42. tʂʰʅ$^{44-55}$fã^{21}pʰiŋ^{55}tsʅ$^{213-21}$ʋei^{0}, tʰiŋ$^{213-13}$xua^{21}tʰiŋ^{213}xua^{21}iə̃^{213}。

吃饭凭滋味，听话听话音。

43. ta$^{55-21}$pʰə^{0}tʰou^{55}, ʂã$^{21-55}$ʈʅ^{0}ʂã^{213}。

打破头，扇子扇。（形容啥都不在乎）

44. kuɑŋ$^{213-13}$tɕyə^{44}ia$^{213-21}$ʈʅ^{0}xã^{55}pʰa^{21}tʂʰuã^{213}ɕiɛ$^{55-24}$ti^{0}mã^{0}。

光脚丫子还怕穿鞋的曼。

45. na$^{55-24}$tɔ^{0}xuɑŋ$^{55-24}$iou^{0}tɑŋ^{21}ma^{55}ʂʅ^{55}。

拿倒黄鼬当马使。

46. ta^{55}lə̃^{55}pu$^{44-55}$nəŋ^{55}ta^{55}liã^{55}, ʂuə$^{44-55}$xua^{21}pu$^{44-55}$nəŋ^{55}tɕiə$^{44-55}$tuã^{55}。

打人不能打脸，说话不能揭短。

47. tiɔ$^{21-55}$tɔ^{0}kuə$^{44-23}$pʰə^{0}ta^{55}tʰuei^{55}。

吊倒胳膊打腿。

48. ly^{55}tiŋ^{21}ʂɑŋ^{0}kua^{21}fu$^{55-21}$ʈʅ^{0}, kʰã$^{55-21}$ʈʅ^{0}pu$^{44-55}$li^{21}tiŋ^{21}mə̃$^{55-24}$ʈʅ^{0}。

驴腚上挂斧子，砍子不离腚门子。（腚门子指肛门，形容说话总是有词儿）

49. ɕiɔ^{55}tʰou^{213}ɕiɔ^{55}mə^{213}, tɛ$^{55-21}$tʂu^{0}tɕiou^{21}tuə^{213}。

小偷小摸，逮住就多$^{=}$打。

50. tɛ^{55}tsei^{55}luŋ$^{55-24}$i^{0}fɑŋ^{21}tsei^{55}nã^{55}。

逮贼容易放贼难。

51. kʰəŋ^{213}lə̃^{55}pu$^{44-55}$fu^{21}, lɛ^{21}lə̃^{55}tʂʰɑŋ^{55}tɕʰyŋ^{55}。

坑人不富，赖人长穷。（坑：坑骗）

52. tʂʰei$^{44-23}$tʂʰei^{0}pei^{21}, fã$^{213-13}$fã^{0}tɕʰyə̃^{55}, na^{55}kə^{0}miɔ^{21}ȵi^{0}iə^{21}

拆拆被，翻翻裙，哪个庙里也

iou^{55}tɕ^{h}y$^{44-23}$sɿ^{0}ti^{0}lə̃^{21}。

有屈死的人。

53. pu$^{44-55}$tʂɑŋ^{55}xɔ^{55}ɕiə̃^{213}iã$^{55-21}$tɿ^{0}, xei$^{44-55}$ɕiə̃^{213}lã^{21}tʂ^{h}ɑŋ$^{55-24}$tɿ^{0}。

不长好心眼子,黑心烂肠子。

54. lɔ$^{213-21}$pu^{0}tɔ^{0}t^{h}u$^{21-55}$tɿ^{0}pa^{213}kou^{55}tʂ^{h}ʅ^{44}。

捞不倒兔子扒狗吃。

55. tʂ^{h}ou^{55}sã^{213}pə^{55}sɿ^{21}la^{-23}la^{0}u^{55}。

稠三薄四拉拉五。(形容做稀饭做稀了出数)

56. ʂʅ$^{55-24}$yə^{0}ȵi^{0}pã^{21}luŋ^{0}ȵiã^{55}, ʂəŋ$^{55-21}$ɕia^{0}i$^{44-55}$pã$^{21-55}$tɿ^{0}tɕ^{h}iã^{55}。

十月里办弄年,省下一半子钱。

57. pa$^{55-24}$tɿ^{0}pu$^{44-55}$tsa^{55}u^{55}miɔ^{55}tʂʅ$^{213-13}$ti^{21}。

雹子不砸无苗之地。

58. ɕiɔ^{55}xɛ^{55}tɛ^{21}iɔ^{21}ŋã^{213}, tuə$^{213-13}$ʂou^{21}tɕi^{213}xuə^{55}xã^{55}。

小孩待要安,多受饥和寒。

59. ɕiŋ$^{55-24}$ɕia^{0}tʂ^{h}uə̃$^{213-13}$fəŋ^{213}ʋɑŋ^{21}tɕ^{h}iou^{213}y^{55}。

行下春风望秋雨。

60. tʂ^{h}ʅ$^{44-55}$pɔ$^{55-21}$lɔ^{0}, na^{55}kã$^{213-21}$liɑŋ^{0}; t^{h}iã^{213}lə$^{21-55}$lɔ^{0}, na^{55}i$^{213-21}$ʂɑŋ^{0}。

吃饱唠,拿干粮;天热唠,拿衣裳。

二 谜语

1. tsɿ$^{55-21}$mə̃^{0}tɕ^{h}i$^{44-55}$pa^{44}kə^{21}, i$^{44-55}$ȵiã^{55}tɛ^{55}ʋɛ$^{21-55}$t^{h}ou^{0}tɛ^{21}ʂɑŋ^{0}

姊们七八个,一年待外头待上

ʂʅ$^{55-24}$la^{0}kə^{0}yə^{21}, ʂei^{55}iə$^{55-21}$tʂʅ$^{213-21}$pu^{0}tɔ^{21}ləŋ^{55}xuə^{55}lə^{21}, ɕiŋ^{55}lɔ̃^{55}tuei^{21}

十 拉个月，谁 也 知 不道 冷 和 热，行 人 对

kʰei^{44}tou^{21}ʂʅ^{21}tʰa^{44}。

客 都 是 它。（谜底：小麦）

2. tsɔ^{55}pɔ^{21}ɕiei^{21}, ʋã^{55}pɔ^{21}tsʰɛ^{55}, pã^{21}tʂʰɑŋ^{55}pu$^{44-55}$iə^{21}iou^{55}lɔ̃^{55}lɛ^{55}。

早报 信儿，晚报 财，半 长 不 夜 有 人 来。

（谜底：喜鹊）

3. yã^{55}kʰã^{21}ʂʅ^{21}tsuə^{21}miɔ^{21}, tɕiɔ̃^{21}kʰã^{21}pu$^{44-55}$ɕiã$^{55-24}$tɔ^{0}, tɕyə$^{44-55}$

远看是座 庙，近 看 不 闲 倒，脚

tʂʰɛ^{55}liɑŋ^{55}iə^{21}pɛ^{55}, ʂou^{55}ta^{55}liã$^{55-24}$xua^{0}lɔ^{21}。

踩 两 叶板儿，手 打 莲 花 络。（谜底：织布机）

4. sã$^{213-13}$tɕia^{44}lɑŋ$^{-21}$tɑŋ^{0}yã^{55}, sʅ$^{21-55}$ləŋ^{0}fɑŋ$^{213-21}$tʅ^{0}piã^{55}, kã^{213}pa^{55}

三 角 浪 荡圆，四 棱方 子扁，干巴

tɕiɔ$^{213-21}$ti^{0}ʂʅ^{44}, ʂʅ$^{44-55}$pa^{55}tɕiɔ$^{213-21}$ti^{0}ɳiã^{55}。

焦 的湿，湿 巴 焦 的黏。（谜底：一贴膏药）

5. tɕʰi$^{44-23}$tɕʰi^{0}tɕʰiɔ^{213}, tɕʰi$^{44-23}$tɕʰi^{0}tɕʰiɔ^{213}, tʂã$^{21-55}$tɔ^{0}pu$^{44-55}$lu^{21}

蹊 蹊跷，蹊 蹊跷，站 倒不 如

tsuə^{21}tɔ^{0}kɔ^{213}。

坐 倒高。（谜底：狗）

三 歌谣

1. pa^{21}pa^{21}, lɔ^{21}lɔ^{21}, tiã^{55}təŋ^{213}ʂuei^{21}tɕiɔ^{21}, ta^{21}mei$^{21-55}$tɕiɛ^{0}, ɕiɔ^{55}

钯 钯，耢耢，点 灯 睡 觉，大 麦 秸，小

mei$^{21-55}$tɕiɛ^{0}, xua^{-23}la^{0}xua^{-23}la^{0}luə$^{21-55}$ɕia^{21}lɛ^{0}。
麦 秸，哗 啦哗 啦落 下 来。（逮萤火虫时唱）

2. ɕiɔ^{55}tɕia$^{213-21}$tɕʰyə^{0}, mã^{55}tʰiã^{213}fei^{213}, ʂə̃$^{213-21}$ʂɑŋ^{0}tʂʰuã$^{213-21}$
小 家 雀， 满 天 飞，身 上 穿
tɔ^{0}na^{21}lã^{55}xua^{213}iei^{213}, lã^{55}xua^{213}iei$^{213-21}$ʂɑŋ^{0}i$^{0\cdot 44-55}$tuei^{21}tɕʰiɛ$^{55-53}$,
倒那兰 花 衣儿，兰 花 衣儿 上一 对 钱儿，
xuɑŋ$^{-23}$lɑŋ^{0}xuɑŋ$^{-23}$lɑŋ^{0}kə^{21}xuə^{55}iɛ^{55}, kə$^{21-55}$tɕʰi^{21}xuə^{55}iɛ^{55}i$^{44-55}$
晃 浪 晃 浪 过 河 崖，过 去 河 崖一
tuei^{21}kuɑŋ$^{-24}$kuɑŋ^{0}tɛ^{55}na$^{21-55}$ȵi^{0}kʰu^{44}。ʋə̃^{21}ʋə̃^{21}kuɑŋ$^{-24}$kuɑŋ^{0}ȵi^{55}
对 咣 咣 待 那 里 哭。 问 问 咣 咣 你
kʰu$^{44-23}$ti^{0}ʂa^{21}, ŋã^{55}ȵiɑŋ^{55}pu$^{44-55}$tɕi$^{55-24}$ŋã$^{55-21}$tɕʰy^{55}ɕi$^{44-23}$fu^{0}, tʂɔ$^{55-21}$lɔ^{0}
哭 的啥，俺 娘 不 给 俺 娶 媳 妇，找 唠
kə^{21}ɕi$^{44-23}$fu^{0}tɕyə^{44}iou^{21}ta^{21}, sã$^{213-13}$tɕiã^{213}u$^{44-23}$ȵi^{0}xã^{55}tsuə^{21}pu^{0}ɕia^{21},
个 媳 妇 脚 又 大，三 间 屋 里 还 坐 不 下，
iou^{21}tʂɔ$^{55-21}$lɔ^{0}kə^{21}ɕi$^{44-23}$fu^{0}tɕyə^{44}iou^{21}ɕiɔ^{55}, tɛ^{55}na^{21}kʰɑŋ$^{213-21}$pʰi^{0}ʋã$^{55-21}$
又 找 唠 个 媳 妇 脚 又 小，待 那 糠 皮 碗
tʅ^{0}ȵi^{0}xã^{55}mə^{21}iou^{0}tɔ^{55}。
子里还 磨 悠 倒。（咣咣：钹）

3. kuɑŋ$^{213-13}$ku^{21}kuɑŋ$^{213-13}$ku^{21}, ȵi^{55}tɛ^{55}na$^{55-21}$ȵi^{0}tʂu^{21}? ŋã^{55}tɛ^{55}
光$^{=}$ 顾$^{=}$ 光$^{=}$ 顾$^{=}$，你 待 哪 里 住？ 俺 待
ʂã$^{213-13}$xou^{21}。ȵi^{55}tʂʰʅ^{44}ʂə̃^{55}mə^{0}, ŋã^{55}tʂʰʅ^{44}xuə$^{55-21}$ʂɔ^{0}tɕia$^{44-55}$
山 后。 你 吃 什 么， 俺 吃 火 烧 夹
lou^{21}。ȵi^{55}tɕi^{55}ŋã^{55}tiɛ^{55}tʂʰʅ^{44}ɕiŋ$^{55-24}$-pɔ^{21}? pu$^{44-55}$kou^{21}pu$^{44-55}$kou^{21}。
肉。 你 给 俺 点儿 吃 行 -啵？不 够 不 够。
（光$^{=}$顾$^{=}$：布谷鸟，模拟叫声）

4. yə$^{21-55}$mə̃^{0}nə̃$^{55-21}$nə̃^{0}, tʂu^{55}kə^{21}kuɛ$^{55-21}$kuɛ^{0}, tiə$^{44-55}$kə^{21}ku^{-23}lou^{0},

月 们奶 奶, 拄 个 拐 拐, 跌 个 骨$^{=}$喽$^{=}$,

ʂʅ^{55}kə^{21}ɕiɔ$^{55-21}$tɕ^{h}iɛ^{0}, mɛ$^{55-21}$lɔ^{0}kə^{21}pə$^{-24}$pə^{0}, ʂɔ$^{213-13}$ʂɔ^{213}, xu$^{55-24}$liə^{0},

拾个小 钱儿, 买 唠个 饽 饽, 烧 烧, 糊 咧,

k^{h}ei$^{44-23}$tʂ^{h}a^{0}k^{h}ei$^{44-23}$tʂ^{h}a^{0}, mu$^{55-24}$liə^{0}。

刻 查 刻 查, 没 咧。

5. ləŋ^{213}ləŋ^{213}, fɑŋ^{55}ȵiɑŋ$^{55-24}$xuə^{0}, fɑŋ$^{55-21}$lɔ^{0}kə^{21}suei$^{21-55}$tʅ^{0}tsou^{55}

□ □, 纺 棉 花, 纺 唠个 穗 子 走

ȵiɑŋ$^{55-24}$tɕia^{0}。ȵiɑŋ$^{55-24}$tɕia^{0}pu$^{44-55}$tɕi^{55}fɛ^{21}tʂ^{h}ʅ^{44}, kuã$^{213-21}$ʂɑŋ^{0}u$^{44-55}$mə̃^{55}

娘 家。娘 家不 给饭儿吃, 关 上屋 门

tʂu^{55}tɕi$^{213-13}$tɛ^{21}tʂ^{h}ʅ^{44}。

煮 鸡 蛋儿吃。

6. tɕ^{h}i$^{44-55}$kə^{21}kua$^{55-24}$fu^{0}tɕiou^{55}kə^{21}ȵy^{55}, ʂua$^{44-23}$lɔ^{0}pə$^{21-55}$tɕ^{h}i^{0}

七 个 寡 妇 九 个 女, 刷 唠 簸 箕

ʂua$^{44-55}$lyŋ^{55}t^{h}ou^{55}, ʂua$^{44-23}$lɔ^{0}lyŋ^{55}t^{h}ou^{55}ʂua$^{44-55}$lyŋ^{55}ʋei^{55}。

刷 龙 头, 刷 唠 龙 头 刷 龙 尾。

7. mə̃$^{55-24}$ɭə^{0}t^{h}ou^{55}, ʋa$^{213-21}$k^{h}ou^{0}liɛ^{55}, tɕiã^{21}lə̃^{55}tʂ^{h}ʅ$^{44-55}$fã^{21}

门 耳 头, 凹 口 脸儿, 见 人 吃 饭

mə^{213}ta^{21}ʋɛ^{55}。

摸 大碗儿。

8. tsuə^{21}i$^{44-55}$pa^{55}, iou^{21}i$^{44-55}$pa^{55}, pu$^{44-55}$kuə^{21}sã^{213}ȵiã^{55}tɕiou^{21}

左 一 把, 右 一 把, 不 过 三 年 就

ʂəŋ^{213}lia^{55}。

生 俩。

四 歇后语

1. tɕyə^{44}sɿ$^{21-55}$ləŋ^{0}tɔ^{0} —— pu$^{44-55}$tʂʰã^{55}。

脚四棱倒——不缠（馋）。

2. ly$^{55-24}$ʂʅ^{0}tã^{21}tʅ^{0} —— υɛ^{21}miã^{21}kuɑŋ^{213}。

驴屎蛋子——外面光。

3. ly$^{21-55}$tʂu^{0}tiɔ^{21}-tɕʰiei^{55} —— kuə$^{44-55}$ku^{21}kuə$^{44-23}$liə^{0}。

碌碡掉-棋儿——各顾各咧。

4. υɑŋ$^{55-24}$pa^{0}pei^{21}ku^{55} —— lã^{55}tɕʰiã^{55}i$^{44-55}$miã^{21}, lã^{55}xou^{21}i$^{44-55}$miã^{21}。

王八背鼓——人前一面，人后一面。

5. tiou$^{213-21}$a^{0}tʂuɑŋ$^{213-21}$ti^{0}lɑŋ$^{55-21}$tʅ^{0}——ȵi^{55}sɿ$^{213-13}$sɿ^{213}fɑŋ^{55}fɑŋ^{0}pə^{0}。

丢家庄的嚷$^{=}$子——你撕撕纺纺吧（形容质量好）。

6. yə$^{21-55}$liɑŋ^{0}ti^{21}ȵi^{0}tʂua^{213}ʂʅ$^{44-23}$tʅ^{0} —— kʰə^{55}iou$^{55-21}$lɛ^{0}。

月亮地里抓虱子——可有来。

7. lã^{55}tɕʰiŋ$^{213-21}$ȵi^{0}ʂʅ$^{55-24}$tʰou^{0}—— iou^{21}tʂʰou^{21}iou^{21}iŋ^{21}。

栏坑茅坑里石头——又臭又硬。

8. pã$^{21-55}$tɕiə̃^{0}miã^{21}pɔ^{213}xɛ$^{55-24}$tʅ^{0}——lã^{55}ʂəŋ^{213}miã^{21}pu$^{44-55}$ʂu^{55}。

半斤面包孩子——人生面不熟。

9. sã$^{213-13}$tʂʅ^{213}ʂɔ^{213}—— tã$^{21-55}$pã^{0}。

三只潲——担半（类似于二百五）。

10. tʂ^{h}uɑŋ$^{213-21}$xu^{0}t^{h}ɛ$^{55-24}$ʂɑŋ^{0}ʂʅ^{55}tɕ^{h}iɛ^{55}——pu$^{44-55}$ɕia$^{213-13}$iɔ^{213}。

窗　户台　上拾钱儿——不　虾　腰。

11. tɕi$^{213-13}$tã^{21}tiɔ^{21}tɔ^{0}iou^{55}lou$^{55-21}$ȵi^{0}——xua^{55}tã^{21}i$^{44-55}$kə^{21}。

鸡　蛋掉到油　篓　里——滑　蛋一　个。

12. tɕ^{h}yə$^{55-24}$pa^{0}ta^{55}ly^{55} —— tsuə^{21}tɔ^{0}xã^{55}。

瘸　巴打驴 —— 坐　倒喊。

13. mɛ^{21}ʋəŋ$^{21-55}$ti^{0}pu$^{44-55}$iɔ$^{213-21}$xə^{0}——tɕ^{h}iɔ$^{213-13}$kɑŋ^{213}tɕi^{55}t^{h}iŋ^{213}。

卖　瓮　的不　吆　喝——敲　缸　给　听。

14. ʂʅ$^{55-21}$k^{h}ə^{0}lɑŋ^{55}tsuã$^{213-21}$tɔ^{0}ȵiou^{55}tiŋ^{21}ȵi^{0}——ɕia$^{44-55}$tɕi$^{44-55}$tɕi^{55}。

屎　壳螂　钻　到牛　腚里——瞎　积　极。

五　故事

（一）

i$^{44-55}$kə^{21}ȵiɑŋ$^{55-24}$ mə̃^{0}tɛ^{55}tɕiɛ$^{213-21}$ʂɑŋ^{0}tʂ^{h}ei$^{44-55}$k^{h}u^{21}fəŋ^{55}k^{h}u^{21},

一　个　娘　们待　街　上　拆　裤　缝　裤，

tʂ^{h}ei$^{44-23}$tʂ^{h}ei^{0}fəŋ^{55}fəŋ^{0}, i$^{44-55}$kə^{0}mɛ^{21}ʋəŋ$^{21-55}$ti^{0}tɕiou^{21}ʋə̃$^{21-55}$t^{h}a^{0}: "ta^{21}

拆　拆　缝　缝，一　个　卖　瓮　的　就　问　她："大

sɔ$^{55-21}$tʅ^{0}, tʂ^{h}ei$^{44-23}$tʂ^{h}ei^{0}tɔ^{21}xuei$^{55-24}$ts^{h}uə̃^{0}tɛ^{55}na$^{55-21}$ȵi^{0}? ""ŋã^{55}mu^{55}

嫂　子，拆　拆　到　回　村　待　哪　里？""俺　没

tɕiã^{21}na^{21}tʂ^{h}ei$^{44-23}$tʂ^{h}ei^{0}tɔ^{21}xuei$^{55-24}$ts^{h}uə̃^{0}, ŋã^{55}tʂʅ$^{213-21}$pu^{0}tɔ^{0}tʂ^{h}ei$^{44-23}$

见　那　拆　拆　到　回　村，俺　知　不　道　拆

tʂ^{h}ei^{0}tɔ^{21}xuei$^{55-24}$ts^{h}uə̃^{0}tɛ^{55}na$^{55-21}$ȵi^{0}, ŋã^{55}tɕiã^{21}na^{21}ʋɑŋ$^{55-24}$pa^{0}mɛ^{21}

拆　到　回　村　待　哪　里，俺　见　那　王　八　卖

xuaŋ$^{55-24}$pʰə̃^{0}。"

黄盆。"

(二)

lə̃$^{55-24}$tɕia^{0}ʂuə^{44}, tʂə^{21}tɕiaŋ^{55}ku$^{21-55}$ʂʅ^{0}tou$^{213-21}$ʂʅ^{0}ʂuə^{44}。lə̃$^{55-24}$ə^{0}

人家说，这讲故事都是说。人呃

ʂuə^{44}tʂə^{21}kə^{21}i$^{44-55}$kə^{21}lə̃$^{55-24}$ə^{0}, tsɔ$^{55-21}$ȵi^{0}ʂa^{0}tʂə^{213}lə̃$^{55-24}$pɔ^{0}, tʰa^{44}tɕiou^{21}

说这个一个人呃，早里霎这人啵，他就

ʂʅ^{21}pei$^{55-24}$iə^{0}ȵi^{0}taŋ^{213}xuə$^{-23}$laŋ^{0}, tʰiɔ$^{213-21}$tɔ^{53}tã$^{21-55}$tʅ^{0}tʰiɔ$^{213-21}$tʅ^{0}

是白夜里当货郎，挑<u>倒</u>担子挑子

tɕʰy^{21}tʂʰuã^{21}tʂuaŋ^{213}, iɔ^{55}tʂʰuã$^{213-21}$ȵi^{0}tɕʰy^{21}mɛ^{21}xuə$^{21-55}$ti^{0}ə^{0}。tɕiou^{21}

去串庄，遥春里去卖货的呃。就

ʂuə$^{44-23}$ti^{0}na^{213}ɕiɔ^{55}pei$^{44-55}$xuə$^{21-55}$ə^{0}, na^{213}ɕiɔ^{55}iŋ$^{55-24}$ʂəŋ^{0}, ɕiɔ^{55}xɛ$^{55-24}$tʅ^{0}

说的那小百货呃，那小营生，小孩子

ʋã$^{55-24}$ti^{0}ʋã$^{55-24}$iei$^{21-53}$ə^{0}。xou^{21}ʂaŋ^{0}ȵi^{0}ȵi^{0}kʰã^{21}pʰə^{44}。kʰã^{21}pʰə^{44}

玩的玩意儿呃。后晌里呢看坡。看坡

ʂʅ^{21}ʂa^{55}ȵi^{0}? kʰã^{21}pʰə^{44}tɕiou^{21}ʂʅ^{21}tʂə^{21}kə^{21}tʂuaŋ$^{213-21}$tɕia^{0}ʂu$^{55-24}$lɔ^{0}ti^{0}

是啥呢？看坡就是这个庄稼熟唠的

ʂʅ$^{55-24}$xou^{0}ə^{0}, pʰəŋ$^{55-24}$pʰa^{0}iou^{55}lə̃^{55}tʰou$^{213-21}$ə^{0}, iou$^{55-21}$i^{0}kə^{21}lə̃^{55}tɛ^{55}

时候呃，朋$^{=}$怕有人偷呃，有一个人待

pʰə$^{44-23}$ȵi^{0}tʂaŋ^{21}maŋ^{0}tɔ^{0}iɔ^{55}tʂʰuã$^{213-21}$ȵi^{0}ɕia$^{44-55}$tʂuã^{21}iou^{0}。xou^{21}ʂaŋ^{0}

坡里章忙倒遥春里瞎转悠。后晌

tʂə^{213}lə̃^{55}kʰã^{21}pʰə$^{44-23}$pɔ^{0}, tʰa^{44}iɔ^{55}tʂʰuã$^{213-21}$ȵi^{0}tʂuã^{21}iou^{0}pɔ^{0}, tʂuã^{21}iou^{0}

这人看坡啵，他遥春里转悠啵，转悠

tɔ^{0}tʂə^{213}ti^{21}tʂʰu^{21}ə^{0}, xɔ^{53}, tʂʰu$^{44-23}$lɛ^{0}i$^{44-55}$kə^{21}tɕʰiŋ^{55}kɔ$^{213-21}$ti^{0}i$^{44-55}$kə^{21}
到这 地 处 呃,嚎, 出 来一 个 挺 高 的一 个
lə̃$^{55-24}$ə^{0}, iə^{21}kʰã$^{21-55}$pu^{0}tɕʰiŋ^{213}tsa^{55}tɔ^{0}tsa^{55}tɔ^{0}, ə̃^{21}, na^{213}kə^{0}i$^{21-55}$sɿ^{0}pɔ^{21},
人 呃,也 看 不 清 咋 倒咋 倒,嗯,那 个意 思啵
tɕiou^{21}xuə^{55}i$^{44-55}$kə^{21}n̠y^{55}lə̃^{55}ʂʅ^{21}ti^{0}, tʰa^{44}xu^{213}lə̃$^{55-24}$ti^{0}ʂəŋ^{213}, xɔ^{53},
就 和一 个 女 人似 的,他 忽 然 的声, 嚎,
tʂə^{21}yŋ^{21}ʂɑŋ^{0}na^{213} "xu^{213}lə̃^{55}" liə^{0}。tʰa^{44}i$^{44-55}$ɕia^{21}tʅ^{0}xɔ^{53}, pa^{55}tʂə^{213}kʰã^{21}
这 用 上 那 "忽 然" 咧。他一 下 子嚎,把 这 看
pʰə$^{44-23}$ti^{0}pu^{21}tʂu^{0}liə^{0}。n̠i^{55}ʂuə^{44}ɕia^{21}lə̃$^{55-24}$ə̃^{0}pɔ^{21}? n̠i^{55}ʂuə^{44}tʂə^{213}kʰã^{21}
坡 的抱 住 咧。你 说 吓 人 －啵? 你 说 这 看
pʰə$^{44-23}$ti^{0}tã^{55}liɑŋ^{21}iou^{55}tɑŋ$^{-24}$mɑŋ^{0}ta^{21}pə^{0}。tsɔ$^{55-21}$n̠i^{0}ʂa^{0}na^{21}nã^{55}lə̃^{55}
坡 的胆 量 有 当 忙 大 吧。早 里霎那 男 人
tou^{21}tʂa^{44}, iɔ$^{213-21}$n̠i^{0}tʂa$^{44-23}$tɔ^{0}kʰuɛ^{21}pu$^{21-55}$ə^{0}, tʂa$^{44-23}$iɔ^{0}tɕiɔ^{21}, tʰa^{44}
都 扎,腰 里扎 倒块 布 呃, 扎 腰叫, 他
tɕiɛ$^{55-21}$ɕia^{0}na^{21}tʂa$^{44-23}$iɔ^{0}lɛ^{0}, tʰa^{44}tɕiou^{21}pa^{55}xou^{21}tʰou^{0}luŋ$^{55-21}$tʂu^{0}tʰa^{44}
解 下那 扎 腰来,他 就 把 后 头 拢 住 他
liə^{0}。luŋ$^{55-21}$tʂu^{0}tɕiou^{21}ʂʅ^{21}tʰa^{44}liɑŋ^{55}ə^{21}lə̃^{55}tʂã^{213}tʂʰəŋ^{55}tsuei$^{213-21}$
咧。拢 住 就 是 他 两 呃人 粘 成 堆
liə^{0}, tɕiou^{21}pɑŋ^{55}tʂʰəŋ$^{-21}$tsuei$^{213-21}$liə^{0}。pa^{55}xou^{21}tʰou^{0}lou$^{55-21}$tʂu^{0}tʰa^{44}
咧, 就 绑 成 堆 咧。把 后 头 搂 住 他
liə^{0}。na^{213}kə^{0}tɕʰiŋ^{55}ɕia^{21}lə̃^{55}ti^{0}na^{213}kə^{0}lə̃$^{55-24}$ə^{0}, pa^{55}xou^{21}tʰou^{0}lou$^{55-21}$
咧。那 个 挺 吓 人的那 个人 呃,把 后 头 搂
tʂu^{0}tʂə^{213}lə̃$^{55-24}$liə^{0}。tʰa^{44}lou$^{55-21}$tʂu^{0}tʰa^{44}lɔ^{0}, tʰa^{44}lou^{55}tɕiou^{21}ʂʅ^{21}lou^{55}
住 这 人 咧。他 搂 住他 唠,他 搂 就 是 搂

ʂɑŋ^{21}tʰou^{0}ə^{0}, lou^{55}tʂə^{21}kuə$^{44-23}$ pʰə^{0}i^{55}ʂɑŋ^{21}ə^{0}。tʰa^{44}lou$^{55-21}$ tʂu^{0}tʰa^{44},
上 头 呃,搂 这 胳 膊以 上 呃。他 搂 住 他,

tʰa^{44}pa^{55}, tʰa^{44}na^{21}liɑŋ^{55}tʂʅ^{213}ʂou^{55}tʰa^{44}kʰə^{55}mu^{55}lou$^{55-21}$ tʂu^{0}tʰa^{44},
他 把, 他 那 两 只 手 他 可 没 搂 住 它,

tʰa^{44}tɕiou^{21}nəŋ^{55}tɕiɛ$^{55-21}$ ɕia^{0}lɛ^{0}tʂa$^{44-23}$ iɔ^{0}lɛ^{0}lɔ^{0}。tɕiɛ$^{55-21}$ ɕia^{0}lɛ^{0}tʂa$^{44-23}$
他 就 能 解 下来 扎 腰来 唠。解 下来 扎

iɔ^{0}lɛ^{0}, pa^{55}xou^{21}tʰou^{0}tʂɑŋ^{213}, tʰa^{44}na^{21}liɑŋ^{55}tʂʅ ʂou^{55}i$^{44-55}$ tɔ^{21}, pu$^{44-55}$
腰来,把 后 头 章, 他 那 两 只 手 一 倒, 不

tɕiou^{21}ʂɑŋ^{21}xou^{21}, pu$^{44-55}$ tɕiou^{21}lou$^{55-21}$ tʂu^{0}tʰa^{0}lɔ^{0}, pu$^{44-55}$ tɕiou^{21}
就 上 后, 不 就 搂 住 他 唠,不 就

pɑŋ$^{55-21}$ tʂu^{0}tʰa^{0}lɔ^{0}mã^{0}。pɑŋ$^{55-21}$ tʂu^{0}tʰa^{0}pɔ^{21}, tʰa^{44}tɕiou^{21}pa^{55}tʰa^{44}
绑 住 他 唠曼。绑 住 他 啵,他 就 把 他

pei$^{21-55}$ tɔ^{0}tɕia$^{213-21}$ tɕʰi^{0}liə^{0}, tɕiou^{21}ʂɑŋ^{21}tɕia^{213}tsou^{55}, pei$^{21-55}$ tɔ^{0}tɕia$^{213-21}$
背 倒 家 去 咧, 就 上 家 走, 背 倒 家

tɕʰi^{0}liə^{0}。pei$^{21-55}$ tɔ^{0}tɕia$^{213-21}$ tɕʰi^{0}, kuã$^{213-21}$ ʂa^{0}ta^{21}mə̃^{55}, xuei^{55}tʰou^{55}
去 咧。背 倒 家 去, 关 煞 大 门 回 头

i$^{44-55}$ kʰã^{21}pə^{0}, ɛ^{24}, na^{213}lə̃^{55}mə$^{55-24}$ liə^{0}, pu$^{44-55}$ ʂʅ^{21}lə̃$^{55-24}$ liə^{0}, tʂʰəŋ$^{55-24}$ lɔ^{0}
一 看 吧,哎,那 人 没 咧,不 是 人 咧, 成 唠

kʰuɛ^{21}ʂa^{55}lɔ^{0}ȵiɑŋ^{0}? tʂʰəŋ$^{55-24}$ lɔ^{0}kʰuɛ^{21}kuã$^{213-21}$ tsʰɛ^{0}pã$^{55-21}$ liə^{0}, tɕiou^{21}
块 啥唠 哴? 成 唠 块 棺 材 板 咧, 就

na^{-24}xu^{0} kuã$^{213-21}$ tsʰɛ^{0}pã$^{55-21}$ ə^{0}。ȵi^{55}tʂʅ$^{213-21}$ tɔ^{0}pɔ^{21}, tɛ^{55}pʰə$^{44-23}$ ȵi^{0}
那 户 棺 材 板 呃。你 知 道 啵,待 坡 里

ləŋ$^{213-21}$ ta^{0}ti^{0}iɔ^{55}tʂʰuã$^{213-21}$ ȵi^{0}ʂʅ^{21}。ɛ^{24}, tʂə^{213}lə̃^{55}, ȵi^{55}ʂuə^{44}iou^{55}tɑŋ$^{-24}$
扔 哒的遥 春 里是。哎,这 人, 你 说 有 当

mɑŋ^{0}ta^{21}tã^{55}pə^{0}。tʰa$^{44-55}$ma^{55}kuã$^{213-21}$tsʰɛ^{0}pã^{55}ma^{55}pi^{213}ʋə^{55}ə^{21}pu$^{44-55}$
忙大胆吧。他 妈 棺 材板马屄我也不

nəŋ^{55}pei^{55}pei$^{21-55}$-ȵi^{55}lɛ$^{55-24}$ə^{0}, ʋə^{55}tei^{44}pa^{55} ȵi^{55}pʰi$^{44-23}$pʰi^{0}ʋə^{55}xã^{55}
能白背 -你来 呃,我得把你劈 劈我还

tei$^{44-55}$ʂɔ^{213}, xə$^{44-55}$tuã^{21}tʂʰa$^{55-24}$ə^{0}, ʂɔ^{213}xu^{55}ʂuei^{55}xə^{44}。tsʰɛ^{55}pa^{55}tʰa^{44}
得烧,喝 顿 茶 呃,烧 壶 水 喝。才 把 它

pʰi$^{213-21}$lɔ^{0}pʰi^{213}, pʰi$^{213-21}$lɔ^{0}pʰi^{213}tɕiou^{21}ʂɔ^{213}ʂuei^{55}xə^{44}, tʰa^{44}tsɛ^{21}
劈 唠劈,劈 唠劈 就 烧 水 喝,他 在

pʰi$^{213-21}$ti^{0}kuə^{21}tʂʰəŋ^{55}tɑŋ$^{213-13}$tʂuŋ$^{213-21}$ə^{0}, tʂə^{213}kʰuɛ^{0}mu$^{21-55}$tʰou^{0}
劈 的过 程 当 中 呃,这 块 木 头

ȵi^{0}pɔ^{0}, tiɔ^{21}tʂʰu^{0}lɛ^{0}i$^{44-55}$ə^{21}ɕiɔ^{55}lou^{21}ʋɛ$^{55-24}$ʋɛ^{0}ə^{0}, tɕiou^{21}xuə^{55}ɕiɔ^{55}
里啵,掉 出来一个小 肉丸儿丸儿呃,就 和 小

lou^{21}tɛ^{21}, ȵi^{55}kʰã^{21}tʰa^{44}iou^{55}tɑŋ$^{-24}$mɑŋ^{0}li^{21}xɛ^{0}pə^{0}, ɕiɔ^{55}lou^{21}tɛ^{21}
肉蛋儿,你 看 他 有 当 忙 厉害吧,小 肉 蛋儿

ʋə$^{55-53}$ə^{0}pu$^{44-55}$nəŋ^{55}tʂuɛ$^{213-21}$lɔ^{0}ȵi^{0}, ma^{55}pi^{213}ʋə^{55}xə$^{44-55}$tɕiou^{55}tɕiou^{21}
我 也不 能 拽 唠你,马 屄 我 喝 酒 就

tɔ^{0}tɕiou^{55}xə$^{44-23}$lɔ^{0}ȵi^{0}。tɕiou^{21}tɔ^{0}tɕiou^{55}xə$^{44-23}$liə^{0}tɕiou^{21}tʂʰʅ$^{44-23}$
倒 酒 喝 唠你。就 倒 酒 喝 咧 就 吃

liə^{0}。tʂə^{21}pu^{0}tʂʰʅ$^{44-23}$lɔ^{0}tʰa^{0}pɔ^{21}, tʂə^{21}i$^{44-55}$ɕy^{44}tɕiou^{21}pã$^{55-24}$ə^{0}ʂuə$^{44-23}$liə^{0},
咧。这 不 吃 唠它啵,这一 宿 就 甭 呃说 咧,

tɕiou^{21}ʂuei^{21}tɕiɔ$^{21-55}$liə^{0}。tɕiou^{21}tɔ$^{21-55}$lɔ^{0}miŋ^{55}ɭə^{0}, iou^{21}tɕʰy^{21}tʰiɔ$^{213-21}$
就 睡 觉 咧。就 到 唠明 日,又 去 挑

tɔ^{0}tã$^{21-55}$tʅ^{0}tɕʰy^{21}tsu^{21}ʂa^{55}ti^{0}, tɕʰy^{21}ɕia^{21}ɕiɑŋ$^{213-21}$ti^{0}, tɕʰy^{21}mɛ^{21}tʰa$^{44-55}$na^{213}
倒担 子去 做啥的,去 下 乡 的,去 卖 他 那

tuŋ$^{213-21}$ɕi^{0}ə^{0}。mɛ^{21}lɔ^{0}i$^{44-55}$t^{h}iã^{213}, xuei$^{55-24}$lɛ^{0}ti^{0}ʂʅ$^{55-24}$xou^{0}pɔ^{21}, tɕiou^{21}
东 西呃。卖 唠一 天， 回 来的时 候[口报]，就
tɕ^{h}iŋ^{55}ʋã$^{55-21}$liə^{0}, pu$^{44-55}$tsɔ$^{55-21}$liə^{0}, tɕiou^{21}mə$^{21-55}$ə^{0}t^{h}ɛ^{21}iɑŋ^{55}, tɕiou^{21}
挺 晚 咧，不 早 咧，就 没 呃太阳， 就
tɕiɔ^{21}xei$^{44-55}$t^{h}iã^{213}pə^{21}。xei$^{44-23}$lɔ^{0}t^{h}iã^{213}, tʂɑŋ^{213}tɕiou^{21}ʋɑŋ^{21}tɕia^{213}
叫 黑 天 吧。黑 唠天， 章 就 望 家
tsou^{55}。ʋɑŋ^{21}tɕia^{213}tsou^{55}，tsou$^{55-21}$tɔ^{0}tsou$^{55-21}$tɔ^{0}ə^{0}，tsou$^{55-21}$tɔ^{0} iə^{53}
走。 望 家 走， 走 倒走 倒呃，走 到〈一呃〉
ta^{21}mu$^{21-55}$t^{h}iã^{0}ȵi^{0}。tsou$^{55-21}$tɔ^{0}tʂə^{213}ta^{21}mu^{21}t^{h}iã^{0}ȵi^{0}pɔ^{21}，xɔ^{21}, tɕiou^{21}
大墓 田里，走 到这大墓 田里[口报]，嚎，就
tʂ^{h}u$^{44-23}$lɛ^{0}i$^{44-55}$ɕiə^{213}kuei$^{55-21}$ə^{0}，tɕiou^{21}ʂuə$^{44-55}$ʂʅ^{21}, mu^{55}lã^{21}ʂei^{55}lɛ$^{55-24}$
出 来一 些 鬼 呃，就 说 是，某人谁来
liə^{0}, tɛ$^{55-21}$tʂu^{0}t^{h}a^{0}tʂ^{h}ʅ$^{44-23}$lɔ^{0}t^{h}a^{0}。tɛ$^{55-21}$tʂu^{0}t^{h}a^{0}, pu$^{44-55}$nəŋ^{55}tɕiɔ$^{21-55}$a^{0}
咧，逮 住他吃 唠他。逮 住他，不 能 叫 啊
tsou^{55}，tʂ^{h}ɔ$^{-23}$xuə^{0}ʂa^{55}ti^{0}ə^{0}iou$^{55-21}$ə^{0}，tɕiou^{21}ʂʅ^{21}ɕiɑŋ^{55}tɕiou^{21}ʂʅ^{21}
走， 吵 喝 啥 的也有 呃，就 是 想 就 是
tɕiə$^{55-24}$tʂu^{0}t^{h}a^{0}ə^{0}。xɔ^{53}, tɕ^{h}i^{55}tʂuŋ^{213}iou$^{55-21}$i^{0}kə$^{21-55}$ə^{0}pɔ^{21}，tɕiou^{21}
截 住他呃。嚎，其 中 有 一个 呃[口报]，就
ʂuə^{44}，xɔ^{53}, k^{h}ə^{55}liɔ$^{55-21}$pu^{0}ti^{55}, ȵi^{55}k^{h}ə^{55}pɛ^{55}tɕiə$^{55-24}$tʂu^{0}t^{h}a^{0}, ȵi^{55}tʂʅ$^{213-21}$
说， 嚎，可 了 不得，你 可 别 截 住他，你知
tɔ^{0}t^{h}a$^{44-55}$ʂʅ^{21}ʂei$^{55-24}$ə^{0}? ʂuə$^{44-55}$ʂʅ^{21}, t^{h}a$^{44-55}$ʂʅ^{21}ʂei$^{55-24}$ə^{0}ȵi^{55}tʂʅ$^{213-21}$
道他 是 谁 呃？说 是，他 是 谁 呃你 知
tɔ^{0}? t^{h}a$^{44-55}$tɕiɔ^{21}tʂ^{h}ʅ$^{44-55}$kuei^{55}tʂɑŋ^{21}sã$^{213-21}$ə^{0}。t^{h}a^{44}tʂ^{h}ʅ$^{44-23}$ti^{0}na^{213}ɕiɔ^{55}
道？他 叫 吃 鬼 丈 三 呃。他 吃 的那 小

lou^{21}tɛ^{21} tɛ^{0}na^{213}kuei$^{55-21}$ ə^{0}pɔ^{21}, tɕiou^{21}ʂʅ^{21}tʂaŋ^{21}sã^{213}, i$^{44-55}$tʂaŋ^{21}sã^{213}
肉蛋儿蛋儿那 鬼 呃[口报]，就 是 丈 三，一 丈 三

kɔ^{213}, tʂaŋ^{21}maŋ^{0}tɔ^{0}, tʰa^{44}tɕiɔ^{21} tʂaŋ^{21}sã^{213}, tʂʰʅ$^{44-55}$kuei^{55}tʂaŋ^{21}sã$^{213-21}$,
高，章 忙 倒，他 叫 丈 三，吃 鬼 丈 三，

xɔ^{53}, tʂə^{21}ɕiə$^{-55}$lã^{55}i$^{44-55}$tʰiŋ^{213}, tʂʰʅ$^{44-55}$kuei^{55}tʂaŋ^{21}sã^{213}, ɛ^{21}iɔ^{0}, kʰə^{55}
嚎，这 些 人一 听， 吃 鬼 丈 三，哎哟，可

liɔ$^{55-21}$pu^{0}ti$^{55-23}$liə^{0}, kʰuɛ$^{21-55}$tɔ^{0}pʰɔ$^{55-21}$ə^{0}, tɕiou^{21}tou^{21}pɔ$^{55-21}$liə^{0}, tʂə^{213}
了 不得 咧，快 倒跑 呃，就 都 跑 咧，这

lã$^{55-24}$pɔ^{0}tɕiou^{21}tʰiɔ$^{213-21}$tɔ^{0}tã$^{21-55}$tʅ^{0}tɕia$^{213-21}$tɕʰi^{0}liə^{0}。tɕiou^{21}tʂaŋ^{213}kə^{21}
人 [口报] 就 挑 倒担 子家 去 咧。就 章 个

ta^{21}tã^{55}lã^{55}。ʂuə$^{44-55}$ʋã$^{55-24}$liə^{0}。
大胆人。说 完 咧。

（三）

tɕiou^{21}ʂuə^{44}suə$^{213-21}$tʂuaŋ^{0}tʂə^{213} lã$^{55-24}$ pɔ^{21}tɕʰiŋ^{55}, na^{21}u^{55}i^{21}tɕiou^{21}
就 说 梭 庄 这 人 [口报] 挺，那武艺 就

tɕʰiŋ^{55}kɔ$^{213-21}$ə^{0}, u^{55}i^{21}tɕʰiŋ^{55}kɔ$^{213-21}$-pɔ^{21}, tʰa^{44}tʰiŋ$^{213-21}$tɔ^{0}ʂuə$^{44-23}$ə^{0}pɔ^{21},
挺 高 呃，武艺 挺 高 -[口报]，他 听 倒说 呃[口报]，

lã$^{55-24}$ə^{0}nã^{55}faŋ^{213}iou^{55}kə^{21}lã^{55}tɛ^{21}lɛ^{55}faŋ$^{55-21}$tʰa^{0}, tɛ^{21}lɛ^{55}faŋ$^{55-21}$tʰa^{0},
人 呃南 方 有 个 人待 来 访 他，待 来 访 他，

tʰa$^{44-55}$tɕiou^{21}iou$^{55-21}$lɔ^{0}tʂuã^{55}pei^{21}liə^{0}。tʰa^{44}tʂuã^{55}pei^{21}pa^{55}na^{21}tsɔ$^{55-21}$
他 就 有 唠准 备 咧。他 准 备 把那早

ȵi^{0}ʂa^{0}li^{55}tɕiŋ$^{21-55}$tʅ^{0}, tɕiŋ$^{213-13}$ti^{21}ti^{0}ə^{0}, tɕiŋ$^{213-13}$ti^{21}ti^{0}li$^{55-24}$tʅ^{0}ʂaŋ^{0}
里霎犁 镜 子，耕 地的呃，耕 地的犁 子上

iou^{55}liaŋ^{55}ə^{21}li^{55}tɕiŋ$^{21-55}$tʅ^{0}, iou^{55}i$^{44-55}$kə^{21}li^{55}tɕiŋ$^{21-55}$tʅ^{0}, tʰa$^{44-23}$a^{0}pɔ^{21},
有两呃犁镜子，有一个犁镜子，他－啵，
tɕiou^{21}pa^{55}liaŋ^{55}ə^{21}li^{55}tɕiŋ$^{21-55}$tʅ^{0}lɛ^{0}paŋ$^{55-21}$tɔ$^{21-53}$iɔ$^{213-21}$n̡i^{0}liə^{0}。paŋ$^{55-21}$
就把两呃犁镜子来绑到腰里咧。绑
tɔ$^{21-53}$iɔ$^{213-21}$n̡i^{0}, iɔ^{21}ʂʅ^{21}lã$^{55-24}$a^{0}ta$^{55-21}$tʰa^{0}ti^{0}ʂʅ$^{55-24}$xou^{0}, tʰa^{44}iou^{55}na^{213}li^{55}
到腰里，要是人啊打他的时候，他有那犁
tɕiŋ$^{21-55}$tʅ^{0}kei$^{44-23}$tɔ^{0}, ta$^{55-21}$pu^{0}tʂɔ^{55}tʰa$^{44-53}$lou$^{21-55}$ə^{0}, tɕiou^{21}nəŋ^{55}faŋ$^{55-21}$
镜子隔倒，打不着他肉呃，就能防
i^{0}faŋ$^{55-21}$ə^{0}。
一防呃。

tɔ$^{21-55}$lɔ^{0}miŋ^{55}ɭə^{0}pɔ^{21}, lã$^{55-24}$ə^{0}tɕiou^{21}lã$^{55-24}$ə^{0}lɛ$^{55-24}$liə^{0}。lã$^{55-24}$ə^{0}
到唠明日啵，人呃就人呃来咧。人呃
lɛ$^{55-24}$lɔ^{0}, tʂə^{21}kə^{21}–, tɕiou^{21}lɛ^{55}faŋ$^{55-21}$tʰa^{0}liə^{0}。lɛ^{55}faŋ$^{55-21}$tʰa^{0}, lã$^{55-24}$ə^{0}
来唠，这个–，就来访他咧。来访他，人呃
tei$^{44-55}$ta$^{55-21}$tʰiŋ^{0}ə^{0}。lã$^{55-24}$ə^{0}ta$^{55-21}$tʰiŋ^{0}, na^{213}kə^{0}suŋ^{21}tʂɔ^{21}xã^{21}ʂʅ^{21}
得打听呃。人呃打听，那个宋兆汉是
ʂei$^{55-24}$ə^{0}, tɛ^{55}na$^{55-21}$n̡i^{0}tʂu^{21}ə^{0}? tɕiou^{21}ta$^{55-21}$tʰiŋ^{0}tʂɔ^{0}tʰa^{0}liə^{0}, tɕiou^{21}
谁呃，待哪里住呃？就打听着他咧，就
tʂɔ$^{55-21}$tʂɔ^{0}tʰa^{0}liə^{0}。tʂɔ$^{55-21}$tʂɔ^{0}tʰa^{0}, lã$^{55-24}$ə^{0}tʂə^{21}i$^{44-55}$kʰɛ^{213}ʂʅ^{55},
找着他咧。找着他，人呃这一开始，
liaŋ^{55}kə^{21}lã^{55}tei$^{44-55}$xã^{55}ɕyã^{213}xã^{55}ɕyã^{213}, ʂʅ^{21}ua^{21}? tɕiou^{21}ɭə$^{21-55}$xu^{0}
两个人得寒暄寒暄，是哇？就热乎
ɭə$^{21-55}$xu^{0}, xuei^{55}tʂə^{55}ʂʅ^{21}ʋə$^{44-23}$ʋə^{0}ʂou^{55}, xuei^{55}tʂə^{55}ʂʅ^{21}lou^{55}lou^{55}
热乎，或者是握握手，或者是搂搂
iɔ$^{213-21}$ti^{0}, ʂʅ^{21}ua^{21}? tɕʰiã$^{213-13}$ɭə^{21}tɕʰiã$^{213-13}$ɭə^{21}。ɭã$^{55-24}$ə^{0}na^{213}lã$^{55-24}$pɔ^{0},
腰的，是哇？亲热亲热。人呃那人啵，

tɕiou^{21}tʂaŋ^{21}maŋ^{55}lou$^{55-21}$tʂu^{0}tʰa$^{44-55}$na^{21}iɔ$^{213-21}$ə^{0}, tɕiou^{21}tʂaŋ^{21}maŋ^{55}
就 章 忙 搂 住他 那腰 呃，就 章 忙
lou$^{55-21}$lɔ^{0}lou^{55}, lou$^{55-21}$lɔ^{0}lou^{55}lə̃$^{55-24}$ə^{0}na^{21}liaŋ^{55}tʂʅ^{213}ʂou$^{55-21}$ə^{0}pɔ^{21}, tɛ^{55}
搂 唠搂，搂 唠搂人 呃那 两 只 手 呃啵，待
tʰa$^{44-55}$iɔ$^{213-21}$ȵi^{0}lə̃$^{55-24}$ə^{0}tɕiou^{21}ʂʅ$^{55-21}$ʂaŋ^{0}tɕiə̃$^{21-55}$liə^{0}。tʂaŋ^{21}maŋ^{55}, i$^{44-55}$
他 腰 里人 呃就 使 上 劲 咧。章 忙，一
tʂʰə̃^{213}ʂou$^{55-21}$ – pɔ^{21}, na^{213}kə^{0}lə̃^{55}tɕiou^{21}tɕyə$^{44-23}$tɔ^{0}, xɔ^{53}, tʂə^{213}kə^{0}lə̃^{55}
伸 手 –啵，那 个人 就 觉 倒，嚎，这 个人
liɔ$^{55-21}$pu^{0}ti^{0}tʂə^{21}kuŋ$^{213-21}$fu^{0}, tɕʰiŋ^{55}li^{21}xɛ^{0}。ə̃^{21}。tʰa$^{44-55}$na^{21}iɔ$^{213-21}$ȵi^{0}
了 不得这 功 夫，挺 厉害。嗯。他 那 腰 里
kə̃^{213}mə̃^{55}, tʰa^{44}na^{21}ʂou^{55}ʋa$^{55-21}$tɔ$^{21-53}$tʰiə$^{44-23}$ʂaŋ^{0}liə^{0}, tʰa^{44}nəŋ^{55}pu$^{44-55}$li^{21}
根 门，他 那 手 瓦⁼ 到 铁 上 咧，他 能 不 厉
xɛ^{0}mã^{0}, ʂʅ^{21}ua^{24}? tʰa$^{44-55}$tɕyə$^{44-23}$tɔ^{0}xɔ^{53}, tɕʰiŋ^{55}li^{21}xɛ^{0}, tʂə^{213}, tʂə^{21}tʂə^{21}
害曼，是 哇？他 觉 得嚎，挺 厉 害，这，这 这
pu$^{44-55}$nəŋ^{55}tsɛ^{213}xuə^{55}lə̃$^{55-24}$ə^{0}ʂə̃^{213}ʂou$^{55-21}$liə^{0}tɕiou^{21}。tʰa$^{44-55}$tɕiou^{21},
不 能 再 和 人 呃伸 手 咧 就。他 就，
ʂuə$^{44-23}$lɔ^{0}pʰã$^{21-55}$tʅ^{0}xua^{21} – pɔ^{21}, tʂə^{213}lə̃^{55}, lə̃$^{55-24}$ə^{0}nã^{55}piɛ^{213}tʂə^{213}lɛ^{55}
说 唠盼 子话 –啵，这 人，人 呃南边儿这 来
faŋ$^{55-21}$tʰa^{0}ti^{0}tʂə^{213}lə̃^{55}tɕiou^{21}tsou$^{55-21}$liə^{0}。
访 他的这 人 就 走 咧。

tsou$^{55-21}$lɔ^{0}ȵi^{55}ʂuə^{44}tʂə^{213}suŋ^{21}tʂɔ^{21}xã^{21}tɔ$^{21-55}$ɔ^{0}tɕia^{213}, tʰa^{44}tʂaŋ^{21}
走 唠你 说 这 宋 兆 汉 到 –家，他 章
maŋ^{55}tɕiɛ$^{55-21}$kʰɛ^{0}na^{21}kə^{55}, iɔ$^{213-21}$ȵi^{0}na^{21}ʂəŋ$^{55-24}$tʅ^{0}kʰã$^{21-55}$lɔ^{0}kʰã^{21},
忙 解 开 那 个，腰 里 那 绳 子 看 唠 看，
tɕiɛ$^{55-21}$kʰɛ^{0}na^{21}kua$^{21-55}$tʅ^{0}, pə̃$^{-24}$ə̃^{0}ʂuə^{44}, na^{21}liaŋ^{55}kə^{21}li^{55}tɕiŋ$^{21-55}$tʅ^{0}tsa^{55}
解 开 那 褂 子，甭 –说，那 两 个 犁 镜 子 咋

tɔ^{0}ə^{0}? na^{21}liɑŋ^{55}ə^{21}li^{55}tɕiŋ$^{21-55}$tʅ^{0}tou^{21}suei$^{21-55}$liə^{0}。ȵi^{55}ʂuə^{44}lə̃$^{55-24}$ə
倒呃？那 两 呃犁镜 子 都 碎 咧。你 说 人 呃
kuŋ$^{213-21}$fu^{0}li^{21}xɛ^{0}pu$^{44-55}$li^{21}xɛ^{0}, lə̃$^{55-24}$ə^{0}xã^{55}mu^{55}tʂəŋ^{21}ʂʅ^{21}tɕiɔ^{213}ʂou^{55},
功 夫厉害不 厉害，人 呃还没 正 式 交 手，
tʂɑŋ^{21}mɑŋ^{55}i$^{44-55}$ tɕʰiə̃^{213}lə$^{21-55}$ti^{0}tʂə^{213}ʂʅ$^{55-24}$xou^{0}, na^{21}li^{55}tɕiŋ$^{21-55}$tʅ^{0}tou^{21}
章 忙 一 亲 热 的这 时 候，那犁镜 子都
suei$^{21-55}$liə^{0}。iɛ^{213}, tʂə^{21}pi^{55}u$^{55-21}$ə^{0}, tʂə^{21}tɕiɔ$^{213-13}$i^{21}tɕiou^{21}ʂʅ^{21}tʂə^{213}iɑŋ^{21}
碎 咧。唉，这比武 呃，这 交 易 就 是 这 样
ə^{0}。tʂə^{21}u^{55}i^{21}tɑŋ$^{213-13}$tʂuŋ^{213}tɕiou^{21}tʂə^{213}iɑŋ$^{21-55}$ə^{0}。
呃。这武艺当 中 就 这 样 呃。

tʂə^{213}ə^{0}lə̃^{55}iou^{21}ʂa^{55}liə^{0}。na^{213}kə^{0}lə̃^{55}tsou$^{55-21}$lɔ^{0}ti^{0}na^{213}lə̃$^{55-24}$pɔ^{0},
这 呃人 又 啥 咧。那 个人 走 唠的那 人 嘞，
tɕiou^{21}ʂuə$^{44-23}$ə^{0}pɔ^{21}, tsã^{55}sã^{213}ȵiã^{55}i^{55}xou^{21}-pɔ^{0}, ʋə^{55}xã^{55}tsɛ^{213}fɑŋ^{55},
就 说 呃嘞，咱 三 年 以 后 -嘞，我 还 再 访，
ʋə^{55}xã^{55}tsɛ^{213}lɛ^{55}, tʂɑŋ$^{213-21}$tɔ^{0}。tʂə^{213}kə^{0}lə̃^{55}xɔ^{53}, tʰa^{44}tʂɑŋ^{213}i$^{44-55}$kʰã^{21}
我 还 再 来，章 倒。这 个人 嚎，他 章 一 看
lə̃$^{55-24}$a^{0}na^{21}u^{55}i^{21}nɑŋ$^{213-21}$mɑŋ^{0}li^{21}xɛ^{0}, suə$^{213-21}$tʂuɑŋ^{0}tʂə^{213}suŋ^{21}tʂɔ^{21}
人 啊那 武艺 囊 忙 厉害， 梭 庄 这 宋 兆
xã$^{21-53}$pɔ^{0}, tʰa$^{44-55}$tɕiou^{21}iou$^{55-21}$lɔ^{0}ti$^{55-21}$fɑŋ^{0}liə^{0}。lə̃$^{55-24}$ə^{0}sã^{213}ȵiã^{55}i^{55}
汉 嘞，他 就 有 唠提 防 咧。人 呃三 年以
xou^{21}tsɛ^{213}lɛ^{55}, lə̃$^{55-24}$ə^{0}tɕiou^{21}kəŋ^{21}li^{21}xɛ^{0}liə^{0}。tʰa$^{44-23}$a^{0}pɔ^{21}, tɔ$^{21-55}$
后 再 来，人 呃 就 更 厉害 咧。他 -嘞，到
lɔ^{0} tʂə^{213}sã^{213} ȵiã^{55}tʂə^{213}tʰou$^{55-24}$ʂɑŋ^{0}, yə$^{44-23}$mə^{0}tɔ^{0}lə̃$^{55-24}$ə^{0}kʰuɛ^{21}lɛ$^{55-24}$
唠 这 三 年 这 头 上，约 摸 倒人 呃 快 来
ti^{0}ʂʅ$^{55-24}$xou^{0}pɔ^{21}, tʰa$^{44-55}$tɕiou^{21}tɛ^{55}tʂə^{213}suə$^{213-21}$tʂuɑŋ^{0}tʂə^{213}nã$^{55-24}$
的时 候 嘞，他 就 待 这 梭 庄 这 南

pʰə^{0}ȵi^{0}, tʰiŋ^{55}tʰiã^{213}tɛ^{55}tʂə̃$^{21-55}$ȵi^{0}kã^{21}xuə^{55}, tɕiou^{21}ʂuə$^{44-55}$ʂʅ^{21}tɕiou^{21}
坡 里，停 天整天待 这 里干 活， 就 说 是 就
təŋ$^{55-21}$tɔ^{0}lə̃$^{55-24}$tɕia^{0}。
等 倒人 家。

tʂə^{21}i$^{44-55}$tʰiã$^{213-21}$pɔ^{0}, tʰa$^{44-55}$tɕiou^{21}, tʂə^{21}kə^{0}ʂə̃^{55}mə^{0}, lə̃$^{55-24}$ə^{0}
这一 天 ⿰口报，他 就， 这 个 什 么，人 呃
na^{213}lə̃^{55}tɕiou^{21}lɛ$^{55-24}$liə^{0}。 lɛ$^{55-24}$lɔ^{0}pɔ^{21}, lə̃$^{55-24}$ə^{0}lɛ$^{55-24}$lɔ^{0}, kʰã$^{21-55}$tɕiã^{0}kə^{0}
那人 就 来 咧。来 唠⿰口报，人 呃来 唠，看 见个
lə̃^{55}lə̃$^{55-24}$ə^{0}tɕiou^{21}tei^{44}ʋə̃^{21}ə^{0}, tʰa$^{44-55}$tɕiou^{21}i$^{44-55}$miã^{21}tʂʅ$^{213-13}$tɕiɔ^{213}tʰa$^{44-55}$
人人 呃 就 得 问 呃，他 就 一 面 之 交 他
iou^{21}lə̃^{21}pu^{0}tʂuə̃$^{55-21}$tʰa^{0}pɔ^{21}, tɕiou^{21}ʋə̃^{21}tʰa^{0}tɕiou^{21}ʂuə$^{44-55}$ʂʅ^{21}, lə̃$^{55-24}$ə^{0}
又 认 不 准 他 ⿰口报，就 问 他 就 说 是，人 呃
tɕiou^{21}pu$^{44-55}$tɕiɔ^{21}ʂa^{55}liə^{0}, tɕiou^{21}tɕiɔ^{21}suŋ$^{21-55}$ʂʅ^{0}fu^{0}liə^{0}, tɕiou^{21}ʋə̃^{21}
就 不 叫 啥 咧， 就 叫 宋 师傅 咧，就 问
mu^{55}lə̃^{21}ʂei^{55}suŋ$^{21-55}$ʂʅ^{0}fu^{0}tɛ^{55}na$^{55-21}$ȵi^{0}ə^{0}, tʰiŋ^{55}kʰə^{21}tɕʰi^{21}ə^{0}, tʰa$^{44-23}$a^{0}
某 人 谁 宋 师傅待 哪 里呃，挺 客 气 呃。他 -
pɔ^{21}, tʰa^{44}kã^{21}xuə$^{55-24}$ti^{0}tʂə^{213}kə^{0}ti^{21}tʂʰu^{21}pɔ^{0}, tsɔ$^{55-21}$ȵi^{0}ʂa^{0}na^{21}pu^{44}
⿰口报，他 干 活 的这 个地 处 ⿰口报，早 里霎那 不
iou^{55}tɕiɔ^{21}ta^{21}pei$^{213-13}$ti^{21}ta^{21}pei$^{213-13}$ti^{21}ti^{0}mã^{0}, lə̃$^{55-24}$ə^{0}iou^{55}kuei^{213}
有 叫 大 碑 地 大 碑 地 的 曼，人 呃 有 龟
tʰuə$^{44-55}$pei^{213}iə^{21}iou^{55}ʂʅ^{55}lə̃^{55}ʂʅ^{55}ma$^{55-21}$ti^{0}, ta^{21}ɕiɑŋ$^{213-21}$tʰɛ^{0}tʅ^{0}ʂʅ^{55}, xɔ^{21},
托 碑 也 有 石人 石 马 的，大 香 台子石，嚎，
tʰa$^{44-55}$tɕiou^{21}, i$^{44-55}$ʋə̃^{21}tʰa^{0}tʰa$^{44-55}$tɕiou^{21}ʂuə$^{44-23}$liə^{0}, xɛ^{53}, tɕiou^{21}tɕʰiŋ^{55}
他 就，一 问 他 他 就 说 咧，嗨， 就 <u>挺</u>
nã^{55}kuə$^{21-55}$ti^{0}na^{21}kə^{55}i$^{21-55}$sʅ^{0}ə^{0}, tɕiou^{21}tʂɑŋ^{213}i$^{44-55}$pʰei^{44}na^{21}kʰuɛ$^{21-55}$ta^{21}
难过 的那 个 意 思呃，就 章 一 拍 那 块 大

ʂʅ$^{55-24}$tʰou^{0}, na^{213}ɕiɑŋ$^{213-21}$tʰɛ^{0}tʅ^{0}ʂʅ$^{55-24}$ə^{0}, tɕiou^{21}ʂuə^{44}, xɔ^{21}, ŋã^{55}ʂʅ$^{213-21}$
石 头，那 香 台子石 呃，就 说，嚎，俺 师

fu^{0}ə^{0}, sʅ$^{55-21}$lɔ^{0}xɔ^{55}tɕi^{55}ȵiã$^{55-24}$liə^{0}。tʰa^{44}tʂə^{21}i^{44}, tʂɑŋ^{213}i$^{44-55}$pʰei^{44},
傅呃,死 唠好 几 年 咧。他 这一，章 一 拍，

pu$^{44-55}$tɕiŋ^{213}ɕiə̃$^{213-21}$ti^{0}tʂɑŋ^{21}mɑŋ^{55}i$^{44-55}$pʰei$^{44-23}$ti^{0}ʂʅ$^{55-24}$xou^{0}pɔ^{21},
不 经 心 地章 忙 一 拍 的时 候啯，

na^{21}kʰuɛ$^{-55}$ʂʅ$^{55-24}$tʰou^{0}tɕiou^{21}suei$^{21-55}$liə^{0}, tɕiou^{21}tiɔ^{21}ɔ^{0}kə^{21}tɕia$^{44-23}$tʅ^{0}。
那 块 石 头 就 碎 咧，就 掉-个 角 子。

xɔ^{53}, na^{213}lɛ^{55}fɑŋ$^{55-21}$ti^{0}na^{213}lə̃^{55}i$^{44-55}$kʰã^{21}, xɔ^{53}, tʰa$^{44-55}$ʂʅ$^{213-21}$fu^{0}sʅ$^{55-21}$
嚎，那 来 访 的那人一 看，嚎，他 师 傅死

liə^{0}, lə̃$^{55-24}$ə^{0}na^{21}tʰu$^{55-24}$ti^{21}tou^{21}tʂɑŋ^{21}mɑŋ^{55}li^{21}xɛ^{0}, liɔ$^{55-21}$ti^{0}pɔ^{21}, tʂə$^{21-55}$
咧，人 呃那 徒 弟 都 章 忙 厉害，了 得啯，这

ə^{0}, kʰuei$^{213-21}$lɔ^{0}na^{213}ȵiã$^{55-24}$ʂa^{0}mu^{55}xuə^{55}na^{213}lə̃^{55}tsɛ^{213}tɕiɔ^{213}ʂou$^{55-21}$
呃，亏 唠那 年 霎没 和 那 人再 交 手

-pɔ^{21}。tʰa^{44}kʰə̃^{55}tiŋ^{21}iə^{21}ʂʅ^{21}iou^{55}tiɛ^{55}kuŋ$^{213-21}$fu^{0}, kuŋ$^{213-21}$fu^{0}ə^{21}
-啯。他 肯 定 也 是 有 点儿 功 夫，功 夫也

pu$^{44-55}$ɕiɔ^{55}, tʰa^{44}tɕyə$^{44-23}$tɔ^{0}iə^{21}ta$^{55-21}$pu^{0}kə^{21}lə̃$^{55-24}$tɕia^{0}。
不 小，他 觉 倒也 打 不过 人 家。

说明：

两个故事均根据录音转写而成。有些声调变化与前文所述连读调规律不完全一致，是因为语流中带有语调的关系。

参考文献

曹延杰 2003 《宁津方言志》，中国文史出版社。

李荣 1985 官话方言的分区，《方言》第 1 期。

吕叔湘 2002 《现代汉语八百词》，《吕叔湘全集》第五卷，辽宁教育出版社。

高慎贵 1996 《新泰方言志》，语文出版社。

高晓虹 1997 章丘方言入声调的研究，山东大学硕士学位论文。

胡延森 1982 《章丘方言调查报告》，未刊。

孟庆泰、罗福腾 1994 《淄川方言志》，语文出版社。

钱曾怡 1993 《博山方言研究》，中国社科文献出版社。

钱曾怡 1995 论儿化，《中国语言学报》第 5 期。

钱曾怡 1997 《济南方言词典》，江苏教育出版社。

钱曾怡、高文达、张志静 1985 山东方言的分区，《方言》第 4 期。

钱曾怡、太田斋、陈洪昕、杨秋泽 2005 《莱州方言志》，齐鲁书社。

张鸿魁 1990 《临清方言志》，中国展望出版社。

章丘县志编纂委员会 1992 《章丘县志》，济南出版社。

张树铮 1995 《寿光方言志》，语文出版社。

赵学玲 2007 山东章丘方言的疑问句及疑问语气词，《济南大学学报》第 6 期。

赵学玲 山东章丘方言的轻声前变调及所反映的现象，未刊稿。

山东方言志丛书已出书目

钱曾怡主编

1. 利津方言志	杨秋泽	语文出版社 1991.3
2. 即墨方言志	赵日新　沈　明 扈长举	语文出版社 1991.3
3. 德州方言志	曹延杰	语文出版社 1991.12
4. 平度方言志	于克仁	语文出版社 1992.9
5. 牟平方言志	罗福腾	语文出版社 1992.10
6. 潍坊方言志	钱曾怡　罗福腾	潍坊市新闻出版局 1992.12
7. 淄川方言志	孟庆泰　罗福腾	语文出版社 1994.6
8. 荣成方言志	王淑霞	语文出版社 1995.2
9. 寿光方言志	张树铮	语文出版社 1995.1
10. 聊城方言志	张鹤泉	语文出版社 1995.8
11. 新泰方言志	高慎贵	语文出版社 1996.4
12. 沂水方言志	张廷兴	语文出版社 1999.4
13. 金乡方言志	马凤如	齐鲁书社 2000.11
14. 诸城方言志	钱曾怡　曹志耘 罗福腾	吉林人民出版社 2002.12
15. 宁津方言志	曹延杰	中国文史出版社 2003.2
16. 临沂方言志	马　静　吴永焕	齐鲁书社 2003.3
17. 莱州方言志	钱曾怡　太田斋 陈洪昕　杨秋泽	齐鲁书社 2005.6
18. 汶上方言志	宋恩泉	齐鲁书社 2005.8
19. 定陶方言志	王淑霞　张艳华	时代文艺出版社 2005.8
20. 郯城方言志	邵燕梅	齐鲁书社 2005.11
21. 沂南方言志	邵燕梅　刘长锋 邵明武	齐鲁书社 2010.10
22. 章丘方言志	高晓虹	齐鲁书社 2011.1

图书在版编目(CIP)数据

章丘方言志/高晓虹著. —济南:齐鲁书社,2011.1
(山东方言志丛书/钱曾怡主编)
ISBN 978-7-5333-2463-6

Ⅰ.章… Ⅱ.高… Ⅲ.北方方言—章丘市 Ⅳ.H172.1

中国版本图书馆 CIP 数据核字(2010)第 206380 号

章丘方言志

钱曾怡主编　高晓虹著

齐鲁书社出版发行

(地址：济南经九路胜利大街 39 号　邮编：250001)

E-mail：qlss@sdpress.com.cn

山东新华印刷厂潍坊厂印刷

850×1168 毫米　32 开本　11.25 印张　2 插页　240 千字

2011 年 1 月第 1 版　2011 年 1 月第 1 次印刷

ISBN 978-7-5333-2463-6

定价：32.00 元